도시 관측소

도시 관측소

유동하는 도시에서 '나'의 가치를 높이는 방법

김세훈 지음

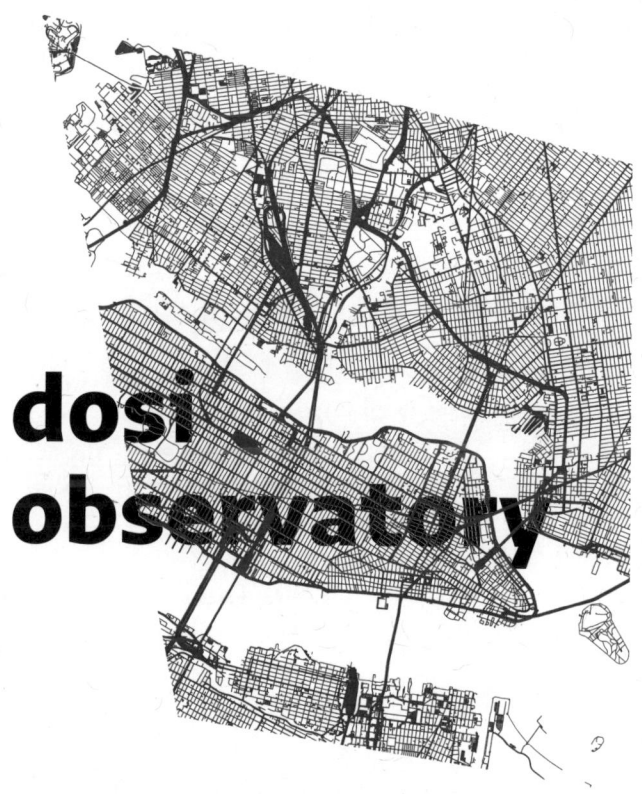

추천의 글 •••

도시를 살아가는 우리에게 가장 절실한 교양은 도시에 대한 이해, '도시 리터러시'다. 『도시 관측소』는 변화하는 도시의 메커니즘을 포착해, 우리가 어디에 기회를 걸어야 하는지를 설득력 있게 알려 준다. 일상의 공간을 새롭게 읽는 눈, 더 나은 선택을 위한 감각, 다음 혁신을 포착하는 통찰이 이 한 권에 응축되어 있다. 도시가 줄 수 있는 기회에 목마르다면, 이 책을 펼쳐 보라. 도시의 변화를 읽는 자가 다음 기회를 잡는다. 이 책은 당신에게 트렌드의 설계도를 선물할 것이다.

••• **김난도** (서울대 교수, 『트렌드 코리아』 시리즈 저자)

도시를 보는 안목이 곧 생존력인 시대. 그 안목은 타고나는 게 아니라, 훈련되는 것. 이 책은 바로 그 훈련의 출발점이다. 도시를 브랜드처럼 읽고, 삶을 주체적으로 편집하려는 이들에게 『도시관측소』는 감각의 도구이자 전략적 자산이 되어 줄 것이다.

••• **남윤주** (에딧시티프로젝트 대표, 브랜디즘 디렉터)

공간을 보는 안목은 결국 삶을 선택하는 힘과 연결된다. 이 책은 도시의 흐름을 읽고, 자신만의 '좋은 장소'를 찾아가려는 사람들에게 깊은 통찰을 선물한다.

••• **백종현** (HEA 대표, 조경가)

어떤 공간에서 자고 일어나 생활하고 일하는지, 어디에서 누군가를 만나 소통하는지와 같은 일련의 공간적 경험은 개개인의 삶에 지배적 영향을 미친다. 시간적 공간의 연속체로서 구성된 도시 속 나의 삶을 주체적으로 성찰하며 더 즐거운 삶의 방식을 제안한다.

••• **백초롱** (포스터 앤드 파트너스 수석 파트너)

우리는 지금 도시의 화려한 성장과 그 이면의 쇠락을 동시에 목격하는 복잡한 시대에 살고 있다. 이 책에서 저자는 인류의 역사와 문명의 집적체인 도시에 대한 우리의 역할을 사회, 인문, 부동산, 도시공학 등의 관점에서 사색하며, 공간의 가치와 맥락을 이해하는 감각을 환기시킨다.

••• **신동철** (미래에셋자산운용 해외부동산부문 대표)

지난 30년간 우리는 거대한 도시 문제를 거대 담론으로 해결하려다 수많은 실패를 거듭했다. 이제는 작지만 날카로운 관찰로 문제의 본질을 꿰뚫고, 구체적인 해법들을 쌓아 큰 변화를 만들어야 할 때이다. 소소한 현상에서 핵심을 발견하는 저자의 예리한 시선이, 머지않아 우리 도시가 나아갈 길을 제시하는 중요한 나침반이 될 것이다.

••• **이민수, 위태양** (코사이어티 대표)

자세히 보고 또 오래 보아야 하는 책. 도시의 내면을 저자 특유의 분석과 통찰로 해부하고 있다. 책장을 넘길수록 '그들'의 도시가 어느새 '나'의 도시로 다가오고 있음을 깨닫게 된다. 『도시 관측소』를 읽으며 당신만의 도시를 만끽하길 바란다.

••• **홍종호** (서울대 환경대학원 교수)

유동하는 도시

도시의 법칙이 변화하고 있다. 새로운 표준들이 등장할 것이다. 낡은 규칙은 무너지고 익숙했던 규범은 낯선 패러다임으로 대체된다. 지금 이곳처럼 내일의 그곳에도 불확실성은 도사리고 있을 것이다. 산업의 가치사슬이 변하고, 사람들의 취향은 더욱 뾰족해질 것이며, 입지의 재구조화 역시 빨라질 것이다. 결국 도시는 그렇게 재편될 것이다.

도시 관측력

공간의 가치와 맥락을 읽고 그 의미를 인식해 자신의 의사결정에 내재화하는 능력이야말로 미래를 읽는 힘이다. 단순히 유행에 민감해야 한다는 말 정도로 이해해서는 곤란하다. 도시 관측력은 이 도시를 살아가는 누구에게나 보이지만 모두에게 발견되고 해석되지 않는 특이점을 알아채는 특별한 능력이다.

스케일링 법칙

한 도시의 성장이 임계점을 넘어서면 마치 거대한 세포가 그 숫자를 늘리듯 자가증식 패턴을 보인다. 부의 창출과 혁신의 속도가 인구 증가의 속도를 추월하는 것이다. 물리학자이자 도시와 복잡계 연구자인 루이스 베텐코트는 이를 '스케일링 법칙'으로 설명했다.

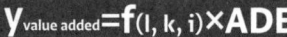

$$y_{\text{value added}} = f(l, k, i) \times ADE$$

도시의 자산 요소
- l = 노동력(labor)
- k = 자본(capital)
- i = 인프라(infrastructure)

도시의 누적 역량
- A = 매력(attractiveness)
- D = 다양성·포용성(diversity)
- E = 불확실성에 대한 대응·관리 능력(elasticity)

연결과 혁신의 밀도

'재능'을 끌어들이는 도시만이 살아남을 것이다. 인구수 등의 '크기'와 '양'보다 '연결'과 '혁신'의 '밀도'가 더 중요해질 것이기 때문이다. 흩어진 재능을 움직여 가치를 창출하는 전략이 필요하다. 세계의 슈퍼스타 도시들이 증명하듯 도시는 더 많은 자원과 인재를 끌어모으겠지만, 그러나 승자독식의 대가는 혹독할 것이다. 게으르고 비싼 도시는 결코 지속 가능하지 않다.

제4의 공간

일, 가정, 사회적 공간을 넘어선 '사적 자아를 위한 공간'이 부상하고 있다. 나만의 몰입, 성장, 재충전을 위한 공간 수요가 가파르게 증가하고 있는 것이다. 타인과의 교류보다는 자아에 집중하는 고유한 영역이다. 그리고 제4의 공간들은 서로를 끌어당기며 군집을 이루는 특성을 보인다. 앞으로 다채로운 모습의 제4의 공간이 도시를 채워 갈 것이다.

감각이자 결단

새로운 삶의 방식이 하나의 표준으로 등장할 때 세상은 흔들리고 사람들은 불안을 느낀다. 그러나 이 움직이는 시간이야말로 관측력이 더욱 빛을 발하는 때이다. '관측'은 서슬 퍼런 날 위에 서 있는 예민한 '감각'이자 판단을 실행으로 옮기는 '결단'이다.

contents

019

INTRODUCTION

도시 관측력이 나의 가치를 높이는 시대

CHAPTER 01. 도시화
공간 생태계의 최상위 포식자
035

CHAPTER 02. 스케일링 법칙
도시는 어떻게 부를 창출하는가?
058

PART 1
도시 관측소를 열다

068
CHAPTER 03. 복합 위기의 시대
무너지는 데는 5분도 걸리지 않는다

CHAPTER 04. 축소 성장
런던 외곽
옥스퍼드-케임브리지 아크의 변신
079

CHAPTER 05. 보스턴 스타일
세계에서 가장 혁신적인 1스퀘어 마일
097

PART 2
작아지는 도시에서 살아남는 방법

107

CHAPTER 06. 콤팩트와 스마트 축소
인구 감소 위기를 어떻게 극복할 수 있을까?

113

OBSERVATORY TALK
자신만의 스타일을 만든 도시와 사람들

120

CHAPTER 07. 연결을 통한 진화
왜 세계 최대의 기술혁신 전시회는
사막 한가운데서 열릴까?

134

OBSERVATORY TALK
팬데믹 시대에 도시에서 생존하기

CHAPTER 08. 유동화
애플과 무신사의 공통점, 그리고 도시의 비밀

145

CHAPTER 09. 일자리
도시의 심장은 어떻게 움직이는가?

156

PART 3
움직이는 도시, 새로 쓰는 규칙들

173

CHAPTER 10. 로케이션
도쿄 외곽의 타마 뉴타운은
어떻게 융합 도시로 재탄생했을까?

OBSERVATORY TALK
제조업과 도시가 공존하는 법

185

CHAPTER 11. 물류 혁명
속도와 규모의 혁명이 만들어 낸
새로운 표준

194

CHAPTER 12. 초범주성
새로움이 세상과 만나는 방식이 바뀌고 있다

203

OBSERVATORY TALK
잘 만든 팝업이 잠자는 동네를 깨운다

PART 4

비싼 도시의 대가

CHAPTER 13. 승자독식과 필터아웃
슈퍼스타 도시의 저주
213

CHAPTER 14. 슈퍼스타 도시의 명암
캘리포니아를 탈출하는 사람들
221

OBSERVATORY TALK
서울이 인구 감소 도시라고?
231

CHAPTER 15. 네옴 현상
세계 주요 도시의 패권 경쟁과 새로운 패러다임
234

CHAPTER 16. 플랫폼
온라인 플랫폼과 오프라인 도시의 시너지
242

OBSERVATORY TALK

골목 상권의 회복탄력성

279

CHAPTER 17. 제4의 공간

뉴욕의 플랫아이언 지구에서
제주의 탑동까지

257

CHAPTER 18. 로컬리티

'동네'라는 '실존'의 브랜드

267

**PART 5
나를 위한
몰입의 도시**

283

CHAPTER 19. 덕질이 확장하는 세계

도시는 개인의 문화적 몰입과
탐구를 장려해야 한다

289

CHAPTER 20. 관계와 공간

우리를 고립에서 건져 내는 이곳의 힘

295

EPILOGUE

시야는 넓게, 경험은 깊게

300

감사의 글

303

미주

INTRODUCTION

도시 관측력이 나의 가치를 높이는 시대

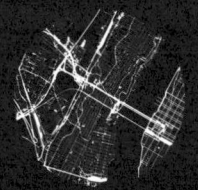

dost observatory

남들이 알아채지 못하는 것을 읽는 힘

공간의 가치와 맥락을 읽는 능력은 중요한 자산입니다. 이런 특별한 안목을 지닌 사람은 아무 곳에서나 머물며 시간을 허투루 보내지 않습니다. 그들은 생기 넘치는 장소를 의식적으로 찾아 가고, 열정적인 사람들과 어울려 일하며, 스토리가 있는 동네에 거처를 마련하고, 또 그런 곳에 투자를 시도하기도 합니다.

값비싼 공간이나 유행하는 장소를 쫓아다녀야 한다는 뜻은 결코 아닙니다. 작지만 안락한 곳, 자연이 싱그러운 어딘가, 재능을 기꺼이 나누는 사람들이 모여드는 장소 등 그 어디에서부터 탐색을 시작해도 좋습니다.

도시를 삶의 무대로 삼아 살아가는 분들이라면 지금 잠시 이런 질문을 던져 보길 권합니다.

> 나는 내가 마땅히 누려야 할 공간에서 시간을 보내고 있는가?
> 우리 회사는 근사한 도시와 어울리는 브랜드를 갖고 있는가?
> 나의 일과 아이디어는 이 도시의 삶을 더 빛나게 하는가?

평범한 일상의 풍경이나 뉴스 속에서도 공간과 관련된 특별한 기회를 포착해 내는 탁월한 사람들이 있습니다. 저는 이런 능력을 '관측력'이라고 부릅니다. '관측'은 서슬 퍼런 날 위에 서 있는 예민한 '감각'이자 판단을 실행으로 옮기는 '결단'입니다.

　쇼펜하우어의 말을 빌리면, 아직 아무도 보지 못한 것을 보는 게 아니라, 모두가 보면서도 아무 생각을 하지 않는 점을 알아채고 나의 의사결정에 내재화하는 감각입니다.

・・・

발견의 공간, 잉여의 공간, 그리고 도시 관측력

세상의 공간은 크게 두 종류로 나뉩니다. 하나는 무엇을 왜 해야 하는지 분명하게 아는 사람들이 모여드는 '발견의 공간'입니다. 이런 곳은 활동의 실행도가 높고, 특별한 사람과 깊이 있는 시간을 보내게 됩니다. 다른 곳은 책임이 사라졌거나 관심사가 없는 사람들이 잠시 이용했다가 사라지는 '잉여 공간'입니다. 필요에 따라 활용되지만, 그곳에 어떤 문제가 생겨도 별 신경을 쓰지 않습니다.

　우리가 살아가고, 우리를 둘러싼 이 세계, 즉 공간은 시간이 흐를수록 더 뚜렷하게, 발견의 공간과 잉여의 공간으로 구별될 것입니다. 그렇다면 나의 가치를 높이는 데 필요한 것이 있습니다. 실행도가 높고 의미가 있는 공간을 구별해 내는 안목, 즉 '도시 관측력'입니다.

　도시 관측력이란 '공간의 가치와 맥락을 읽고 그 의미를 인식해 자신의 의사결정에 내재화하는 능력'입니다. 이를 통해 도시의 움직임과 공간의 변화를 이해하고 자신의 미래와 관련지을 수 있어야 합니다. 유행 따위를 한발 먼저 알아채는 것과는 차원이 다릅니다. 유행은 사실 과거의 산물이니까요. 이미 지나 버린 힘과 운은 조우하더라도 잠시 주목받다가 곧 사라지기 마련입니다. 일시적인 유행이나 사건보다는, 앞으로 10년 이상 지속될 굵직한 흐름에 주목해야 합니다. 변화의 신호를 감지하고 판단하고 행동해야 하는 것입니다.

이렇듯 새로운 삶의 방식이 하나의 표준으로 등장할 때 우리는 불안을 느끼기도 합니다. 미처 준비가 되지 않았기 때문입니다. 하지만 불안이 나의 현재를 지배하도록 내버려둬서는 곤란합니다. 이때야말로 우리의 관측력을 더욱 날카롭게 갈고닦아야 합니다. 지금이야말로 도시를 다시 읽어야 할 시간인 것입니다. 물론 말처럼 쉽지만은 않습니다. 우리는 변화의 흐름에 종종 아니 자주 무감각해지니까요. 하지만 관측의 힘은 결코 허튼소리를 하지 않습니다. 연습해야 합니다. 감지하려고 노력해야 합니다. 반복하면 쌓이고, 쌓이면 강해집니다.

・・・
제주의 내일을 상상하다

잠시 시간을 거슬러 1970년대 초의 한국을 떠올려 보겠습니다. 흑백 TV에서 "여러분 한번 가 보셨습니까, 제주도?"라는 광고가 들리는 듯합니다. 제 부모님은 1974년에 결혼하셨는데, 신혼여행지로 제주도를 선택했습니다. 당시 온양

온천이나 지리산에 비해 제주는 꽤 특별한 여행지였다고 합니다. 실제로 제주는 "그때가 아니면 못 가 볼 것 같은" 그런 곳이었던 듯합니다. 그런데 맙소사! 지금은 하루 500편이 넘는 비행기가 제주 공항을 오가고 있습니다.

제주는 지역 발전과 여행 트렌드의 역동성을 고스란히 보여 줍니다. 1970년대 초 한 번쯤 가 보고 싶은 섬에서 1990년대에는 국내를 대표하는 자연관광 및 수학여행지로, 2010년대에는 중국인 관광과 투자 목적지로, 2020년대 초 코로나19 기간에는 내국인 중심의 녹색 피난처로 변모했습니다.

그러나 최근 해외여행이 폭발적으로 늘고 물가 이슈가 불거지며 제주는 어려움을 겪고 있습니다. 얼마 전 만난 한 식당 주인은 제주의 4월을 '잔인한 봄'이라고 표현했습니다. 물론 일부 관광객은 돌아오겠지만, 관광버스가 다니는 곳이나 인스타그램에 소개된 맛집이 아니라면, 지역 소상공인과 여행업계가 버티기 어려운 상황이라고 했습니다.

여러분이 제주라는 공간의 총괄 기획자라고 가정해 봅시다. 만약 제주라는 공간 전체를 긴 호흡으로 계획할 수 있다면 무엇을 하겠습니까?

만약 저라면 이렇게 해 보겠습니다. 우선 제주로 오가는 항공편은 과하지 않은 수준으로 유지한 상태에서 목포, 진도, 여수, 통영, 부산 등과 연결되는 친환경 배편을 늘립니다. 바닷길로 짧게는 1시간 30분에서 3시간 정도 걸리는 여정이죠. 민간 렌터카는 총량제를 통해 단계적으로 줄여 나

도시 관측소

가겠습니다. 지금처럼 관광객이 한꺼번에 차를 빌려 우르르 주요 관광지를 찍고 다니는 여행은 '제주다움'과 거리가 멉니다.

대신 공공이 투자하고 민간이 운영하는 수요 응답형 전기버스와 저속 자율운행차, 카풀 승차 공유제를 도입합니다. 이들 수단은 대중교통망과 연계되어 환승 할인을 받을 수 있습니다. 제주로 들어가는 관문과 이동 수단이 지금보다 훨씬 다변화되고, 서비스 운영자는 품질을 높이기 위해 노력할 것입니다.

한라산 주변 해발 300미터 이상의 자연과 해녀 어장, 오름, 곶자왈, 모래사장 인근은 철저히 보존합니다. 가까운 바다의 사막화를 막기 위해 수온과 수질을 지금보다 더 촘촘히 관리하고, 연안 생태계에 집중적으로 투자해 제주만의 생물 다양성을 키워 갑니다. 자연 분해되지 않는 제품의 반입을 원칙적으로 금지하고, 불가피하게 가져오면 환경 부담금을 부과합니다.

해안도로를 따라 100여 곳의 특색 있는 생활권을 조성합니다. 규모는 제주목 관아와 동문시장 사이의 탑동 크기부터 애월이나 대정 읍내 크기까지 다양합니다. 각 생활권에는 한 곳 이상의 도서관, 간이 의료센터, 해녀학교, 로컬푸드와 신선식품 가게, 모빌리티 허브, 트래킹 코스, 북스테이 공간도 마련합니다. 또한 마을마다 관광, 생활, 평생학습이 공존할 수 있도록 협의체를 운영합니다. 이들이 지역 관리부터 농수산물 직판, 공간 개발·운영·서비스 기획까지 직접 할 수 있도록 법인 형태로 발전하면 좋겠습니다. 나아가 한국 학생만을 위한 반쪽짜리 국제학교가 아니라, 세계의 어린이와 청소년이 다닐 만한 다문화 국제학교와 관광, 해양, 예술, 식품에 특화된 글로벌 대학을 육성합니다. 국내 대학과 연구소, 장학재단 등과 연계해서 말이죠.

국가 차원에서는 제주에 뿌리를 둔 유니콘 기업이 나올 수 있도록 투자합니다. 시간이 흐르면서 이 기업들은 멋진 일자리를 창출하고, 각 생활권은 지역 관리 역량을 바탕으로 고유한 매력을 갖게 됩니다. 이 정도면 섬에 삶의 기반을 두고 미래를 설계하는 게 대한민국 청소년들의 꿈이 될 수도 있을 것입니다.

과거 누구나 한 번쯤 가 보고 싶은 관광지에서, 제주다움을 다시 정의하기 위해 과감한 변화를 시도하는 게 제안의 핵심입니다. 제주만의 자연, 지역색, 맛, 사람들, 분위기를 살려 이곳만의 경험을 세계적인 수준으로 만들지 않으면 '잔인한 봄'은 생각보다 오래 지속될지도 모를 일입니다.

제주의 내일에 대한 생각을 자유연상으로 나열해 보았습니다. 이것이 결코 정답은 아닙니다. 원래 공간의 미래에는 정답이 정해져 있을 수 없습니다.

・・・

변화하는 도시의 법칙

이제 우리가 살아가는 도시를 들여다보겠습니다. '사통팔달

(四痛八達)'은 도시 발전 계획이나 주택 분양 홍보지에 자주 등장하는 말로, 좋은 입지를 대표하는 조건 중 하나입니다. 그렇다면 앞으로 나타날 '발견의 공간'도 사통팔달의 입지를 요구할까요?

사통팔달 사거리는 쉴 새 없이 달리는 자동차와 바삐 걷는 사람들로 가득합니다. 도로변의 건물은 하늘을 찌를 듯 높이 솟아 있고 한 건물 입구에서 맞은편 건물로 가려면 한참을 돌아가야 할 수도 있습니다. 이 장소는 사람들이 오래 머물며 교류하는 노드(node)라기보다, 볼일만 보고 빠르게 지나쳐 가는 패스(path)에 가깝습니다. 그러다 보니 지역에 대한 애착이 생기기 어렵고, 의미 있는 사회적 자본이 축적되기 힘들죠. 전 세계의 매력적인 골목 상권이나 예술가들의 아지트가 사통팔달 대로변이 아닌, 이면 가로나 좁은 골목길을 따라 형성된 이유가 여기에 있습니다.

최근 글로벌 기업들도 사통팔달이 아닌, 새로운 입지에 주목하고 있습니다. 그 새로운 기준 중 하나가 바로 '재생에너지로 만든 전기를 얼마나 저렴하고 안정적으로 쓸 수 있는가'입니다.

'RE100'은 기업이 사용하는 전력의 100퍼센트를 재생에너지로 충당하자는 캠페인입니다. 2025년 봄 기준 세계 443개 기업이 RE100에 동참했습니다. 흥미로운 점은 이 움직임이 민간에서부터 시작됐다는 겁니다. 기업들이 먼저 나섰고, 이제는 정부 정책이나 기업 간 거래, 해외 투자 결정에까지 영향을 미치고 있습니다.

2023년 5월, 미국 뉴욕주에서는 「공공재생에너지 건설법」이 통과되었습니다. 여기에는 뉴욕 전력청이 직접 재생에너지 발전소를 지어서 운영할 수 있도록 하는 법안도 포함되어 있습니다. 이를 통해 2030년대까지 주 정부와 산하 기관의 모든 건물에 100퍼센트 재생에너지로 만든 전기를 공급하는 것이 목표입니다. 남는 전기는 일반 가정과 전력 구매자에게 판매하고, 특히 저소득 가정에는 일반 요금 절반 이하의 가격으로 공급하도록 규정하고 있습니다.

이런 변화를 보면 마치 세계 도시가 'ESG', 'RE100', '탈탄소 경제'의 길로 순조롭게 나아가는 것처럼 보입니다. 하지만 현실은 녹록지 않습니다. 아직 최종 소비자까지 청정에너지가 도달하는 체계는 정비되어 있지 않고, 기업들의 역량이 충분히 성숙하지 못했습니다. 가격도 비쌉니다. RE100이 선언으로 그쳐서는 안 되는 이유입니다.

특히 최근 미국의 정치적 변화는 RE100 정책에 새로운 변수로 작용할 것으로 보입니다. 도널드 트럼프 대통령의 재집권으로 친환경 에너지 관련 규제가 완화되고, 화석연료와 원전이 확대될 것이라는 전망도 나오고 있습니다. 태양광, 풍력, 수소 등 신재생에너지 기업들의 영향력도 다소 축소될 수 있습니다.

이런 우려가 우리 경제에만 위기로 작용하는 것은 아닙니다. 유럽연합에서 최근 발간한 보고서에 따르면, 유럽 전반의 기업 경쟁력 하락에 대한 우려의 목소리가 커지고 있습니다.[1] 유럽은 친환경 기술 분야에서 선두를 달리고 있지만, 실제 시민과 기업에 탈탄소화의 혜택을 저렴한 에너지 비용으로 돌려주는 데에는 실패했습니다. 그 결과 러시아 등 해외 에너지에 대한 의존도가 과도하게 높아졌고, 최근 러시아-우크라이나 전쟁과 에너지 가격 급등으로 어려움을 겪고 있습니다. 보고서의 한 단락을 읽어 보겠습니다.

"장기적으로 볼 때, 탈탄소화는 청정에너지로 에너지 생산을 전환하는 데 도움이 된다. 하지만 적어도 향후 10년간 화석연료는 에너지 비용을 줄이는 데 막대한 영향을 줄 것이다. 유럽에서 탈탄소 기술의 혜택을 최종 소비자가 체감하지 못한다면, 높은 에너지 가격은 경제 성장의 발목을 잡게 될 것이다."

— 유럽연합위원회, 『유럽 경쟁력의 미래』

미국 부동산 기업 WS디벨롭먼트의 도전

이런 상황에서 의미 있는 시도를 하는 기업이 있습니다. 바로 미국의 부동산 기업 WS디벨롭먼트입니다. 이 회사는 보스턴 시포트 지구에 8곳, 뉴잉글랜드 지역에 35곳 등 다양한 상업용 부동산을 보유하고 있는데, 최근 이들 자산에 100퍼센트 재생에너지로 만든 전기를 공급한다고 발표했습니다. 미국 전역에 흩어진 모든 자산이 아닌, 일부 지역에 먼저 시도해 보는 것입니다.

재생에너지 전력 조달 방식은 크게 두 가지입니다. 하나는 친환경 발전사와 한꺼번에 구매 계약을 맺어 대규모로 전력을 확보해 단가를 낮추는 방법이고, 다른 하나는 재생에너지 인증서를 별도로 매입해 전력 사용량을 전부 재생에너지로 맞추는 보완책입니다.

RE100의 흐름에 맞춰 탄소 발자국을 줄이고 싶어 하는 기업일수록 "친환경 전력을 쓰는 건물"에 입주하길 선호합니다. 근로자들도 환경보호에 기여한다는 자부심을 갖게 되죠. 이에 따라 재생에너지 사용이 가능한 자산 수요가 높아지고, 그 결과 공실률이 낮아지며 장기적 투자 수익성이 올라가는 효과를 기대할 수 있습니다. 또한 재생에너지 전력 단가를 장기 계약으로 고정해 두면, 유가 급등 같은 시장 변동성으로 인한 부담을 줄이고 안정적인 에너지 비용을 유지할 수 있습니다. 물론 아직 재생에너지 공급이 충분히 확충되지 않은 지역에서는 인프라 구축 비용이나 전력망 개선이 필요하기 때문에 WS디벨롭먼트 역시 신중히 단계를 나눠 사업을 추진하고 있습니다.

・・・

감각과 결단

우리가 알고 있던 도시에 관한 상식이 바뀌고 있습니다. 교통 접근성만이 아니라, 친환경적 에너지를 적정한 가격에 안정적으로 공급받을 수 있는지가 입지의 새로운 기준이 된 것처럼 말입니다. 도시의 법칙이 변화하고 있습니다. 그리고 곧 새로운 표준들이 등장할 것입니다.

    세상이 변하면 도시를 관측하는 기준도 달라집니다. 낡은 규칙은 무너지고 익숙했던 규범은 새로운 패러다임으로 대체됩니다. 저와 여러분의 오늘과 내일에도 불확실성이 도사리고 있습니다. 고민이 깊어집니다. 하지만 헤쳐 나가지 못할 어려움은 없다고 믿습니다. 오늘 할 수 있는 일을 꾸준히 해 나가며 불가능해 보이는 일들도 결국 해 내는 것이 인생이니까요. 다시 한번 똑같은 문장을 적어 봅니다.

    '관측'은 서슬 퍼런 날 위에 서 있는 예민한 '감각'이자 판단을 실행으로 옮기는 '결단'이다.

    이 책이 앞으로 더 드라마틱하게 변할 도시에서 살아가야 할 여러분의 여정에 미약하나마 길잡이가 될 수 있다면 더할 나위 없는 보람이 될 것입니다.

    도시 관측소에 오신 것을 환영합니다.

PART 1. 도시 관측소를 열다

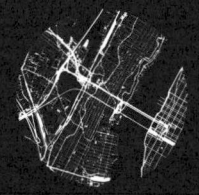

익숙했던 정상성의 기준이 바뀌고 있습니다. 지금까지 관행적으로 이루어진 투자, 정책 수립, 수요 예측, 그리고 소비의 관점도 바뀔 것입니다. 세상이 변하면 도시를 살아가는 기준도 달라지는 게 당연합니다. 그래서 우리에게는 도시를 관측하는 힘이 필요합니다. 도시의 변화와 나의 미래를 연결하는 능력이 바로 관측력입니다.

CHAPTER 1. 도시화

공간 생태계의 최상위 포식자

지구를 삼킨 3퍼센트

광활한 우주에서 본 지구는 작은 구 형태입니다. 자세히 보면 짙푸른 대륙 위로 수많은 점과 선들이 반짝이며 마치 별자리처럼 퍼져 있죠. 그곳이 바로 우리가 살아가는 곳, 도시입니다.

지구에는 1만에서 2만 개 내외의 도시가 존재합니다. 수도, 신도시, 산업단지, 위성도시, 관광 타운 등 그 이름은 다양하지만, 모두 '도시'라는 범주로 묶을 수 있습니다. 하늘에서 찍은 인공위성 사진을 분석하면 이들 도시의 실제 면적도 측정할 수 있습니다. 이를테면, 서울의 행정구역 면적은 약 605제곱킬로미터이지만, 실제로 사람들이 주거, 상업, 업무, 생산을 위해 사용하는 시가지 면적은 372제곱킬로미터입니다.

놀랍게도 전 세계 도시의 시가지 면적을 모두 합치면 지구 대륙의 단 3퍼센트에 불과합니다. 나머지 97퍼센트는 산, 호수, 초원, 사막, 농경지 등 도시가 아닌 공간이죠. 여행을 다니다 보면 한 도시만 둘러봐도 발이 퉁퉁 붓는데, 사실상 도시 면적의 총합이 지표의 3퍼센트밖에 안 된다니, 생각보다 무척 작습니다.

　이 작고 작은 도시의 힘은 실로 엄청납니다. 도시는 공간 생태계의 최상위 포식자입니다. 2021년 기준으로 전 세계 인구 약 80억 명의 56퍼센트, 즉 44억 명 정도가 도시에 거주하고 있습니다. 2050년경에는 66억 명에 이를 것으로 예상됩니다. 오늘날 세계 500대 기업의 70퍼센트가 도시에 본사를 두고 있고, 철도 노선의 75퍼센트가 도시를 지나가며, 전 세계 국내총생산(GDP)의 80퍼센트가 도시에서 만들어집니다. 지구의 겨우 3퍼센트에 불과한 도시가 전 세계의 자원, 투자, 인프라를 집어삼키고 있는 것입니다.

　미국 하버드 대학의 도시 이론가 닐 브레너(Neil Brenner)는 이런 현상을 "전 지구적 도시화(planetary urbanization)"라고 부릅니다. 도시라는 공간 속으로 사람과 자본을 끌어당기는 것을 넘어서, 도시화의 영향이 지구 전체로 뻗어 나가면서 공간 자체뿐만 아니라 사람들의 관념 역시 도시적 특성을 나타내는 현상을 일컫는 개념이죠. 아마 그 누구도 현재 우리가 전 지구적 도시화의 정점에 서 있다는 사실을 부인할 수는 없을 것입니다.

도시의 흥망성쇠는 문명의 역사

　　　　　　　　　　도시는 어느 날 갑자기 부상한 것이 아닙니다. 역사를 거슬러 아주 오래전 사람들이 살았던 모습을 살펴보더라도 도시는 중요했습니다. 고대 그리스의 미노아 문명을 한번 떠올려 볼까요?

　기원전 2500년에서 1500년 사이, 지중해 크레타섬의 미노아인들은 유럽의 에게해를 무대로 해상 무역을 통해 번영을 누렸습니

●●● 미국 뉴욕의 스카이라인. 지구 표면의 3퍼센트에 불과한 전 세계 도시는 굶주린 포식자처럼 자원, 투자, 인프라를 집어삼키고 있다.

다. 이들은 크레타섬에 크노소스 궁전을 세웠죠. 이곳은 단순한 궁이 아니었습니다. 무려 1,000개가 넘는 방에 관청, 주택, 시장, 창고 등이 광장을 중심으로 모여 있었습니다. 현대적 상하수도 시스템과 욕실까지 갖추고 말이지요. 크노소스는 그 자체로 하나의 도시입니다. 다른 지역에서 감히 상상조차 하기 힘든 문명적 성취가 모여 있던 곳이죠. 크노소스 도시를 중심으로 번성한 미노아 문명은 이후 유럽 문명의 토대가 되었습니다.

산업혁명기의 영국 버밍엄도 빼놓을 수 없습니다. 18세기 후반, 버밍엄은 말 그대로 기술 혁신의 중심지였습니다. 제임스 와트와 그의 후원자 매튜 볼턴이 1774년 이곳에서 '볼턴앤와트'라는 회사를 설립했습니다. 지금으로 치면 와트는 기술자이자 스타트업 창업자였고, 볼턴은 와트를 독려하고 기업에 자본을 투자한 벤처 캐피탈리스트였죠. 이들은 '루나 소사이어티'라는 연구 모임을 통해 찰스 다윈의 할아버지인 에라스무스 다윈, 도자기 산업의 혁신가 조지아 웨지우드, 무기 제조업자 사무엘 골턴 주니어 등과도 교류했습니다. 이들은 스스로를 '루나틱스(lunaticks)'라고 불렀는데, 이 단어는 현대 영어의 'lunatics(미치광이, 괴짜)'의 어원이 되었죠. 이렇듯 창조적 미치광이들이 모여 현대 산업문명의 토대를 만들었습니다.

오늘날의 유니콘 기업을 살펴보겠습니다. 유니콘이란 전설 속 동물로, 이마에 뾰족한 뿔이 난 말의 모습을 하고 있죠. 경쟁이 치열한 벤처 생태계에서 살아남아 천문학적 가치를 인정받은 기업을 전설 속 동물에 비유한 것입니다. 유니콘 기업이란 아직 상장하지 않은 신생 기업 중 가치가 10억 달러(약 1조 3,000억 원) 이상인 곳을 의미합니다. 2023년 기준 전 세계에는 약 1,220개의 유니콘 기업이 존재하는데, 그중 44퍼센트인 538개의 유니콘 기업이 단 10개의 도시에 집중되어 있습니다. 샌프란시스코, 뉴욕, 로스앤젤레스, 팔로알토, 베이징, 상하이, 선전, 런던, 파리, 벵갈루루 등이 여기에 해당합니다. 서울은 17위입니다. 슈퍼스타 도시의 승자독식인 셈입니다. 챗GPT를 개발한 오픈AI가 샌프란시스코에, 알파고를 탄생시킨 구글 딥마인드가 런던에 자리 잡은 것은 우연이 아닙니다.

스타트업 하나가 유니콘 기업이 되기까지 기업당 평균 누적 투자액은 약 3억 달러(4,000억 원)라고 하니, 그 이상의 투자를 유치하고 기업 가치가 1조 3,000억 원 이상인 스타트업이 이들 도시에 수십 개씩 몰려 있는 셈입니다.

도시 관측소

- 유럽 문명의 원형이 된 미노아인의 도시 크노소스
- 산업혁명의 진앙이었던 도시 버밍엄
- 유니콘 기업을 성장시키고 있는 전 세계 슈퍼스타 도시들

이들 도시는 모두 무엇을 왜 해야 하는지 분명하게 아는 사람들이 모여 있는 곳입니다. 여기서는 실행도가 높은 결정과 중요한 거래가 이루어지고, 교류 네트워크가 펼쳐지죠. 도시는 막대한 부를 창출하며 인류 문명을 풍요롭게 했습니다.

<u>인류는 '도시'라는 장대를 이용해
부와 혁신의 신고점에 도달할 수 있었다.
우리가 도시에 살든 그렇지 않든,
현재 누리고 있는 윤택한 삶과 기술 문명은 모두
도시와 어떤 식으로든 연결되어 있다.</u>

도시의 성장이 새로운 문명을 일으켰다면, 도시의 몰락은 한 시대나 제국의 종말로 이어지기도 했습니다. 기원후 476년, 서로마의 수도 로마가 게르만족에게 함락되면서 고대 세계는 종말을 알렸죠. 1258년 찬란한 이슬람 문명의 중심지 바그다드가 몽골군에 의해 무너졌습니다. 1453년 동로마 제국의 수도 콘스탄티노플(현 튀르키예 이스탄불)의 함락은 중세 시대의 끝을 의미했으며, 1521년 스페인 군대가 아즈텍의 수도 테노치티틀란을 점령하면서 아즈텍 문명은 막을 내렸습니다. 1937년 중화민국의 수도 난징이 일본군에게 함락되면서 제국주의는 아시아 전체로 확장했습니다. 이렇게 도시의 흥망성쇠는 곧 문명의 역사입니다. 도시가 멎는 순간 그것이 지탱하던 문명도 함께 쇠락합니다.

인류 최초 도시의 비밀

흥미로운 점이 있습니다. 세계사에서 도시가 차지하는 비중이 이렇게 높다면, 대체 언제부터 사람들은 도시에 몰려 살기 시작했을까요? 전 세계 사람들이 도시를 중심으로 활동하는 현상, 즉 '도시화'의 본격화는 인류 역사에서 비교적 최근의 일입니다.

지금으로부터 약 30만 년 전, 우리의 직계 조상으로 알려진 '호모 사피엔스'가 아프리카 대륙의 초원에 등장했습니다. 이들은 유목민이었는데, 수십에서 수백 명 규모로 무리를 지어 사냥하고 열매도 따 먹었죠. 당시 주 식량원은 자연이 주는 먹거리, 즉 1차 바이오매스(biomass)였습니다. 이들 사피엔스는 점차 아프리카를 벗어나 서아시아, 유럽, 아시아로 퍼져 나갔고, 그 과정에서 다른 인류 종들은 하나둘 사라져 갔습니다.

오랫동안 인류는 수렵채집 생활을 이어 가다가 약 1만 년을 전후로 큰 변화를 맞게 됩니다. 바로 농업혁명입니다. 사피엔스는 비로소 한곳에 정착하여 살기 시작했고, 농사를 짓고 가축을 기르면서 식량 생산은 크게 늘었습니다. 안정적인 식량 공급으로 인구도 빠르게 증가했죠. 그렇다고 수렵생활이 끝난 것은 아니었습니다. 추위나 재해를 피해, 혹은 풍부한 사냥감을 따라 인류는 계속 이동했습니다. 이후 수천 년이 지나도록 아직 도시라 부를 만한 대규모 정주지는 나타나지 않았습니다.

인류 최초의 도시가 등장한 곳은 바로 메소포타미아 지역입니다. 이곳은 티그리스강과 유프라테스강이 페르시아만으로 흘러드는 평원으로, 지금의 이라크 남동부 끝에 해당하죠. 아라비아어로는 Bilad al-Rafidayn, 즉 "두 강 사이의 땅"이라고 불립니다. 최초의

도시 관측소

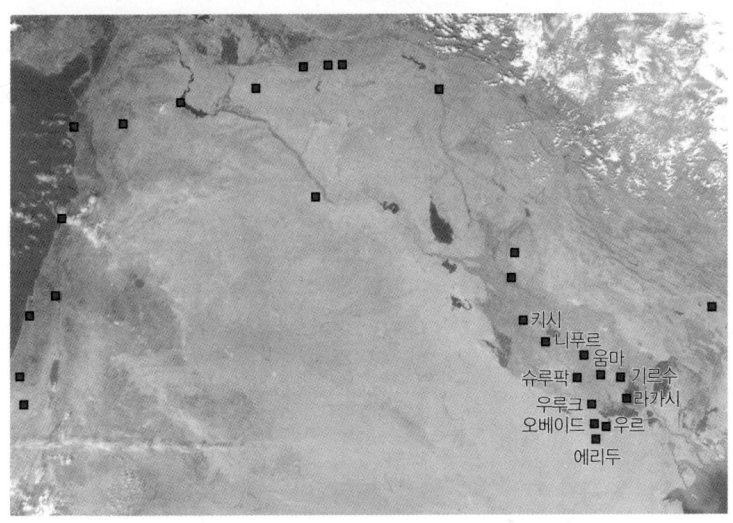

●●● 기원전 3500년경 메소포타미아 지역에서 탄생한 인류 최초의 도시들은 단일 형태가 아닌, 에리두, 우르, 우르크 등을 포함한 12개 이상의 도시국가 군집 형태로 나타났다. 이들 수메르 문명의 도시들은 중앙 집권형 제국이 아닌 도시국가 연합의 형태를 취하며, 각 도시를 이끄는 리더는 있었으나 강력한 왕은 부재했다. 쐐기 문자, 지구라트, 장거리 무역 등의 기술과 문화를 공유하면서, 때로는 경쟁하고 연대하며 약 2천 년간 독자적인 발전을 이루었다.

도시는 이곳에서 기원전 약 3500년~4000년경에 탄생한 것으로 추정됩니다.[2]

흥미로운 점은 첫 번째 도시는 단일 도시가 아닌, 에리두, 우르, 우르크, 키시 등 열두 곳 이상의 도시국가(city states)가 군집 형태로 나타났다는 점입니다. 각 도시에 최소 수천에서 수만 명의 인구가 살았고 그 면적도 상당했습니다. 기원전 3200년경 우르크의 면적은 약 100헥타르였고 400년 뒤에는 약 494헥타르까지 커졌습니다. 이는 나중에 등장한 고대 아테네나 기원후 예루살렘에 비해서도 넓은 규모입니다. 당시 우르크의 인구는 5만 명 전후로 추정됩니다. 이들 도시들은 세계 최초의 문자인 쐐기 문자를 사용했고, 행정과 거래용 점토판 문서를 활용했으며, 거대한 지구라트의 건설과 장거리 무역을 통해 부를 축적하는 등 여러 공통점이 있습니다.

메소포타미아에 나타난 수메르 도시국가들은 다른 문명과 구별되는 독특한 특징이 있습니다. 바로 영토 전체를 지배하는 중앙 집권적 제국이나 강력한 왕이 없었다는 점입니다. 물론 각 도시를 이끄는 리더나 종교 지도자가 있었지만, 인접한 이집트 문명이 파라오의 신권(神權)을 바탕으로 한 강력한 영토 국가였고 중국 황하 문명은 왕조 중심의 국가였던 것과는 대조적입니다. 이집트나 황하 문명에서 큰 규모로 발달한 정주지는 모두 제국 운영을 위한 수도 역할을 했습니다. 그에 반해 메소포타미아에서는 중앙 권력 기반의 영토형 제국이 아닌, 수많은 도시국가 연합의 형태를 취했습니다. 이런 형태의 도시는 이후 페르시아만 일대와 북쪽의 바그다드까지 널리 확산되었습니다. 도시 모델이 멀리까지 수출된 셈입니다.

수메르의 도시들은 한 나라에 속하진 않았지만 변화무쌍한 환경을 제어하고 강의 범람을 막기 위해 협력했습니다. 예를 들어, 둑을 쌓거나 농경지로 물을 끌어오기 위해 대규모 수로를 파는 일은 단일 도시가 감당하기 어려웠을 것입니다. 만약 여러 도시국가가 함께 움직이지 않았다면 공멸의 길을 걸었겠죠. 이후 발견된 점토판 기록에는 도시 사이에서 곡물, 가축, 금속 등 다양한 재화가 거래된 사실이 쐐기 문자로 남아 있습니다. 또한 메소포타미아에서 발견되는 다수의 사원은 종교적 장소이자 거래가 이루어지는 상업의 거점이었습니다. 각 도시에는 고유한 수호신이 있었지만, 여러 지역이 함께 제의를 올리고 종교 네트워크를 형성했을 것이라는 견해도 있습니다. 또한 광석, 나무, 돌 등 자원이 부족했던 수메르 지역의 특성상 구리는 오만에서, 목재는 레바논에서 들여왔고, 청동기 주조, 바퀴와 말이 이끄는 수레, 관개농업 기술 등도 공유했습니다.

도시 관측소

도시국가 간 경쟁과 갈등과 협력은 무려 2천 년간 지속되었습니다. 기원전 1800년경 바빌로니아 왕국이 세워지기 전까지 말이죠. 제국이 건설되면서 자원의 생산과 분배의 단위가 더 이상 개별 도시가 아닌, 국가로 전환되었습니다.

이처럼 인류 최초의 도시들은 흥미롭게도 거대한 제국이 아니라 복수의 도시국가들이 느슨하게 연합한 형태로 등장했습니다. 메소포타미아 지역을 무대로 한 이들 도시는 홍수 위협에 함께 맞서고 문자와 농경 기술을 공유하며 발전의 기틀을 마련했습니다. 때로는 제의를 함께 지내고 수로를 파면서 협력했고, 더 많은 자원이나 무역로 확보를 위해 경쟁하기도 했습니다. 이러한 역동성 속에서 최초의 도시문명이 탄생한 것입니다. 이후 바빌론, 로마, 장안, 바그다드 같은 대규모 도시들이 세계 곳곳에 나타났습니다.

암스테르담, 런던, 파리

개별 도시를 뛰어넘는 지역 단위의 도시화는 아직 시작되지 않았습니다. 많은 사람들이 모여 사는 일은 여전히 불편하고, 감염병 확산과 화재에 취약했죠. 기업이 밀집해 혁신을 일으키고 자본 조달이 일어날 조건도 갖춰지지 않았습니다. 고대의 도시국가 연합은 협력과 경쟁을 통해 발전할 수 있었지만 외부 침입에 너무 취약했고 근거리 거래와 자급자족 모델로 많은 인구를 부양하기란 한계가 있었습니다. 제국의 수도 형태로 발전한 대도시는 많은 인구를 모았지만, 엄청난 부를 쌓고 혁신의 중심지로 거듭나는 데 실패했죠.

그런 의미에서 지역 단위의 도시화는 16세기 전후 비로소 시작되었습니다. 국가의 통제력은 적당히 약해졌고 개별 도시의 힘이 다시 한 번 강해진 순간이었습니다. 유럽과 아시아의 투자자와 상인, 지주, 엔지니어가 손을 잡고 기존 시장의 규범을 뒤엎기 위해 목숨을 걸고 해외로의 진출을 감행했습니다. 항로 개척과 원거리 무역의 발달이 바로 그 정점의 사건들입니다.

1500년 전후부터 아시아와 아프리카, 아메리카 대륙에 교역 도시이자 식민지를 개척한 영국, 프랑스, 네덜란드, 포르투갈, 스페인 등 이른바 '대서양 무역국(Atlantic traders)'이 변화를 주도했습니다. 이들 국가는 대서양을 횡단하며 설탕, 향신료, 담배, 면화, 커피, 금과 은 등을 교역하여 경제적 기반을 다졌습니다.

예를 들어, 암스테르담에 모인 재력가들은 당시 포르투갈이 독점하던 항로를 빼앗기 위해 배를 띄웠습니다. 1594년 출항한 상선은 아프리카와 마다가스카를 거쳐 인도네시아 자바섬에 도달했죠. 천신만고 끝에 배는 3년 만에 암스테르담으로 귀환할 수 있었습니다.

원거리 무역의 잠재력을 확인한 투자자들은 더 많은 배를 만들었습니다. 배를 건조할 재료를 확보하기 위해 북유럽에서 나무를 실어 날랐고, 풍차 기술을 개량하여 목재를 가공했습니다. 이를 통해 세계에서 가장 빠르고 강력한 범선 75척을 만드는 데 성공했고 두 번째 무역선이 출항했습니다. 몇 년 후, 이 배들은 값비싼 향신료와 귀금속을 싣고 돌아왔습니다. 총 수입은 당시 네덜란드 화폐로 900만 길더로, 국가 부채 전체를 갚고도 남을 정도였습니다.

원거리 무역은 이익을 낳았지만 동시에 막대한 자본과 집약적 노동이 필요했습니다. 자본 조달을 위해 1602년 세계 최초의 자본주의 회사로 알려진 '동인도회사'가 설립되었죠. 이 회사는 공개적으로 주식을 발행했고 증권거래소를 통해 민간 거래도 할 수 있었습니다. 투자된 자산을 보호하기 위해 주주 한정책임 제도도 도입 되었습니다. 투자자 모집에 응한 사람 중에는 부유한 상인도 있지만, 뒷골목에서 일하는 대장장이와 하녀도 있었습니다. 돈만 있으면 신분과 관계없이 투자와 배당은 평등했죠. 이렇게 동인도회사를 통해 막대한 자본이 모이고 무역, 조선업, 건설업, 금융업이 한꺼번에 발달했습니다.

비슷한 시기 영국에서는 올리버 크롬웰(Oliver Cromwell)의 통치 기간에 유대인들이 대거 유입되었습니다. 이미 네덜란드와 이탈리아에서 금융 네트워크를 구축한 이들은 런던의 롬바르드 거리에 정착해 은행을 설립했습니다. 막대한 자본이 융통되면서 런던은 세계 금융의 허브로 도약하기 시작했습니다. 런던이 전통적인 상업도시에서 금융도시로 전환한 순간입니다. 지금도 런던은 유럽 최고의 금융도시로 자리 잡고 있죠.

캘리포니아 대학의 욘 스테인손(Jón Steinsson) 교수에 따르면, 이들 대서양 무역국들은 유럽, 아프리카, 아메리카 대륙 등과 설탕, 담배, 면화, 커피, 금과 은, 노예를 교환하고 금융과 무역 관련 산업을 일으키며 17세기에서 19세기 사이에 엄청난 경제적 번영을 이루었습니다. 이들 대서양 무역국들의 평균 도시화율은 1300년 전후 8퍼센트에서 1800년에 20퍼센트 수준으로 크게 증가했습니다.

그럼에도 오늘날 볼 수 있는 거대 메트로폴리스 도시는 좀처럼 등장하지 않았습니다. 1500년대 유럽에서 가장 큰 도시였던 파리의 인구는 고작 20만 명이었습니다. 런던은 그보다 훨씬 작아서 5만 명 정도에 불과했죠. 1700년경까지도 이들 도시의 인구는 50만 명을 넘지 못했습니다. 17세기 암스테르담도 5만에서 시작해 약 20만 인구까지 성장했습니다. 물론 아시아에는 베이징처럼 수십만 명이 사는 도시가 있었지만, 이는 무척 예외적인 경우였어요.[3] 현재 유럽에서 가장 인구가 많은 도시인 이스탄불이 처음으로 100만 명을 넘어선 것은 1900년 즈음의 일입니다.

인류 역사의 1,500분의 1에 불과한 찰나의 시간

'도시화율'이라는 건 어떤 의미일까요? 간단히 이야기하면, 한 국가나 지역의 전체 인구 중 도시에 사는 사람의 비율을 의미합니다. 예를 들어 50퍼센트의 도시화율이란 전체 인구의 절반이 도시에 사는 것이죠. 우리나라에서 도시 인구는 주거, 상업, 공업 등 도시 지역에 사는 사람들, 혹은 행정구역상 시나 군 단위의 읍·동에 사는 인구를 말합니다.

인류 역사 대부분에 걸쳐 세계의 도시화율은 매우 낮은 수준이었습니다. 1800년 이전까지 줄곧 5퍼센트 미만으로, 인구 100명 중 도시에 사는 사람이 채 5명이 되지 않았습니다. 그런데 1800년을 전후로 변화가 시작됩니다. 도시화율이 급격하게 높아졌고, 일부 도시의 인구는 폭발적으로 증가했습니다.

시기별로 전 세계 도시화율을 살펴보겠습니다.

- 1800년 이전: 5퍼센트 미만
- 1900년: 16퍼센트
- 1950년: 30퍼센트
- 2007년: 50퍼센트
- 2023년: 57퍼센트
- 2050년: 68퍼센트(추정)

도시 관측소

이처럼 전 지구적 도시화 현상은 인류 역사에서 무척 짧은 기간에 이루어졌습니다. 호모 사피엔스가 출현한 30만 년의 역사 중 1800년 이후부터 지금까지 약 200여 년 동안 집중적으로 일어난 변화죠. 전체 역사의 1,500분의 1에 불과한 찰나의 시간입니다.

특히 우리나라는 지난 50여 년 동안 전 세계에서 가장 빠른 속도로 도시화율이 증가했습니다. 반대로 말하면 20세기 중반까지 도시화가 극도로 더뎠던 나라이기도 했죠. 참고로 제 아버지는 1946년생인데, 그때 한국의 도시화율은 약 25퍼센트였습니다. 제 조부모 세대에는 불과 5퍼센트였습니다. 그러던 것이 지금은 도시화율이 92퍼센트에 이릅니다. 단 두 세대 만에 국민 대부분이 도시에 사는 나라가 되었습니다.

먹고사는 일과 도시

그렇다면 이런 질문이 떠오릅니다. 왜 1800년을 전후로 세계 여러 지역에서 도시화라는 낯선 변화가 시작되었을까요? 더 직접적으로 묻자면, 왜 사람들은 도시 밖에 여유롭게 흩어져 살다가 굳이 도시라는 좁은 곳에 모여서 살게 되었을까요? 당시 세계 정치인들이 한자리에 모여 인구를 도시로 옮기자고 다자간 합의를 이룬 것도 아닌데 말이죠.

도시화는 상당히 복잡한 퍼즐입니다. 여러 변수가 동시에 작용하기 때문에 한 가지 이유만으로 인과를 설명하기 어렵습니다. 그럼에도 그 퍼즐의 중심에는 사람들이 먹고사는 문제, 즉 '먹고사니즘'이 자리하고 있습니다.

1800년을 전후로 인류가 돈을 벌고 생계를 유지하는 방식에 엄청난 변화가 일어났습니다. 이런 변화의 킹메이커 역할을 한 것이 바로 도시였죠. 도시는 제국 경영의 편의를 도모하는 곳도, 고착화된 신분 사회를 이어 가는 거점도 아닙니다. 지역에서 가장 창조적인 사람들이 모여 자본, 기술, 거래 역량을 집약시켜 막대한 부를 창출하는 역동적인 장소입니다. 이제부터 왜 1800년을 전후로 많은 사람들이 도시에 모여 살게 되었는지 '노동', '자본', '인프라' 세 가지 관점에서 들여다보도록 하겠습니다.

노동과 산업도시의 등장

18세기에 일어난 산업혁명은 노동의 개념을 완전히 바꾸어 놓았습니다. 산업화 이전의 사회에서 노동이란 가족의 생계를 유지하거나 신분에 따른 노역 의무를 수행하기 위해 사람이나 가축의 힘으로 무언가를 얻는 행위였습니다. 노동이 일어나던 영역은 대체로 마을이나 지역 등 생산과 소비의 경계가 한정된 자급자족형 신분제 사회였습니다. 물론 이전에도 원거리 무역이 일어났지만, 이는 한 곳의 희귀한 물품이나 노동력을 다른 곳에서 비싸게 파는 단순 중개무역이었습니다. 무역선을 띄우고 거래를 하는 것 이외에는 새로운 부가가치 창출이 거의 없었고, 보통 사람들은 그나마도 참여하지 못했습니다.

하지만 18세기에 들어와 산업혁명과 함께 여러 변화가 일어났습니다. 증기기관이 발명되고, 방적기가 등장하고, 기차와 증기선이 다니기 시작했죠. 이제 사람과 가축이 하던 일을 기계가 대신하게 되었습니다. 덕분에 석탄 채굴부터 철강 제작, 면 방직 산업까지 효율성이 엄청나게 좋아졌습니다. 이렇게 만들어진 제품은 기차나

●●● 산업혁명은 생산, 조립, 물류, 판매를 통해 부를 창출하는 공간으로 도시의 모습을 바꾸었다. 도시는 점차 공장, 기차역, 항구, 창고, 근로자 주거지를 중심으로 산업에 최적화된 곳으로 변모했다. 샤드웰 로프 공장 판화. 1890년 추정.

증기선을 타고 원거리 무역으로 팔릴 수 있었죠. 영국에서 만든 옷감이 인도에서 팔리고, 미국에서 재배한 면화는 유럽 공장으로 운송되었습니다. 이제 노동은 단순히 나와 가족이 먹고살기 위한 일이 아니라, 전 세계를 상대로 하는 B2C 비즈니스(기업 대 소비자 영업)가 되었습니다.

   이는 도시의 모습을 크게 바꿔 놓았습니다. 이때 등장한 개념이 바로 '산업도시'입니다. 과거의 도시가 지배계층의 영역, 즉 왕궁이나 귀족 거주지, 통치나 군사 조직, 혹은 종교나 의식을 위한 장소를 중심으로 형성되었다면, 이제는 생산, 조립, 물류, 판매를 통해 부를 창출하는 공간으로 무게추가 기울었습니다. 그에 따라 공장, 기

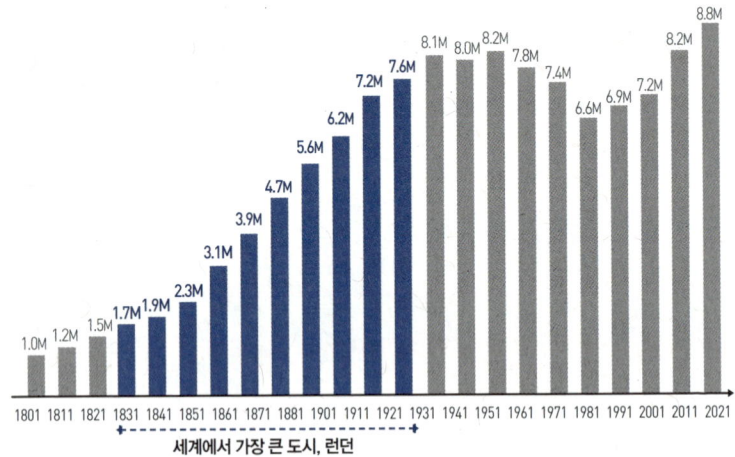

●●● 19세기 초부터 21세기까지 영국 런던의 인구 변화. 산업화의 진전에 따라 1810년대 초 약 110만 명이었던 런던의 인구는 1900년 620만 명까지 폭발적으로 증가하며 세계에서 가장 큰 도시로 성장했다. 이후 인구 변동을 거쳐 2021년에는 약 880만 명에 이르렀다. 출처: UK Population Data

차역, 항구, 창고, 근로자 주거지를 중심으로 산업에 최적화된 도시가 만들어진 것입니다.

영국의 버밍엄, 스코틀랜드의 글래스고, 독일의 루르, 프랑스의 릴, 폴란드의 우치, 미국의 피츠버그와 디트로이트, 인도의 뭄바이, 일본의 요코하마, 브라질의 상파울루가 그런 예입니다. 농어촌에 살던 사람들은 일자리를 찾아 도시로 몰렸고, 신분에 얽매이지 않으며 능력에 따라 일하고 성과에 따라 돈을 벌 수 있게 되었습니다. 노동력 집중과 생산성 증대로 제조 기업들은 부가가치를 엄청나게 올렸습니다. 그 유명한 산업 가치사슬의 '스마일링 커브(Smiling Curve)'가 뒤집혀 있던 모습이 이때 나타난 것입니다.

도시 관측소

산업화의 진전은 도시 인구의 폭발적 증가로 이어졌습니다. 산업도시 중 하나인 영국 맨체스터의 경우, 1760년 인구가 고작 2만 명이었지만 1850년에는 무려 30만 명을 넘어섰습니다. 100년도 채 지나지 않아 열다섯 배나 증가한 것이죠.

런던은 어땠을까요? 1810년대 초 110만 명이던 런던의 인구는 1850년을 전후로 230만 명, 1900년에는 620만 명까지 늘어났습니다. 고대 로마를 제외하면 런던은 세계 최초로 인구 100만을 넘어선 메트로폴리스였고, 이후 100년 동안 여섯 배나 큰 도시로 성장했습니다. 19세기 내내 런던은 세계 최강의 산업도시로서 영국의 '팍스 브리타니카(Pax Britannica)'를 이끌었습니다. 영국의 막강한 군사력을 바탕으로 유럽은 세계 최초의 해상 중심 글로벌 경제권을 형성할 수 있었습니다.

이 시기보다 훨씬 뒤에 나타났지만, 우리나라 초기 산업화 시기인 1960~1970년대에 크게 성장한 울산, 포항, 구미, 창원, 여수, 성남, 반월(지금의 안산) 등도 모두 산업도시입니다. 이들은 지금도 지역에서 가장 인구가 많고 경제적, 산업적 영향력이 큰 거점도시로 남아 있습니다. 이는 결코 우연이 아닙니다.

자본, 장원을 탈출하다

많은 사람들이 자본이라고 하면 그저 '돈'을 떠올리지만, 사실 더 중요한 건 '누구를 위해 돈이 축적되고 쓰이는가'입니다. 이와 관련하여 아담 스미스의 『국부론』(1776)에는 흥미로운 질문이 등장합니다. "부강한 국가란 어떤 나라일까?" 스미스에 따르면, 국가나 왕족의 창고에 금은보화가 많이 쌓여 있는 나라가 부강한 나라가 아닙니다. 부강한 나라란 국민들이 소비할 물자가 풍요로운 나라입니다. 당시로서는 획기적인 관점의 전환이었습니다.

중세 시대의 장원 경제나 식민지 개척을 통한 약탈 경제로는 국민 전체가 풍요로워지기 어렵습니다. 함대나 군사에 투자한 왕족은 중개무역과 약탈로, 태생부터 금수저인 농장주는 노예를 통한 장원 경영으로 더 부유해졌습니다. 이렇게 축적된 부는 좀처럼 일반 사람들에게 전달되지 않았죠. 국민들이 소비할 물자가 풍요로울 수 없었습니다.

시민을 위한 부가 쌓이려면 사회 전반의 '분업화'와 '전문화'가 필수입니다. 쌀농사를 잘 짓는 사람은 쌀 수확에 집중하고, 모자를 잘 만드는 장인은 모자의 품질을 높이는 데 집중합니다. 이렇게 만들어진 우수한 물건은 시장에서 자유롭게 거래되고, 그 가격은 '보이지 않는 손'에 의해 결정되어야 합니다. 그 결과 사회 전체에 유통되는 물자가 풍부해지고, 이에 기여한 사람들은 혜택을 나눠 갖게 됩니다. 이는 자본주의 발전의 토대가 되었습니다. 사람들은 자신이 잘하는 일에 몰두하고 더 넓은 시장에서 팔기 위해 서로 가까이 모였습니다. 숙련된 장인, 안목 있는 투자자, 제품을 파는 상인, 공장에서 일하는 노동자들이 밀집한 도시는 상품과 정보가 교환되기 쉬운 장소였죠. 이를 기반으로 더 많은 일자리와 거래 기회가 만들어졌습니다.

여기에 시민 정치의 발달도 중요한 역할을 했습니다. 부를 창출하는 역할 분담이 권력이나 신분이 아닌, 나의 의지와 능력을 중심으로 조정될 수 있게 되었습니다. 사회 규범이나 시장의 규칙을 만드는 데 나의 목소리가 반영될 여지가 생긴 것입니다. 세계 3대 혁명으로 불리는 프랑스 혁명, 미국 독립전쟁, 영국 명예혁명은 서로 다른 배경에서 일어났지만 공통점이 있습니다. 혁명의 결과로 왕과 귀족의 시대가 막을 내리고 시민주의와 자본주의 시대가 동시에 도래했다는 점이죠.

비슷한 시기에 세계 최초의 증권거래소가 파리, 암스테르담, 뉴욕에 등장하면서 글로벌 자본의 흐름도 활발해졌습니다. 자본은 더 높은 수익률을 찾아 국경을 넘나들었습니다. 18세기 초 영국 정부가 발행한 채권의 이자율은 3퍼센트대로 하락했습니다. 100년 전에 비해 불과 3분의 1 수준입니다. 정부 발행 채권의 이자율은 정부가 돈을 빌리기 위해 지급해야 할 이자의 비용을 의미합니다. 국가가 도로나 항만을 건설하기 위해 자금을 조달할 때 이자가 줄어들면 산업 인프라 조성에 요구되는 재정 부담이 낮아지죠.

나아가 산업화 초기의 기업도 제조와 운송 시설을 갖추려면 막대한 자본이 필요합니다. 이자율이 낮으면 투자와 소비를 늘리는 데 유리합니다. 결국 돈의 힘으로 기업은 공장을 짓고 더 좋은 물건을 만들어 세계로 수출할 수 있었고, 정부는 전쟁 비용을 조달해 무역로를 안정적으로 운영하고 경쟁국을 압도할 수 있었습니다. 결국 18세기 말부터 19세기 초까지 도시화의 급격한 진전은 단순한 인구 이동의 결과가 아닙니다. 자본주의와 시민정치의 도래, 분업화와 전문화의 확산으로 과거 귀족의 전유물이었던 자본이 더 높은 수익률과 생산성을 찾아 유동화된 결과입니다. 그 일부는 시민이 소비할 재화를 풍요롭게 만들었고, 자본가와 비자본가의 경제 격차도 커지게 되었습니다.

필라델피아의 상수도에서 한성의 전차까지

도시의 성장은 인프라 구축과 밀접한 관련이 있습니다. 인프라란 도로, 철도, 공원, 학교, 도서관, 병원, 산업단지 등의 기반시설을 말합니다. 18세기를 전후로 세계 주요 도시들에서 이런 시설이 대규모로 건설되기 시작했죠.

영국령 북아메리카에서 가장 번성한 도시 중 하나였던 보스턴에는 미국 최초의 공립학교, 최초의 종합대학, 최초의 공공도서관과 대형 공원이 들어섰습니다. 이들 인프라는 지금까지도 남아서 보스턴과 케임브리지를 미국 최고의 대학 도시이자 역사문화 도시로 유지하고 있습니다. 암스테르담이라는 도시의 이름은 '암스텔' 강에 '댐(dam)'을 지은 데서 유래합니다. 암스테르담은 해수면보다 낮은 저지대였죠. 도시 건설을 위해 네덜란드 사람들은 17~18세기에 걸쳐 바다를 따라 제방을 만들고 도시 중심부를 에워싸는 네 개의 방사형 운하를 두었습니다. 덕분에 암스테르담은 지금도 운하 경관의 도시로 유명하죠.

전 세계 주요 도시에서 처음 만들어졌거나 첫 운영을 시작한 근대적 인프라를 몇 가지 소개하면 다음과 같습니다.

- 1801년 필라델피아: 미국 최초의 시(市)급 공공 상수도
- 1824년 에딘버러: 세계 최초의 상설 소방서
- 1830년 리버풀-맨체스터 및 볼티모어-메릴랜드주: 세계 최초의 상업용 철도
- 1840년 런던: 세계 최초의 현대적 우편제도와 우체국
- 1844년 홍콩: 아시아 최초의 현대적 경찰 조직
- 1853년 뭄바이: 아시아 최초의 상업용 철도

도시 관측소

●●● 필라델피아는 황열병 유행을 계기로 깨끗한 물 공급의 필요성을 절감했다. 벤자민 라트로브(Benjamin Latrobe)의 설계로 1801년 스팀 엔진을 이용하여 스쿨킬 강의 물을 시내 중심부로 끌어올려 시민들에게 공급하기 시작했다. 이것이 미국 최초의 도시 단위 공공 상수도 시스템이다. 지도에는 펌프와 저수지가 있던 센터 스퀘어가 표현되어 있다. 출처: 뉴욕공공도서관.

- 1872년 도쿄~요코하마: 일본 최초의 근대적 철도
- 1879년 상파울루: 남미 최초의 전기 가로등
- 1882년 런던: 세계 최초의 석탄 기반 전력 발전소
- 1894년 파리: 세계 최초/최대 규모의 근대적 하수도
- 1897년 보스턴: 미국 최초의 지하철
- 1899년 서울(한성): 동아시아 초기의 전기 노면전차

우리나라는 조금 늦은 19세기 후반부터 근대적 인프라를 갖추기 시작했습니다. 철도가 놓이고, 항만이 들어서고, 공장과 은행이 세워졌죠. 전라북도 군산을 예로 들면, 이 시기에 호남평야의 쌀을

실어 나르는 항구가 만들어지고 군산에서 익산, 전주를 잇는 최초의 포장도로인 전군가도(지금의 번영로)가 놓였습니다. 정미업, 양조업, 수산업, 목재업 관련 공장도 이 시기에 건설되었죠. 일제 강점과 약탈의 아픈 역사와 맞물려 있지만, 이들 인프라는 오늘날까지 남아서 군산의 도시 조직을 이루고 있습니다.

도시를 넘어선 도시화

앞에서 살펴본 것처럼 노동, 자본, 인프라의 공간적 집중은 인류의 삶을 도시 중심으로 전환하는 데 크게 기여했습니다. 흥미로운 점은, 한 요소의 증가가 다른 요소를 밀어내는 제로섬이 아니라 각각의 요소가 서로 촉진하는 선순환이 이루어졌다는 점입니다. 한 예로, 노동력과 임금의 관계가 그랬습니다.

도시에 사람들이 유입되어 노동력 공급이 갑자기 늘어나면, 임금은 내려가는 게 상식입니다. 기업주 입장에서 고용할 수 있는 사람이 크게 늘어나면 근로자의 월급을 많이 올리지 않아도 되지요. 그런데 18~19세기 말 유럽의 산업도시에서는 그 반대 현상이 나타났습니다. 도시로 사람들이 몰리며 노동력 공급은 풍부해졌는데, 근로자의 실질 임금도 계속 올랐습니다. 정부나 기업이 자금을 조달하는 데 요구되는 비용인 이자율은 더 내려갔죠.

이것은 노동과 자본 시장이 평형 상태가 아닌, 급속하게 팽창하는 상태였기 때문입니다. 일할 사람이 늘어나지만 동시에 생산성, 일자리, 기업의 영업 이익도 폭발적으로 늘어났고, 기업은 더 많은 사람을 뽑아서 공장을 쉴 새 없이 가동하는 게 더 이익입니다. 동시에 낮은 비용으로 조달할 수 있는 자본도 풍부해졌죠. 이렇게 노동력의 향상, 실질 임금과 생산성의 상승, 산업투자 활성화, 낮은 이자율이 지속되는 현상은 영국에서 무려 150년이나 이어졌습니다. 세부 사정은 지역마다 달랐지만, 대체로 당시 급성장한 산업도시들은 역대급 호경기를 맞이했습니다.

시대에 따라 도시가 부유해지는 세부 원리는 조금씩 다릅니다. 하지만 그 근간에는 사람, 돈, 인프라가 서로 가까워지며 혁신을 통해 경제 활동의 부가가치가 늘어나는 원리가 자리 잡고 있습니다.

이제 도시가 없는 인류의 미래를 상상하기는 어렵습니다. 일론 머스크는 인류가 장기적 생존을 위해 다행성 종족이 되어야 한다고 말합니다. 그에 따르면, 화성은 인간의 우주 정착을 위한 첫 번째 행성이죠. 머스크 계획의 핵심은 화성의 환경을 지구와 유사하게 바꾸는 '테라포밍(Terraforming)'입니다. 인공적으로 온실 효과를 유도하여 대기 온도를 높이고, 태양광으로 유지되는 수직 농장을 만들어 식량을 공급해 집약적 거주를 가능하게 합니다. 화성판 도시 건설이죠.

도시화는 더 이상 도시에 국한되지 않습니다. 우주 정착 프로젝트, 바다나 사막 위의 신도시 건설, 농촌·산촌·어촌의 마이크로 도시 커뮤니티도 활발하게 논의되고 있습니다. 도시라는 공간 모델은 그 형태를 달리하며 더 멀리 퍼져 나갈 것입니다.

CHAPTER 2. 스케일링 법칙

도시는 어떻게 부를 창출하는가?

빗나간 예측

1980년 미래학자 앨빈 토플러(Alvin Toffler)는 저서 『제3의 물결』에서 정보화 혁명을 예견했습니다. 지식과 정보가 사회 발전의 가장 중요한 자원이 될 것이며, 컴퓨터와 휴대폰, IT 기술의 발전으로 사람들은 언제 어디서나 일하고 소통할 수 있게 될 것이라고 내다봤죠. 많은 사람들이 도시를 떠나 시골에서 '전자 오두막(electronic cottage)'을 짓고 살게 될 것으로 전망했습니다. 무척 흥미로운 예측이지만, 현실은 조금 달랐습니다.

결론부터 말하자면, 우리는 도시를 떠나지 않았습니다. 인터넷과 스마트폰을 손에 쥐고 기술을 몸에 장착한 채 도시와 그 주변에 더 깊이 뿌리내렸죠. 도시는 인류 문명의 베이스캠프입니다. 삶의 본진은 도시에 두고, 필요할 때 도시를 떠났다가 다시 돌아오는 '도시 온 앤 오프(City On-and-off)'의 삶이 더 보편적입니다.

물론 도시에서의 생활이 편하기만 한 것은 아닙니다. 사람은 너무 많고, 주택과 업무 공간은 늘 부족하죠. 출퇴근 교통난과 대인관계 스트레스로 피곤합니다. 그럼에도 우수한 일자리와 산업 혁신,

창의적인 문화 활동은 여전히 도시 집중성이 강합니다. 특히 세계적인 메트로폴리스는 인구 성장이 멈춘 뒤에도 계속 발전하면서 글로벌 혁신의 헤드쿼터 역할을 하고 있습니다.

초선형 성장과 아래선형 성장

이러한 현상에 주목한 사람이 있습니다. 바로 미국 시카고 대학의 루이스 베텐코트(Luís Bettencourt) 교수입니다. 그는 전 세계 도시의 빅데이터를 모아 분석함으로써 세상을 거대한 현미경으로 들여다본 것 같은 통찰을 얻게 되었죠.

베텐코트는 도시의 인구 규모(X축)와 혁신 및 경제적 성과(Y축)의 관계를 탐구했습니다. 분석에 포함된 지표는 특허 건수, R&D 투자, 가계소득, 1인당 임금, 기업 생산성, GDP 등이죠. 그 결과, 재미있는 사실 몇 가지를 발견했습니다. 이 법칙에 따르면 혁신 성과는 도시 인구 규모에 따라 꽤 일정한 패턴으로 나타납니다.

$$Y = Y_a \times P^\beta$$

- Y_a: 초기 상수
- β: 스케일링 지수

스케일링 지수 β에 따른 성장 유형:
- 초선형 성장($\beta>1$): 인구 증가에 비해 지표가 더 빠르게 증가
- 선형 성장($\beta=1$): 지표가 인구에 비례하여 증가
- 아래선형 성장($\beta<1$): 인구 증가에 비해 지표가 더 느리게 증가

●●● 스케일링 법칙. 도시 내 구성원(점)의 수가 증가함에 따라, 이들 간의 상호작용 및 연결선(선)의 수는 비례가 아닌 기하급수적으로 증가한다. 도시 인구가 늘어날수록 개인, 기업, 조직 간 네트워크가 폭발적으로 확장되며, 이는 혁신과 경제 성과가 도시 규모보다 더 빠르게 증가하는 초선형 성장의 기반이 된다.

    복잡해 보이지만, 실은 단순합니다. 예를 들어 보겠습니다. 한 지역의 도시 사례에서 발견한 총 GDP의 스케일링 지수 β는 1.15입니다. 도시 인구가 두 배 증가하면 GDP는 대략 $2^{1.15}≈2.23$배 증가한다는 뜻입니다. 이에 따르면, 도시 성장에 따른 인구보다 GDP가 더 큰 폭으로 증가합니다. 즉 이것만 기억해도 좋겠습니다. 사람의 수는 산술급수적으로 증가하지만 부와 혁신은 복리로 쌓일 수 있다는 것입니다. 초선형(superlinear) 성장의 예입니다.

    다른 예는 아래선형 성장을 보여 줍니다. 한 도시에 있는 전력선의 총 길이의 경우, 스케일링 지수 β는 0.87입니다. 도시 인구가 두 배 증가하면 그곳의 기업과 가구를 서비스하기 위해 필요한 전력선 길이는 $2^{0.87}≈1.83$배 정도 증가합니다. 인구가 늘어나는 양보다 전력선을 포함한 인프라는 다소 덜 늘어나도 괜찮습니다. 많은 사람들이 함께 이용하면 단위 길이당 인프라 이용의 효율이 높아지기 때문입니다.

도시 관측소

도시를 가로지르는 규모의 경제학

베텐코트의 생각을 조금 더 일반화해 볼까요? 하나는 도시의 규모가 클수록 혁신과 경제 성과도 더욱 증가한다는 점입니다. 대도시는 소도시에 비해 1인당 특허 건수가 월등히 많고, 근로자의 평균 생산성과 가계소득도 높으며, 창조적 인재의 풀과 일자리의 다양성, 사회적 상호작용도 훨씬 큽니다. 물론 도시의 전반적인 경향성을 의미하는 것이지, 소도시나 농어촌이 도시보다 열등하다는 의미는 절대 아닙니다.

더 흥미로운 발견은 도시 규모와 혁신의 관계가 단순 비례가 아니라는 사실입니다. 도시 인구가 두 배로 증가하면 혁신과 경제성과는 2.5배나 3배, 혹은 그 이상으로 증가하는 초선형 성장이 일반적입니다. 이렇듯 도시가 커질 때마다 혁신과 경제성과가 비선형적으로 증가하는 현상을 '스케일링 법칙'이라고 합니다.

도시가 커지면서 사람들 사이의 협력, 거래, 교환 등 네트워크는 폭발적으로 확장합니다. 개인뿐만 아니라 기업과 조직, 행정, 심지어 데이터도 이러한 연결망의 구성원이 되면서 상호작용의 양과 질이 모두 급증하는 것이죠.

이런 작용이 어느 임계점을 넘어서면 마치 거대한 세포가 그 숫자를 늘리는 것과 비슷한 자가증식 패턴을 보입니다. 네트워크에 참여하는 구성원이 많아질수록 그 속에서 개인과 기업이 활동을 통해 얻는 시간당 효용은 가파르게 증가합니다. 사실 이런 스케일링 프로세스를 가속화하기 위해서 도시를 지능화, 집약화하는 것이 요즈음 유행하는 스마트 시티의 핵심입니다.

도시가 커지면 또 다른 이점도 있습니다. 인프라와 서비스 제공의 효율도 높아집니다. 단위 길이당 도로나 상하수도의 서비스, 또

●●● 도시가 커질 때마다 혁신과 경제성과가 비선형적으로 증가하는 현상을 '스케일링 법칙'이라고 한다. 반대로 도시 규모가 커질수록 새로운 문제들도 발생한다.

는 단위 인구당 학교나 편의점 운영의 효율은 이용자가 많은 곳에서 더 높습니다. 경제학에서 말하는 '규모의 경제' 효과입니다. 기반시설은 한번 공급되면 이를 이용하는 사람들의 수가 일정 수준까지 늘어나도 고정 비용이 따라 오르지 않습니다. 제한된 기반시설에 대한 사회 구성원의 공동구매 효과로 1인당 부담하는 비용은 더 낮아지고 서비스 효율은 더욱 높아지는 것입니다.

반면 인구가 줄어드는 지역은 어떨까요? 안타깝게도 교육, 수도, 전기, 가스, 치안 서비스 등의 1인당 공급 비용이 큰 도시보다 더 많이 듭니다. 작은 도시나 군 단위의 지방자치단체가 세수입 적자로 허덕이고 재정을 투입해야 할 곳에 하지 못하는 이유가 여기에 있습니다.

스케일링 법칙을 생각해 보면 한 도시의 인구 규모가 커지는 것이 부 축적과 효율성 향상의 유일한 방법이라고 생각할 수 있습니다. 하지만 이는 사실이 아닙니다. 대도시가 여러 이점을 제공하긴

하지만, 도시 규모가 커질수록 새로운 문제들도 발생합니다. 세계 많은 도시들이 규모 확장과 개발에 따른 사회적·환경적 문제들을 효과적으로 관리하지 못하고 있습니다. 대표적인 예로 교통체증, 주거비용 상승, 범죄율 증가, 질병 확산 등이 있습니다. 이러한 도시 문제들의 스케일링 지수(β)는 1보다 큽니다. 이는 도시 규모가 커질수록 이러한 문제들의 발생 빈도와 심각성이 인구 증가율을 상회한다는 의미입니다. 베텐코트의 연구에 따르면, 에이즈 발생의 β값은 1.23이며, 강력 범죄의 β값은 1.16입니다. 질병과 범죄의 초선형 성장 경향을 확인할 수 있습니다.

결국 도시가 부유해진다는 것은 스케일링 효과의 혜택을 구성원들의 경제적·사회적 자산으로 전환하고, 동시에 부정적 도시 문제를 효과적으로 관리한다는 뜻입니다.

FADE 모델

이제 도시를 다시 정의해 보겠습니다. 도시란 무엇일까요? 도시란 사람, 자본, 기술 사이의 거리를 '0'에 가깝게 줄임으로써 막대한 부를 창출하고 새로운 경험을 가능하게 하는 공간 체계라고 해도 될까요? 도시 인구가 늘어나고 네트워크에 참여하는 이용자가 많아질수록 총체적 가치의 스케일링 법칙이 작용하며 인프라와 서비스 이용의 효율성이 함께 증대되는 규모의 경제 효과가 발생합니다.

결국 도시는 집적, 복합화, 네트워크 확장을 통해 사람과 자본 사이의 거리를 줄이고 활동의 가치를 증대시킵니다. 이 과정에서 부, 경험, 혁신의 스케일링 효과가 나타나고, 공급된 서비스에서 규모의 경제를 이룰 수 있죠. 동시에 과도한 비용, 혼잡, 범죄, 질병, 불평등 같은 부정적 요소가 긍정적 스케일링 효과를 저해하지 않게끔 관리해야 합니다. 이러한 정의를 바탕으로 한 도시에 부가 축적되는 방식을 아래와 같이 표현할 수 있습니다. 경제학의 콥-더글러스 생산함수에서 착안한 이 모형을 저는 FADE 모델이라고 부르고자 합니다.[4]

$$y_{value\ added} = f(l, k, i) \times ADE$$

도시의 자산 요소

- l = 노동력(labor)
- k = 자본(capital)
- i = 인프라(infrastructure)

도시의 누적 역량

- A = 매력(attractiveness)
- D = 다양성·포용성(diversity)
- E = 불확실성에 대한 대응·관리 능력(elasticity)

아직 개념적인 모델임을 감안하고 봐 주시길 바랍니다. FADE 모델의 좌변(y)은 도시에 새롭게 축적되는 가치나 부의 증대량입니다. 여기에는 시장에서 거래될 수 있는 토지가나 기업들의 시가총액, 도시의 각종 자산의 가치와 함께 계량화하기 어려운 특징도 포함됩니다. 한 예로 도시의 명성이나 전반적인 삶의 질, 기업과 개인의 성장 잠재력은 수치화하기 어렵죠. 조금 학술적으로 말하면, 도시의 부가가치(y)는 크게 경쟁력(competitiveness)과 정주성(livability, 定住性)의 함수로 표현됩니다.

　모델의 우변은 두 가지로 나뉘는데, 우선 노동력(l), 자본(k), 인프라(i) 등 도시의 자산입니다. 한 도시에 사회적·경제적 이익을 가져다주는 요소로, 근로자 유입이나 기업 투자는 민간 주도로 이루어지고 광역교통망 확충이나 재정 지출은 정부가 담당합니다.

- 노동력은 인재, 혁신가, 근로자, 소비자, 인플루언서 등 한 지역에서 자신의 시간과 재능을 씀으로써 도시의 가치를 높이는 데 기여하는 구성원을 의미합니다. 자본은 사회학자 마뉴엘 카스텔과 샤론 주킨 등이 정의한 금융자본, 사회자본, 문화자본, 공간자본을 포함하죠. 인프라의 경우 도로, 주차장, 공항 등 하드인프라와 경제, 혁신, 기술 개발, 문화 활동 및 사회적 기준을 유지하는 데 필요한 소프트 인프라를 총칭합니다.

- 일정 기간에 한 도시가 노동, 자본, 인프라를 늘릴 수 있는 역량은 제한적입니다. 그 최대치를 1이라고 가정할 때 노동이 증가하는 비율을 α, 자본의 비율을 β, 인프라의 비율을 $1-(\alpha+\beta)$로 나타낼 수 있습니다. 따라서 위 식은 $y=l^\alpha \cdot k^\beta \cdot i^{1-(\alpha+\beta)} \times ADE$로 쓸 수 있습니다. 여기에 로그를 씌우면 $\log(y)=\alpha \cdot \log(l)+\beta \cdot \log(k)+(1-(\alpha+\beta)) \cdot \log(i)+\log(A \cdot D \cdot E)$가 됩니다.

- 풍부한 노동, 자본, 인프라는 잠재적으로 이익을 가져다주지만, 자산 요소가 무한정 늘어나는 게 좋은 것만은 아닙니다. 고용 수요보다 노동력 공급이 과도하면 실업자가 늘어나고 실질 임금은 떨어집니다. 도로나 주택 등 하드 인프라는 풍부한데 이용과 관리가 부실하면 시민 안전이 위협받죠. 즉 자산 요소의 과잉은 때로는 도시의 경쟁력과 정주성을 하락시킬 수도 있습니다. 이때는 공급이 수요 창출이나 경제 성장으로 이어지지 않고 오히려 사회적 비용을 증가시킵니다.

모델의 우변 중 두 번째는 매력(A), 다양성과 포용성(D), 불확실성 관리와 유연성(E)이라는 누적 역량입니다. 한 도시를 특징짓는 고유한 성격이자 자산 요소가 기업과 시민이 체감할 수 있는 가치로 전환되는 데 필요한 트리거라 할 수 있습니다.

- 도시의 총자산은 비슷해도 매력, 다양성, 유연성이 탁월한 곳에서 더 많은 부가 창출됩니다. 자산과는 달리 이들 역량은 높으면 높을수록 해당 도시의 장기적인 성장에 유리합니다.
- 베텐코트 등 연구자들이 밝힌 바와 같이, 크고 개방적인 도시에서 자산과 역량의 결합이 더욱 활발하게 이루어지는 경향이 있으며, 이는 대도시의 스케일링 효과와도 일맥상통합니다. 다만 대도시라고 모든 면에서 다 좋은 것은 결코 아닙니다. 크고 복잡한 시스템도 리스크를 내재합니다.

비틀대는 도시의 대안

FADE 모델에 따르면, 부를 축적하지 못하고 비틀대는 도시는 단지 해당 도시에 기업이 부족하거나 근로자의 생산성이 떨어지는 게 문제가 아닙니다. 한 도시를 풍요롭게 만드는 사람, 자본, 인프라의 상호작용이 줄어들어 도시의 매력, 다양성, 유연성 같은 역량도 동반 하락한다는 데 문제가 있습니다.

인구소멸 지역에서 잘못된 활성화 정책이 성공하기 어려운 이유도 FADE 모델로 설명할 수 있습니다. 한두 곳의 대기업을 유치하거나 유능한 인재에게 보조금을 지급해 일시적으로 정착시켜도 결국 자산 요소 간 상호작용이 활발하게 일어나고 누적 역량을 통해 체감되지 못하면 결국 새로운 가치를 만들어 내지 못합니다. 이익을 내지 못하면 기업은 결국 주저앉고, 지역에서 미래를 보지 못한 인재들이 빠져나가는 브레인 드레인(Brain drain, 두뇌 유출)으로 이어지죠.

기업이든 정부든 인구 감소의 위기 속에서 의사결정의 우선순위 확인을 위해 FADE 모델을 유용한 틀로 활용하면 좋겠습니다. 우리 도시가 가진 핵심 자산이나 누적 역량을 진단하고, 어떤 부문에 투자하고 우선순위를 결정할지 더욱 명확해질 것입니다.

CHAPTER 3. 복합 위기의 시대

무너지는 데는 5분도 걸리지 않는다

버핏의 경고

21세기 인류는 아주 복잡한 문제와 마주하고 있습니다. 거리를 걷다 보면 빈 상가들이 눈에 띄고, 뉴스를 틀면 경제 침체, 전쟁, 기후위기, 주식시장 변동, 코인 값 폭락, 정치적 불안정 소식이 끊기지 않습니다. 인구는 줄어들고 공장은 문을 닫고 물가는 치솟고 있죠.

워런 버핏은 "명성을 쌓는 데 20년이 걸리지만, 무너지는 데는 5분도 걸리지 않는다"라고 말합니다. 이는 도시에도 그대로 적용됩니다. 한 도시가 좋은 평판을 얻으려면 수십 년의 올바른 결정이 쌓여야 하지만, 단 한 번의 잘못된 결정으로 그 명성은 무너질 수 있습니다. 오늘날 전 세계 도시들이 직면한 위기를 떠올려 보면, 머리가 아찔해집니다.

- 인구 감소와 지역 소멸
- 급격한 고령화, 노인 환자 및 돌봄 비용 증가
- 청년들의 근로 의욕 감소, 중·장년층의 조기 퇴직

도시 관측소

●●● 인구, 자본, 인프라의 양적 공급만으로 더 이상 지속가능한 부의 창출과 시민들의 행복 증진이 어렵다는 전문가들의 경고가 현실에서 증명되고 있다. 도시의 문제들은 지금 새로운 패러다임을 요구하고 있다.

- 원자재 가격과 물가 폭등
- 부동산 불안정 및 빈집, 폐교, 미분양 증가
- 도시 빈민과 노숙자 증가
- 공공서비스 적자 누적 및 질적 저하
- 감염병 위협과 의료체계 불안
- 기후위기 재앙화
- 탈세계화, 경제장벽, 글로벌 인플레이션
- 소득격차와 경험격차 증대
- 전쟁, 무력 도발, 테러와 극단주의
- 마약·약물 중독 확산
- 사회통합 실패, 이주자와 난민 갈등
- 일자리 역외 이전

물론 인류는 과거에도 수많은 도전을 슬기롭게 극복해 왔습니다. 그럼에도 지금 우리가 마주한 위기는 그 어느 때보다 복잡하고 해결이 어렵습니다. 여러 위기가 동시에 발생하고 있으며 국제 정세와 내부 이해관계가 뒤엉켜 과거의 경험만으로 해결책을 찾기란 어렵습니다.

그 결과 오랫동안 견고하다고 믿었던 번영의 기반에 균열이 생기고 있습니다. 일부 균열은 FADE 모델의 자산과 역량의 결합을 멈추게 하거나 심지어 파괴하는 힘으로 작동하기도 합니다. 이런 현상은 우리 일상과 가까운 곳에서 목격되고 있습니다. 마치 판도라의 상자가 열리기라도 한 것처럼 말입니다.

판도라 상자

최근 우리나라의 아파트 건축비 폭등 문제를 한번 살펴볼까요?

2024년 봄, 서울 잠원동의 한 아파트 재건축 공사비가 평당 1,300만 원으로 확정되었습니다. 30평짜리 집 한 채를 짓는 데 순 공사비만 4억 가까이 든다는 얘기죠. 이는 7년 전 책정했던 평당 569만 원에서 2.3배나 증가한 수치입니다.

잠원동만의 문제가 아닙니다. 2024년 말, 전국 주요 도시의 민간 아파트 공사비는 평당 1,000만 원에 육박하고 있습니다. 참고로 제가 건축설계 사무소에서 실무를 시작했을 때, 우리나라 아파트의 공사비는 평당 230만 원 수준이었습니다.

공사비가 치솟으면 여러 문제가 발생합니다. 노후화된 주택이나 상가, 오피스를 새로 짓는 데 과거보다 훨씬 더 많은 비용이 듭니다. 비용이 더 투입되는 만큼 완성된 공간을 팔거나 임대함으로써 얻는 수익이 비례해서 높아져야 하는데, 경기 불황으로 부동산 전망은 어둡습니다.

지역 내 오래된 건물들은 시간이 지나면서 낡고 일부는 멸실됩니다. 적어도 사라지는 만큼 새로운 공간이 공급되거나 잉여 공간의 활발한 용도 전환이 이루어져야 시장이 안정되는데, 최근 이런 균형이 깨졌습니다. 물론 신도시에 새로운 주택과 사무실이 공급되고 있지만, 모두가 이런 공간을 이용할 수 있는 것은 아닙니다. 그래서 기성 시가지에서 공급 활력을 유지하는 게 무척 중요합니다.

공사비는 폭증하는데 부동산 프로젝트 파이낸싱(PF) 부실로 건설사와 시행사의 부도가 급증했죠. 많은 개발이 중단되고, 이미 진행 중인 현장도 자금 확보에 어려움을 겪고 있습니다. 일부 입찰 현장에서는 참여 건설사의 품귀 현상이나, 주택용지 매각 입찰에 아무도 참여하지 않아 저가로 낙찰되는 일도 잦아졌습니다.

개발 자금을 언제 어떤 조건으로 조달할 수 있는지, 건설과 분양 과정이 계획대로 진행될지, 임차인을 확보할 수 있는지 등 불확실성이 높아졌습니다. 여기에 최근 일어난 코로나19, 러시아-우크라이나 전쟁과 중동 전쟁으로 인한 각종 공급망 교란, 지역 경제의 블록화, 글로벌 인플레이션의 영향도 큽니다. 숙련 인력의 건설 현장 기피, 나아가 입주 수요 확보를 위한 시행사의 마케팅 경쟁도 프로젝트 비용을 치솟게 만듭니다.

이미 공사비 증액으로 분담금을 더 내야 하는 조합원들, 공실 피해를 겪는 상가 점주들, 비용 증액 없이는 공사 재개가 어렵다고 버티는 시공사와 예비 입주민의 갈등은 막대한 사회적 비용을 야기하고 있습니다. 이런 상황에서 전국 공공 택지 및 일부 민간 택지에는 아파트 분양가 상한제가 적용 중입니다. 법적으로 정해진 판매 가격의 상한은 있는데, 건설 원가는 오르고 개발·분양 리스크가 커지면서 산업 전반이 경색되고 있습니다.

이 현상을 FADE 모델에 적용하면 어떨까요? 새로운 집이나 오피스가 생기지 않고 공간이 노후화되는데 임대료는 여전히 높다면 도시에 인재와 근로자(l)의 유입이 저조합니다. 이미 심각하게 진행 중인 인구 감소와 맞물려 인적 자원의 유동성과 생산성이 곤두박질칩니다. 지역 쇠퇴와 함께 금융자본과 사회자본의 유입(k)도 끊기죠. 도로나 상하수도 같은 하드인프라와 교육과 의료체계 같은 소프트인프라(i)도 질적 저하를 겪게 됩니다. 결국 $y=f(l, k, i) \times ADE$ 에서 자산 요소인 l, k, i가 모두 타격을 입게 되어 도시가 새로운 가치를 만들어 내기 어려워집니다. 장기적인 공사비 폭등은 도시의 부를 잠식하게 되는 것입니다.

한국의 건설 산업계는 지금 판도라의 상자 같습니다. 해결의 필요성에 모두가 공감하지만, 섣불리 상자를 열었다가 제대로 수습하지 못할까 봐 걱정입니다. 그렇다고 이대로 문제를 덮어 버리면 희망은 영영 찾을 수 없을지도 모릅니다.

위기 앞에 선 도시

기후변화에 따른 폭우와 폭염 문제도 심각합니다. 2022년 여름, 전 세계는 기상이변으로 큰 혼란을 겪고 인명 피해도 끊이지 않았습니다. 국내에서는 기록적인 폭우로 서울과 수도권 일부 지역이 큰 피해를 입었죠. 서울시 동작구에서는 시간당 최대 142밀리미터, 강남에서는 116밀리미터의 비가 내렸고, 하루 최대 강우량은 무려 435밀리미터에 달했습니다. 이는 지난 100년간 기록 중 최고치입니다. 도로 곳곳이 물에 잠기고, 운전자들은 차가 어느 깊이까지 침수를 견딜 수 있는지 시험해야 했습니다. 반지하 주택에 살던 가족들이 집 안으로 밀려드는 물속에서 빠져나오지 못하고 목숨을 잃는 안타까운 참사도 벌어지고 말았습니다.

극단적인 기후 현상은 앞으로 더 자주 일어날 것입니다. 문제는 심각합니다. 국내 주요 도시의 하수관로는 지선 기준 시간당 최대 75밀리미터의 강우를 처리할 수 있게 설계되어 있기 때문입니다. 한꺼번에 쏟아지는 물을 감당하기에 턱없이 부족한 것입니다.

도시 전체의 하수관로와 배수 시스템을 개선하려면 막대한 비용이 듭니다. 기반시설은 두 가지입니다. 공원, 녹지, 학교처럼 지역 단위로 공급되고 소비되는 시설과 상하수도나 우수와 오수 시설처럼 광역 단위로 관리되는 시설입니다. 이 중 광역 단위 시설은 진단과 문제점 개선이 훨씬 더 복잡합니다. 더불어 기상 예보 시스템, 빗물 펌프장 운영, 홍수 위험 지도와 풍수해 보험 관리, 반지하 주택의 경보 및 재난 구호 활동 등 도시 관리 전반도 기후변화 현실에 맞춰 정비되어야 합니다.

2022년 여름, 영국은 기상 관측을 시작한 1650년대 이후 최악의 폭염을 겪었습니다. 지금까지 런던은 여름에 시간을 보내기 좋은 서늘한 도시로 알려져 있었습니다. 새로 지은 집도 에어컨이 없는 경우가 많았으니까요. 하지만 이번 더위는 영국 사람들에게 그야말로 '낯선 폭염'입니다. 여름철에도 섭씨 20~25도에 맞게 만들어진 철로와 전력선이 크게 휘어져 영국 정부는 국민들에게 기차 탑승을 자제하고 집에서 근무할 것을 권고하기도 했습니다.

그로부터 2년 후인 2024년 7월은 지구의 기상 관측 이래 가장 더운 기록을 갈아치웠습니다. 같은 해 11월 서울에 내린 폭설은 역사상 가장 많은 눈이었습니다. 수십 년 넘게 자리를 지켜 온 큰 나무들이 눈의 무게를 견디지 못하고 쓰러졌습니다.

그때는 맞고 지금은 틀리다

지난 200년 이상 지속된 부의 증가와 도시화라는 지표의 동반 우상향 관성이 무너지고 있습니다. 도시화를 통한 인구, 자본, 인프라의 양적 공급만으로 더 이상 지속가능한 부 창출과 시민들의 행복 증진이 어려워진 것입니다.

지금까지 세계에서 도시화율이 가장 높은 나라들은 대체로 1인당 GDP와 평균 임금도 높습니다. 도시화율이 80퍼센트 혹은 그 이상에 해당하는 룩셈부르크, 스위스, 노르웨이, 벨기에, 미국, 덴마크, 싱가포르, 카타르, 호주 같은 나라들은 1인당 GDP도 세계에서 가장 높은 수준입니다. 반대로 1인당 GDP 수준이 아주 낮은 부룬디, 남수단, 말라위, 우간다, 에티오피아, 니제르 등은 도시화율도 낮습니다.

세계 여러 나라에서 지금까지 부의 증가와 도시화라는
두 톱니바퀴가 맞물려 쉼 없이 돌아갔다.
하지만 도시에 부가 축적되는 오늘날의 양상은
산업화 시대와 사뭇 다르다.
인구가 늘어난다고 도시가 늘 부유해지는 것도 아니고,
인구가 줄어도 초일류 기업의 혁신 도시로
거듭나기도 한다.

도시 관측소

이런 상황에서 관성대로 살아서는 곤란합니다. 관성은 편안함을 추구합니다. 편안함은 그대로 둔 채 더 높은 기준이나 욕망을 좇아서 사는 삶이 곧 불행입니다. 그 반대가 되어야 합니다. 편안함에서 벗어나 익숙하지 않은 상황을 헤쳐 나가야 합니다. 동시에 나의 관점은 분명하게, 삶의 방식은 유연하게 해야죠.

이제 본격적으로 도시 관측을 시작할 시간입니다.

PART 2. 작아지는 도시에서 생존하기

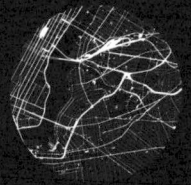

모이는 것이 경쟁력인 시대입니다. 하지만 인구가 줄어들면서 문제에 봉착했습니다. 모일 수 있는 사람들의 규모가 작아져 필요한 크리티컬 매스(critical mass, 임계 질량)를 구현하기 어려워진 것입니다. 변화가 필요합니다. 그중 하나는 인구나 상주 근로자, 고정자본을 줄이면서도 재능의 유동화를 통해 부를 창출하는 '축소 성장'입니다. 이를 위해서는 사회나 조직 안에서 각자의 핵심 역량과 기여도가 뚜렷해야 합니다. 세상에 보여 주고 싶은 가치가 명확해야 흩어져 있는 재능도 만날 수 있습니다. 우리의 미래는 점점 작아지는 도시 어디에서 누구와 이런 감각을 나누는가에 달려 있습니다.

CHAPTER 4. 축소 성장

런던 외곽
옥스퍼드-케임브리지 아크의 변신

"대한민국 완전히 망했네요."

우리나라는 전 세계가 주목 저출산 국가입니다. "대한민국 완전히 망했네요. 와!" 우리의 낮은 출산율을 보고 놀란 한 해외 대학 교수의 탄성이 아직도 귓가에 맴돕니다. 정말 저출산은 우리나라를 침몰시킬 재앙일까요? 앞으로 더 작아질 도시와 지역에서 살아남는 방법은 무엇인지 함께 생각해 보죠.

지금 시점에 여러 연령대 중 인구 감소를 가장 역동적으로 겪게 될 세대는 10대 초반의 아이들입니다. 2024년 기준, 우리나라 초등학교 4~6학년의 총인구는 138만 명입니다. 학교에 아이들이 없다고는 하지만, 그 윗세대인 중학생 및 고등학생들과 비슷한 수준이죠. 해마다 조금씩 줄어들고 있지만 현저한 폭의 감소는 아닙니다.

그런데 앞으로는 좀 다릅니다. 지금부터 3년 후, 즉 지금의 초등학교 1~3학년이 4~6학년이 되는 해에는 이 숫자가 124만 명대로 줄어듭니다. 다음 3년 후에는 94만 명대, 다음 3년 후인 2033년에는 고작 76만 명대로 떨어지죠. 다음 막대그래프에서는 계단형 감소를 확인할 수 있습니다. 즉 2024년부터 2033년까지 불과 10년

우리나라 18세 이하 연령별 인구수

연령	구분	학년	인구수
18세	고등학교	3학년	444,069
17세	고등학교	2학년	480,894
16세	고등학교	1학년	480,719
15세	중학교	3학년	452,580
14세	중학교	2학년	459,810
13세	중학교	1학년	487,203
12세	초등학교	6학년	485,074
11세	초등학교	5학년	455,252
10세	초등학교	4학년	441,556
9세	초등학교	3학년	444,441
8세	초등학교	2학년	426,470
7세	초등학교	1학년	374,423
6세	영유아		339,665
5세	영유아		313,770
4세	영유아		289,016
3세	영유아		271,166
2세	영유아		256,003
1세	영유아		238,253
0세	영유아		226,235

10~12세: 138만 명
0~3세: 76만 명
45% 감소

*우광준 작성, 출처: 2024년 9월 행정안전부 주민등록인구

만에 우리나라 초등학교 4~6학년 아이들의 수는 138만에서 76만 명으로 45퍼센트 감소합니다. 결국 지금 학생 수의 55퍼센트만 남게 되는 것입니다.

초등학교 고학년 학생 수가 절반으로 줄어듦에 따라, 미래 전망은 이렇습니다.

- 10년 내 초등학교 학급의 절반이 사라짐(혹은 사라져야 함)
- 초등학교 교사, 직원, 방과 후 선생님 중 절반이 사실상 실직
- 지역마다 한두 곳의 학원가만 남고 대부분 소멸

도시 관측소

- 지방의 경우 초·중·고등학교의 비자발적 통폐합 진행
- 통폐합된 학교 주변으로 젊은 가구가 몰리면서, 그 외 지역의 공실화 가속

암울한 전망입니다. 숫자만 작아지는 게 아니라, 인구 증가의 스케일링 법칙에 따라 증폭되었던 지역의 경쟁력과 정주성이 현저히 악화합니다. 앞에서 살펴본 FADE 모델을 떠올리면 됩니다.

이는 아직 단편적인 통계입니다. 한 지역이 진짜 작아지는지 판단하려면 인구나 출산율만 봐서는 부족합니다. 장기적 출생아 수와 청년 인구의 순이동(전출입) 추세를 같이 살펴야 합니다. 이를 바탕으로 우리나라에서 출산율 기준 상위 10곳, 하위 10곳을 살펴봤습니다.

더 이상 작동하지 않는 산업화 시대의 성장 모델

통계청 인구동향조사를 보면 2023년 기준 우리나라 시·군·구 중 출산율이 가장 높은 10곳은 모두 인구가 10만 명 이하인 작은 도시입니다. 영광(1.65명, 1위), 강진(1.46명, 2위), 의성(1.41명, 3위) 등이죠. 그중에서 김제와 해남을 제외하면 인구 5만 명이 안 되는 아주 작은 군들입니다. 이들 지역이 평균보다 높은 출산율을 보이는 점은 나름 고무적이지만, 안심하기엔 이릅니다. 한 해 태어나는 평균 출생아 수는 계속 줄어들고 있기 때문입니다.

예를 들어 출산율 1위인 영광의 경우, 2002~2006년 출생아 수는 연평균 510명 수준에서 2017~2023년 443명으로 줄었습니다.[5]

전국 시·군·구 합계출산율 상·하위 10곳의 연평균 출생아 수와 20~30대 연평균 순이동 인구

지역	합계출산율 %	연평균 출생아 수				20-30대 연평균 순이동	
		2002~06	2007~11	2012~16	2017~23	2002~12	2013~23
전남 영광군	1.65	510	478	431	443 ▼	- 707	- 253 -
전남 강진군	1.46	299	446	339	145 ▼	- 534	- 315 -
경북 의성군	1.41	322	326	262	213 ▼	- 835	- 323 -
전북 김제시	1.37	786	707	534	341 ▼	- 1352	- 483 -
전남 해남군	1.36	652	582	820	404 ▼	- 950	- 547 -
강원 인제군	1.35	360	378	350	243 ▼	- 44	18 ▲
경북 청송군	1.33	191	156	139	92 ▼	- 352	- 137 -
전북 진안군	1.32	187	287	209	128 ▼	- 344	- 177 -
전북 임실군	1.29	199	248	202	150 ▼	- 409	- 202 -
강원 양구군	1.28	245	206	213	165 ▼	- 16	- 110 ▼
서울 양천구	0.53	4171	3935	3561	2045 ▼	- 601	- 2369 ▼
서울 도봉구	0.52	3317	3105	2579	1359 ▼	- 959	- 1961 ▼
서울 은평구	0.52	1552	4096	4058	2297 ▼	387	82 -
서울 강북구	0.48	3056	2873	2360	1152 ▼	- 1239	- 1568 ▼
서울 마포구	0.48	4053	4027	3502	2140 ▼	403	1603 ▲
대구 서구	0.47	1979	1410	1310	508 ▼	- 3523	- 2236 -
서울 광진구	0.45	3852	3400	3008	1718 ▼	- 1038	- 16 -
서울 종로구	0.41	1287	1137	926	560 ▼	- 916	- 485 -
서울 관악구	0.39	5505	5062	4066	2068 ▼	- 41	1730 ▲
부산 중구	0.32	374	323	259	114 ▼	- 492	- 143 -

전국 합계 출산율 0.72

*서여령 작성. 출처: 통계청 인구동향조사

아주 큰 감소는 아니지만, 그래도 높은 출산율이 인구의 자연증가로 이어질 수 없음을 보여 줍니다. 상위 10곳 모두 비슷합니다.

그래도 고무적인 사항이 있습니다. 출산율 상위 10곳 중 양구 한 곳을 제외하면 지난 10년(2013~2023)과 그전 10년(2002~2012) 사이에 20대와 30대의 순유출이 줄어들고 있다는 점입니다. 아직 빠져나가고 있지만, 감소의 폭은 과거보다 줄어들고 있습니다.

도시 관측소

강원도 인제의 경우 독특한 인구 패턴을 나타냅니다. 2021년과 2022년에 상당수의 청년 순유입이 나타났습니다. 지난 20년간 일자리 수 증가율도 상위 10곳 중 인제가 1등입니다. 무려 2배가 훌쩍 넘도록 늘어났죠.

반면 우리나라에서 출산율이 가장 낮은 도시 10곳은 인구가 많은 특·광역시입니다. 그중에서 서울이 8곳, 부산과 대구가 각 1곳이죠. 전국에서 출산율이 가장 낮은 부산 중구는 0.32명, 서울 관악구가 0.39명, 종로구가 0.41명입니다.

전 세계적으로도 대도시의 출산율은 낮은 편입니다. 하지만 한국의 도시처럼 낮은 곳은 무척 드뭅니다. 5년 단위로 본 출생아 수는 2002~2006년 대비 최근 절반에서 4분의 1로 급격하게 줄었습니다. 출산율도 낮고 출생아 수도 줄어드는데 20대와 30대도 한 해에 2,000명 가까이 빠져나가는 곳이 있습니다. 서울 양천구, 도봉구, 강북구와 대구 서구입니다. 인구 활력이 크게 떨어질 수밖에 없는 지역입니다.

그에 반해 마포구와 관악구는 젊은 인구의 유입이 상당합니다. 그럼에도 두 지역은 성격이 다릅니다. 관악구는 대학생과 젊은 직장인의 베드타운입니다. 이들은 대부분 잠시 머물다가 40대 이후가 되면서 지역을 떠납니다. 반면 마포구는 상권, 문화시설, 일자리가 모두 풍부합니다. 중장년이 되어도 다양한 형태로 정착할 수 있죠. 지난 20년간 마포의 일자리는 2배 가까이 늘어났습니다. 비교군 도시들 중 성장률 1등입니다. 그럼에도 한 해 출생아 수는 절반 가까이 줄어들었습니다.

정리하자면, 오늘날 한국에서 도시가 크든 작든, 출산율이 높든 낮든, 일자리가 많든 적든 어떤 곳도 인구 감소의 충격으로부터 자유롭지 않습니다. 즉 도시의 인구 규모가 크게 늘어나면서 한 사회가 부유해지는 산업화 시대의 성장 모델이 더 이상 작동하지 않는다는 것입니다.

인구의 도전

인구 충격을 당장 극복하기 어렵다면, 작아져도 무너지지 않는 법을 궁리해야 합니다. 질문을 한번 바꿔 보겠습니다. 초등학생 수가 절반 가까이 사라진 시대에 누가 승자로 남을 수 있을까요? 인구도, 소비층도, 인력도 함께 줄어드는 상황에서 어떤 기업이 영업이익을 올릴 수 있을까요?

아마도 다음과 같은 길을 개척하는 이들이 시대를 이끌어 갈 것입니다.

- 줄어드는 인구에 직접 연동된 사업 부문의 비중을 줄이고, 비(非)인구 분야에서 현금 흐름을 개척하는 사업가
- 10년 후에도 남아 있을 76만 명의 초등학생 중 적어도 5퍼센트 이상이 즐겨 찾는 온라인 콘텐츠를 만들고, 그 플랫폼을 운영하는 디지털 장인
- 방치된 학교나 기숙사, 비어 있는 주택과 상권에 투자하여 새로운 일자리나 문화 경험을 창출해 내는 지분 투자형 크리에이터

물론 어느 쪽이든 쉽지 않아 보입니다. 그럼에도 목표에 이르는 길을 조정하며 버텨 낼 줄 알아야 합니다. 과거보다 현저하게 작아질 인구에 맞춰 도시에서 부를 창출하는 방식을 새롭게 설계해야 합니다. 미래를 완벽하게 예측하는 것보다 잘못된 판단을 피하며

실시간 대응하는 것이 열쇠입니다. 특히 인구가 아닌 재능을 유동화시켜야 합니다. 저는 이러한 접근을 '축소 성장'이라고 부릅니다.

산업화 이전에는 흩어져야 생존할 수 있었지만, 산업화 이후는 모이는 것이 경쟁력인 시대입니다. 그런데 이제 인구가 줄어들면서 단순히 모이는 것만으로는 성장에 필요한 임계질량을 확보하기 어려워졌습니다. 바로 이 대목에서 축소 성장이 중요해집니다. 축소 성장은 인구나 상주 근로자, 고정자본을 줄이면서도 재능의 유동화를 통해 부를 창출하는 전략입니다. 도시 자체의 규모는 작아지더라도 연결을 통해 최소한의 활력을 유지하고 동일 자원 대비 생산성을 높이는 방식이죠.

인구 감소는 반가운 소식일 리 없지만, 각종 위기를 이겨 낸 우리 사회를 송두리째 침몰시킬 재앙으로까지 보이지는 않습니다. 축소 성장이 가능하다면 버틸 수 있는 힘이 생깁니다.

인구의 도전은 우리나라만의 문제가 아닙니다. 전 세계적으로 인구 증가율은 급격히 둔화하였고, 인구와 경제 규모 성장을 기반으로 짜여 있던 전통적 가치사슬이 점차 헐거워지고 있습니다.

한 국가가 현재 수준의 인구를 유지하는 데 필요한 최소 출산율을 '대체출산율'이라고 하는데, 일반적으로 2.1명입니다. 의학저널 《란셋(The Lancet)》에 발표된 연구에 따르면, 전 세계 평균 합계출산율은 1950년 4.84명에서 2021년 2.23명으로 반 토막이 났습니다. 대체출산율 수준으로 빠르게 수렴하고 있는 것입니다. 2050년에는 1.83명, 2100년에는 1.59명까지 떨어질 전망입니다.

더욱 주목할 점은 이미 경제 규모 상위 15개국의 출산율이 모두 2.1명 이하라는 사실입니다. 미국, 일본, 독일, 영국, 프랑스, 호주 등 전통적으로 인구와 경제력이 모두 우수한 나라들뿐 아니라, 인도나 브라질, 멕시코처럼 1인당 GDP가 상대적으로 낮고 인구가 많

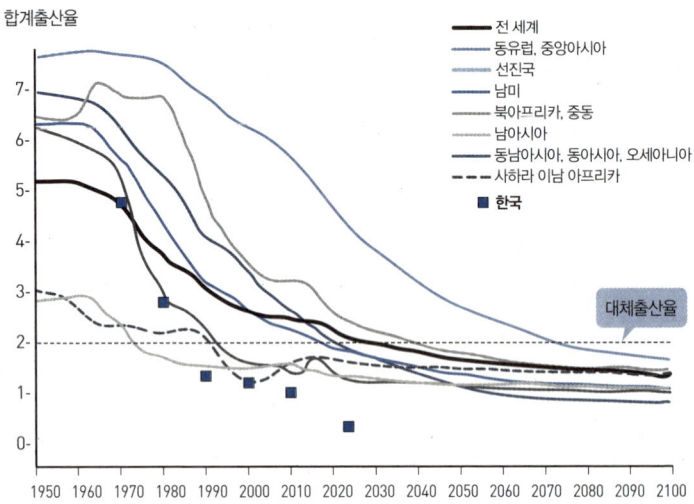

전 세계 합계출산율 변화(1950-2100)

은 지역에서도 예전보다 아이를 덜 낳고 있죠. 지금의 출산율 하락은 동양과 서양과 경제 규모의 크고 작음을 가리지 않습니다. 전 세계는 동시에 축소의 길로 접어들고 있는 것입니다.

2022년 세계 인구는 80억 명을 돌파하며 성장을 이어 갔지만, 인구 감소의 시점에 대한 초읽기는 이미 시작되었습니다. 최근《네이처(Nature)》에 발표된 연구에 따르면, 세계 인구가 감소로 전환되는 시점은 예측마다 다르긴 하지만, 대략 2060년대로 예상됩니다. 불과 40년 뒤에 벌어질 일입니다. 전 세계적 출생 저하로 인해 인구 감소는 이제 새로운 표준, 즉 뉴노멀이 되어 가고 있습니다.[6]

우리나라의 많은 도시들은 이미 인구 감소의 후폭풍을 겪고 있는 중입니다. 지난 20년(2000~2021) 동안 전국 229개 시·군·구 중 154곳에서 총인구가 감소했습니다. 이 기간 청년 인구의 감소는 더욱 심각해서 188곳에 이릅니다. 강원도, 전라북도, 경상북도의 경우 모든 시·군·구에서 청년 인구가 감소했습니다. 광역시인 부산은 39만 명, 대구시는 26만 명, 창원시는 13만 명, 광주시는 8만 명 이상이 줄어들었습니다.

인구가 작은 과소도시(군)의 상황은 더욱 심각합니다. 1990년대 진안, 구례, 청송, 무주, 화천, 양구 등에 사는 청년 인구는 1만 명 내외였는데, 오늘날 대부분 지역에서 2,000~3,000명 수준으로 감소했습니다. 우리나라에서 인구 10만 명 이하의 시·군은 전 국토 면적의 60퍼센트를 차지하지만, 인구로는 8퍼센트 이하입니다. 이 비율은 더 줄어들 전망이죠.

우리나라 인구의 평균 나이가 반백 살에 도달하는 시점도 가까워지고 있습니다. 이미 2025년 기준 한국의 중위연령은 46.7세인데, 2000년 전후가 30.7세였음을 감안하면 불과 25년 만에 청년 사회에서 중장년 사회로 급변한 셈입니다.

인구 구조 변화가 가장 직접적인 영향을 주는 부문은 바로 노동시장입니다. 이제 인재의 안정적 확보는 비즈니스 생존에 핵심 요소가 되었습니다. '구직난'을 넘어서는 '구인난'의 시대입니다.

현실은 냉혹합니다. 기업이든 학교든 자영업자든 채용 공고를 내도 지원자가 적고, 적합한 경력을 갖춘 인재를 구하기는 하늘의 별 따기입니다. 그렇다고 지원자 입장에서 구직이 쉬운 것도 아닙니다. 불확실성이 커지면 기업은 채용에 더욱 인색해집니다.

대기업이라고 예외가 아닙니다. 팀원의 연령 구조가 역삼각형으로 바뀌면서 젊은 직원의 수는 줄어드는 반면, 중장년 관리자와 임원의 비율이 높아지고 있습니다. 직원 입장에서 경력이 쌓이면 더 높은 차원의 의사결정을 주도할 기회가 열려야 하는데, 여전히 신입 때 하던 직무에 매여 있습니다. 이에 따라 직무 만족도와 경력

개발에 대한 불만은 커질 수밖에 없죠. 일할 인재의 부족은 특정 기업의 골칫거리에 그치지 않습니다. 도시나 국가 차원에서 다뤄야 할 중대한 문제입니다.

포르투갈을 떠나는 청년들

2024년 10월경 《파이낸셜 타임스》의 한 기사에 의하면, 유럽의 경제 취약국 포르투갈에서는 지난 15년간 36만 명의 청년들이 더 나은 기회를 찾아 고국을 떠났습니다. 이에 따라 심각한 인재 유출과 노동력 부족이 발생하고 있습니다.

청년들이 떠나는 가장 큰 이유는 경제적 현실입니다. 포르투갈의 도시들은 청년들에게 충분한 일자리 기회나 미래에 대한 희망을 주지 못하고 있습니다. 현재 청년들의 평균 연봉은 약 2만 유로 수준이고, 35세 이하 근로자 중 연간 4만 1,000유로(약 6,000만 원)를 넘게 버는 사람은 2퍼센트에 불과합니다.[7] 그런 고임금은 대부분 유니콘이나 예비 유니콘 기업에 속한 일부 청년들만이 누릴 수 있습니다.

반면 미국이나 영국에서 일하는 고소득 외국인에게는 포르투갈의 물가와 집값이 상대적으로 저렴하게 다가옵니다. 이런 이유로 리스본, 포르투, 폰찰 같은 도시에 글로벌 디지털 노마드들이 몰려들고 있죠. 이들이 일부 노동력 공백을 채우긴 하지만, 대부분 고연봉의 전문직 종사자들입니다. 이들과 갓 대학을 졸업한 포르투갈 청년들이 경쟁하기는 어렵습니다.

지금 포르투갈 청년의 약 3분의 1은 해외에서 일하거나 거주하고 있습니다. 이로 인해 기업과 공공기관은 인재를 구하는 데 점점 더 어려움을 겪고 있죠. 이런 위기를 막기 위해, 포르투갈 정부는 청년들에게 대대적인 세금 감면 정책을 제시했습니다. 첫해에는 소득세를 전액 면제하고, 이후 10년 동안 단계적으로 세금을 줄여 주는 방식입니다. 청년들의 소득을 국가가 보전함으로써 인재 유출을 막아 보려는 시도입니다. 하지만 민간 부문에서 양질의 일자리를 충분히 제공하지 않으면 세금 혜택 중심의 정책은 한계가 있습니다.

에이징 인 플레이스 - 복세권

인구라는 토대가 흔들리는 시대, 작아지는 도시를 어떻게 관리해야 할까요?

우선 인구 감소에 따른 직접적인 피해가 남은 사람들의 삶을 뒤흔들어서는 안 됩니다. 수요가 줄었다는 이유로 지역 유일의 응급실이 문을 닫거나, 아이들이 초등학교에 가기 위해 매일 30분 넘게 걸어야 한다면 그 지역의 장래가 밝을 리 없습니다. 고령자들이 약이나 신선 식품을 구하기 어려운 것도 큰 문제입니다. 도시 축소가 구성원의 일상을 위협하지 않도록 하고, 인구가 줄어든 만큼 남아 있는 사람들이 더 소중히 대접받을 여건을 마련해야 합니다. 최소한의 삶의 질과 인간다운 품격을 유지하며 살 수 있는 복(福)세권을 만들어야 합니다.

특히 의료 공백은 심각한 문제입니다. 수술이 가능한 분만 병원, 소아청소년과, 응급의료 서비스가 차례로 사라지면 주민들의 불안은 커집니다. 갑작스러운 사고나 질병이 발생했을 때 수술할 의사가 없어 먼 곳으로 이동해야 하거나, 임신한 부모가 출산과 산후조리를 안정적으로 할 기관을 찾지 못하면 그곳은 더 이상 안전한 생활 터전이 아닙니다.

작은 도시의 경우, 갓 취업했거나 가정을 이룬 20~30대 공무원이나 교사, 지역 사업가들이 어디에 집을 장만하는지 잘 지켜봐야 합니다. 이들의 선택을 보면 지역의 미래를 어느 정도 가늠할 수 있죠. 영구 정착은 아니더라도 집 장만과 출산, 육아, 자기계발, 사업 확장 등을 해당 지역에서 계획한다면 그곳은 아직 희망이 남아 있다는 뜻입니다. 이런 의지를 꺾지 않는 생활권을 만드는 것이 인구 소멸을 막는 첫걸음입니다.

고령층의 행태도 잘 살펴야 합니다. 최근 70대 이상의 어르신들에게 큰 호응을 얻으며 공간 복지의 거점으로 부상한 시설이 있는데, 바로 노인종합복지관입니다.

복지관에서는 노인들의 식습관을 고려하여 영양사가 만든 네다섯 가지 반찬의 식단이 점심마다 제공됩니다. 가격은 일반 식당의 절반 수준이죠. 게다가 각종 치매 예방 교육과 댄스·음악 교실, 찾아가는 재활치료와 근감소증 예방 교육도 알찹니다.

주변 사람들에게 복지관 이용 팁을 공유하고, 낮 시간을 함께 보내는 것이 어르신들 여가의 중요한 부분을 차지합니다. 어르신들은 이사를 하더라도 복지관과 멀리 떨어진 곳에서는 살고 싶지 않다고 합니다. 오늘날 복지관은 공원·녹지 및 백화점·마트와 함께 어르신 친화적 생활권의 중요한 부분입니다. 이들의 공통점은 고령자들의 일상을 사람의 온기와 자연 및 신선식품과 이어 주는 것입니다. 세상으로부터의 고립이야말로 가장 무서운 일입니다.

청년들이 그곳에서 미래를 꿈꿀 수 있고 노인들이 복지관, 녹지, 백화점(혹은 마트)과 가깝게 살 수 있는 환경의 공통점이 있습니다. 에이징 인 플레이스(aging in place), 즉 지역에서 나이 들기를 가능하게 하는 복세권이라는 점입니다.

도시 관측소

중국에서는 지역마다 한 곳 이상의 복세권을 만드는 정책적 노력이 이루어지고 있습니다. 한 예로 양로원과 노인 대학이 결합한 원더 캠퍼스가 그렇습니다. 이곳은 노인들의 고립을 막고 새로운 지식을 학습하면서 인지 활력을 유지하는 데 큰 도움을 주고 있습니다. 교실에서, 식당에서, 공원이나 체육관에서 같이 무언가를 배우고 성장하는 경험은 고령자의 삶에 정말 큰 의미입니다.

인구 대신 '재능'을 움직인다면?

한 지역이나 조직의 활력이 떨어지는 것은 단순히 인구나 구성원 수가 줄어서만은 아닙니다. 새로운 시도를 이끌어 낼 재능과 관심, 의지, 그리고 자원이 서로 만나지 못하는 것도 큰 원인입니다.

인구 자체를 늘리기는 어려워도, 재능을 움직이게 만들어 시너지를 낼 방법은 분명히 존재합니다. 최근 대학과 기업의 변화가 이를 잘 보여 줍니다. 불과 10여 년 전만 해도 국내 대학에서는 교수가 창업하거나 외부 직책을 겸하는 것을 엄격하게 제한했습니다. 지금은 분위기가 완전히 달라졌죠. 서울대학교만 보더라도 최근 5년 동안 교수들이 설립한 기업이 65개에 이릅니다. 캠퍼스에는 교수들이 만든 스타트업이 입주해 있고, 강단과 경영 현장을 오가는 교수 CEO들도 어렵지 않게 만날 수 있습니다.

교수가 창업하면 회사 지분의 일정 부분을 학교에 제공합니다. 대학은 이를 바탕으로 기술지주회사를 설립해 유망 기업들에 직접 투자를 하거나 학생들의 창업 활동을 지원하는 데 활용합니다.

또한 많은 교수들이 외부 기업의 사외이사로도 활동하고 있습니다. 학계에서 쌓은 전문성을 바탕으로 기업의 경영 전략을 검토하고 경영진을 감시하는 역할을 수행합니다. 기업은 전문가의 조언을 얻고, 교수는 현장 경험을 쌓으며, 이들이 받는 보수의 일부는 다시 학교 발전기금으로 환원됩니다.

재능의 유동화는 대학에만 국한된 이야기가 아닙니다. 인구 감소 지역에는 은퇴한 공무원과 공공기관 임직원, 육아를 마친 중장년층, 수입 다변화를 꿈꾸는 직장인, 농부나 임·어업 종사자 등 다양한 재능이 흩어져 있습니다. 이들이 지역 안팎에서 만나 새로운 일을 기획하고 사회를 바꾸는 임팩트 비즈니스를 시작할 수 있어야 합니다.

재능의 유동화를 위한 세계의 준비

유럽의 한 건축설계 사무소 대표는 직원들이 여러 회사와 계약을 맺을 수 있도록 근로 정책을 바꾸었습니다. 한 회사에 소속된 직원이라도 업무에 여유가 생기면 다른 회사와 계약을 맺고 일할 수 있게 된 것입니다. 두 회사는 해당 직원과 계약한 시간만큼 급여와 보험을 분담하고, 직원들은 '공식적인 N잡러'로서 다양한 프로젝트 경험을 쌓을 수 있습니다. 유럽의 '멀티 커리어' 움직임입니다.

이런 방식은 회사와 직원 모두에게 이롭습니다. 회사는 고정 비용을 줄이면서도 필요할 때 더 넓은 인재 풀을 활용할 수 있고, 직원은 업무 포트폴리오와 수입원을 다각화할 수 있기 때문입니다. 근무 태만이나 기술 유출에 대한 관리만 잘 이루어지면, 유동하는 재능과 잘 연결되는 조직이 더 크게 성장할 것입니다.

테크 기업의 일하는 방식도 변하고 있습니다. 최근 기업들의 추세는 프로그램 개발 시 복잡한 코드를 최소화하는 '로우코드(low-code)'나 코드 없이 개발하는 '노코드(no-code)'입니다. 마이크로소프트의 파워앱스나 스웨이 AI 같은 도구를 통해 코딩 지식이 없는 비개발자도 개발에 참여할 수 있죠. 이러한 도구들에 익숙해지면 개발자 영입은 최소로 유지하고, 비수도권 지역에서도 얼마든지 수준 높은 개발 업무를 주도할 수 있습니다.

세계 여러 지역에서 재능의 유동화를 위한 준비가 한창입니다. 영국 런던 외곽의 옥스퍼드-케임브리지 아크(Oxford-Cambridge Arc)가 대표적인 사례입니다. 이 지역을 뜻하는 '아크'란 유럽 최고의 대학 도시인 옥스퍼드와 케임브리지, 그리고 영국판 신도시이자 2050년까지 인구 41만 도시로의 성장이 기대되는 밀턴 케인스를 연결해 경제·연구·학술 역량을 확장하고 있는 전략적 권역 설정입니다.

옥스퍼드와 케임브리지, 밀턴 케인스는 각 지역만의 고유한 경쟁력이 있지만, 전반적으로 지역 활력이 정체되어 있습니다. 영국 정부는 아크 지역을 "세계적 수준의 지식·혁신 허브"로 만들어 영국 전체 경쟁력을 높이고자 하고 있습니다. 이를 위해 옥스퍼드와 케임브리지를 연결하는 동서 철도를 완성하고 신규 주택 공급, 연구개발 지원, 스타트업 투자 촉진, 도시 재생을 종합적으로 추진하고 있습니다.

이미 자리 잡고 있는 세계적인 대학과 연구소, 생명공학과 인공지능 관련 산업 클러스터를 더욱 활성화시키기 위해 대학별 창업 지원, 기업과 함께 운영하는 스타트업 인큐베이터, 연구 성과의 기술 이전이 확장될 전망입니다. 나아가 기업과 대학은 공동 연구 및 인턴십 프로그램을 통해 우수 인재를 조기 발굴하고 연구 성

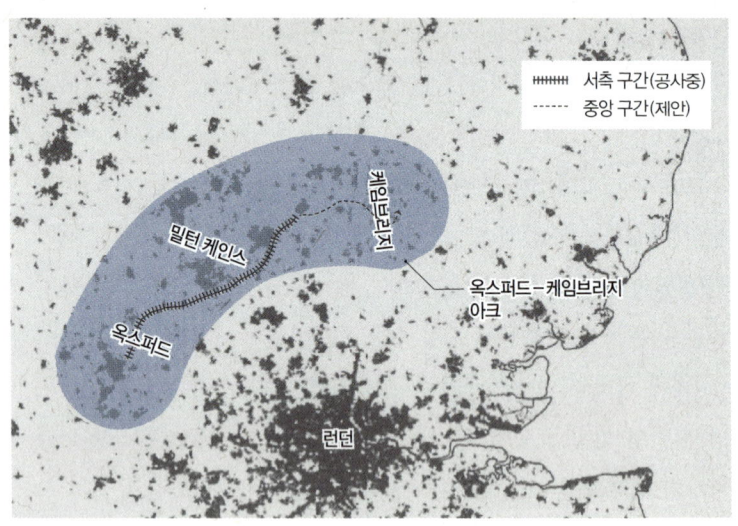

●●● 옥스퍼드-케임브리지 아크. 유럽의 대표적 대학 도시인 옥스퍼드와 케임브리지, 그리고 신도시 밀턴 케인스를 연결하여 혁신 클러스터를 강화하려는 영국의 경제 성장과 공간 혁신 프로젝트다. 출처: cambridgeppf.org

과를 상업화하는 데 집중하고 있습니다. 옥스퍼드, 케임브리지, 밀턴 케인스가 창업 행사를 통합 운영하고, 아크 지역에 혼재한 농촌과 소도시를 '15분 도시'로 전환함으로써 청년과 은퇴자가 함께 머무르고 싶은 도시를 만들고자 합니다. 이를 위해 영국의 혁신 자금(Innovate UK), 지역성장기금(Local Growth Fund)이 투자될 예정이고, 이미 시행 중인 특수 기술비자(Global Talent Visa) 제도를 적극 활용해 해외의 우수 인재 영입에 나섰습니다.

유럽의 병자, 혹은 브렉시트와 함께 가난해진 나라로 불리는 영국이 도시 구조 재편을 통해 인재와 자본을 유동화하고 있습니다. 축소하는 국가 경제를 되살릴 가장 강력한 카드 중 하나입니다. 외부로부터의 막대한 투자나 외국 기업의 유치 없이 자생력을 기반으로 유럽판 실리콘 밸리를 조성하려는 정책 실험이 지금 영국에서 진행 중입니다.

지금은 버티면서 존재를 증명해야 할 때

인구가 줄어들고 도시가 작아지는 것은 대략 정해져 있습니다. 인구와 연동된 재화, 공간, 서비스에 대한 소비 총량도 어느 정도 줄어들겠죠. 하지만 감소의 궤적은 인구라는 단일 변수로 결정되지 않습니다. 여기에는 소득, 사회적 의지, 욕망, 규제, 글로벌 가치사슬이 복잡하게 얽혀 있습니다.

흥미로운 점은, 인구가 줄어도 새로움에 대한 사회적 요구는 쉽게 사그라들지 않는다는 점입니다. 경기가 좋지 않아 소비를 일부 줄이더라도 이미 풍요를 경험한 사람들은 자신의 취향을 쉽게 포기하거나 사용감의 수준을 낮추지 않습니다. 재정적 여건이 여의치 않다면, 정말 좋아하는 제품을 적게 구매하더라도 '오래, 제대로' 사용하는 것을 택합니다. 대신 그 경험은 더욱 차별화되어야 합니다.

조직이 축소되는 상황에서 고객의 차별화 요구는 기업에 큰 부담입니다. 사람들이 느끼는 새로움의 유효 기간은 과거보다 짧아졌고, 감각은 한층 예민해졌습니다.

원래 새로움은 결핍 속에서 만들어지고, 스타일은 부족한 여건 속에서 완성됩니다. 기업이나 기관 입장에서 절박한 상황이라도 조급해서는 안 됩니다. 조직만의 철학을 지키며 연구·혁신(R&I)에 공을 들이다가, 적절한 파도가 올 때 올라타야 합니다. 파도 위에서는 넘어지지 않고 수평을 유지하는 균형감이 가장 중요하죠. 인력, 예산, 공간은 늘 부족할 것입니다. 그럼에도 파도 위에 서 있는 것만으로도 고유한 스타일을 만들어 낼 것입니다.

넘실대는 물결 위에서 넘어지지 않으려면 재능의 유동화와 시장 확장이 필요합니다. 상황에 따라 생산, 혁신, 판매에 필요한 재능(사람)을 외부에서 빌려와 크리티컬 매스를 구성해야 합니다. 한번 팀이 구성되어도 그리 오래가지는 않을 것입니다. 그래도 어쩔 수 없습니다. 빌려 오고, 성장하고, 재투자하고, 지켜 나가고를 반복해야 합니다.

인구 감소 시대를 헤쳐 나가려면 생존 전략의 전환이 필요합니다. 인구나 시장이 커지지 않아도 버틸 수 있어야죠. 제가 제안하는 작아지는 도시에서 살아남는 방법, 줄여서 '작살법'은 아래 다섯 가지입니다.

- 개척형 사업가, 디지털 장인, 혹은 지분 투자형 크리에이터로 업역을 넓히자
- 국내·국외로 유동하고 있는 재능을 받아들이고 함께 성장하자
- 복세권을 구축하자
- 연구와 혁신에 공을 들이고, 불필요한 단계를 과감하게 줄이자
- 작아진 단위 조직은 통합하여 집약 경영을 하자

이기고 극복해야 하는 싸움도 있지만, 버티면서 존재를 증명해야 할 때도 있습니다. 지금 우리의 상황은 후자에 더 가깝습니다.

도시 관측소

CHAPTER 5. 보스턴 스타일

세계에서 가장 혁신적인 1스퀘어 마일

역사의 도시에서 혁신의 도시로

붉은 벽돌 건물이 찰스강을 따라 늘어서 있고, 가을 햇살에 물든 단풍잎이 하버드와 MIT 캠퍼스에서 살랑입니다. 조금 걸어가면 바닷가 테라스에서 진한 클램차우더 수프를 맛볼 수 있죠. 미국 동부의 도시, 보스턴과 케임브리지의 풍경입니다.

서로 맞닿아 있어 하나의 도시처럼 느껴지는 이곳은 인구 감소 시대의 절대 강자로 자리매김했습니다. 인구가 줄어들었음에도 지역 소멸을 걱정하기는커녕, 전 세계에서 가장 성공적인 방식으로 혁신을 창출했습니다. 도시와 기업은 엄청난 부를 쌓았죠. 어떻게 이런 일이 가능했을까요? 지난 50년간 이루어진 이들 도시의 변화를 함께 살펴보겠습니다.

18세기 중반 보스턴은 북아메리카에서 가장 번성한 도시 중 하나였습니다. 좁다란 골목길을 따라가다 보면 미국 최초의 공립학교가 나타나고, 길모퉁이를 돌면 북미 최초의 현대적 공원인 보스턴 커먼이 눈앞에 펼쳐집니다. 바쁜 일상을 가로지르는 미국 최초의

●●● 보스턴 공공도서관과 올드 사우스 교회. 보스턴은 미국 역사에서 각종 '최초'를 간직하고 있는 유서 깊은 도시이다.

지하철과 미국 최초의 시 경찰기관, 지금도 시민들로 붐비는 미국의 첫 공공도서관과 미국 최초의 공공 해변, 그리고 미국 최초의 종합대학인 하버드까지, 수많은 '최초'의 기록을 품은 보스턴은 미국 역사의 중요한 축이었습니다. 이들 시설은 지금도 훌륭하게 그 역할을 다하고 있죠.

하지만 세월이 흐르며 보스턴도 위기에 봉착했습니다. 1950년대 약 80만 명이던 인구는 1980년대 이르러 56만 명으로 크게 감소했죠. 섬유, 가죽, 기계, 선박 제조 같은 전통 산업이 글로벌 경쟁에서 뒤처지면서 쇠퇴했고, 일자리 부족과 경기 불황은 중산층을 교외로 내몰았습니다. 인구 유출로 도심 상권은 약화되었고, 빈 건물

도시 관측소

과 슬럼가가 늘어나며 도시는 침체의 늪에 빠져들었습니다.

그럼에도 보스턴과 케임브리지는 희망하고 도전하기를 포기하지 않았습니다. 인구 감소의 위협 속에서도 차분하게 도약의 순간을 기다렸습니다. 작지만 올바른 결정들을 내리기 시작했죠. 그중 하나가 바로 생명과학과 백신 개발 분야에 대한 투자입니다.

도시 전체가 기술 혁신의 실험장

1977년, 케임브리지는 세계 최초로 rDNA 유전자 재조합 기술을 허용하는 법안을 통과시켰습니다. 돌연변이 발생이나 생태계 교란 등의 우려가 제기되었기에 미국 국립보건원(NIH) 지침을 준수하고 일부 유형의 rDNA 연구는 제한하는 내용이 제도화되었습니다. 서로 다른 생물의 DNA를 결합하는 이 재조합 기술은 새로운 의약품 생산이나 농업 생산성 증대 등 다양한 분야에서 엄청난 잠재력이 있었고, 이 결정은 얼마 지나지 않아 도시의 미래를 완전히 바꾸어 놓았습니다.

그 결과 바이오젠과 화이트헤드 연구소 같은 기업들이 속속 모여들었고, 케임브리지는 바이오테크 연구와 신약 개발의 중심지가 되었습니다. 특히 2010년 케임브리지에 설립된 모더나는 기존 백신 개발과는 전혀 다른 길을 택했습니다. 병원체의 정보를 mRNA라는 설계도로 만들어 우리 몸의 세포에 전달하고, 세포 스스로 항체를 생성하도록 하는 방법을 연구했고, 이를 통해 백신 개발에 걸리는 시간과 비용을 획기적으로 줄이고 대량 생산도 가능하게 되었습니다. 설립된 지 불과 10년 만에 코로나19 초기 mRNA 백신 개발에 성공하여 수억 명의 인류 생명을 구할 수 있었습니다.

이러한 성공은 물론 기업 혼자 이룬 것이 아닙니다. 도시, 대학, 입법기관, 의료·연구기관이 함께 움직였기에 가능한 결과였습니다. 도시 전체가 부를 창출하기 위해 같은 방향으로 나아간 것이죠. 인구 11만 8,000명 남짓한 작은 도시 케임브리지가 세계적인 바이오 기업의 허브가 될 수 있었던 것은 낡은 관념과 전통에 얽매이지 않고 도시 전체가 기술 혁신의 실험장이 될 수 있도록 제도를 파격적으로 개선했기 때문입니다. 이를 통해 유망한 기업들이 연구와 제품 개발에 전념할 수 있는 환경을 조성했던 것입니다.

현재 보스턴-케임브리지 지역에는 모더나와 함께 화이자, 얀센, 브로드 연구소, 노바티스 등 백신 기업과 유전자·암 연구소, 보스턴 아동병원과 매사추세츠 종합병원이 한데 모여 있으며, 18개의 글로벌 제약회사와 1,600여 개의 바이오테크 기업이 활동하고 있습니다. 이와 연계하여 하버드 대학교와 매사추세츠 공과대학(MIT), 버클리 음대, 노스이스턴대, 보스턴, 에머슨, 서포크, 터프츠, 웰즐리까지 수많은 대학이 인재를 양성하고 있습니다.

이러한 성과는 미국이 세계 백신과 치료제 시장의 약 40퍼센트를 장악하고, 글로벌 제약사 시가총액 상위 50개 기업 중 56퍼센트를 차지하는 데 핵심적인 역할을 했습니다. 아무리 미국이 초강대국이어도 단일 분야가 세계 시장의 절반 이상을 차지하는 경우는 아주 드뭅니다.

산업의 성장은 일자리 창출로도 이어져, 보스턴의 관련 산업 구인 공고는 2010년 500여 개에서 2020년 2,300여 개, 2022년에는 4,100여 개로 급증했습니다. 전체 산업의 일자리도 2010년 54만 개에서 2023년 여름 68만 6,000개까지 늘어났으며, 그중에서 바이오·헬스(15만)와 전문기술 서비스업(10만) 일자리가 높은 비율로 1, 2위를 차지하고 있습니다.[8]

도시 관측소

●●● 케임브리지 켄달 스퀘어 스카이라인과 롱펠로우 브리지의 전경. MIT 주변의 켄달 스퀘어는 "세계에서 가장 혁신적인 1스퀘어 마일"로 불린다.

　이러한 산업 생태계의 영향력은 해외 기업에도 미치고 있습니다. 한 예로 런던의 인공지능 항체 치료 기술 연구 기업인 알케맙의 경우, 보스턴의 생명공학 투자사 알에이캐피탈이 약 1,100억 원 규모의 투자를 주도하면서 신규 인력 채용과 임원 구성에 보스턴 출신 인재들의 등용을 요구하는 등 글로벌 기업의 전략적 방향을 좌우하고 있습니다.

　MIT 주변의 켄달 스퀘어는 "세계에서 가장 혁신적인 1스퀘어 마일"로 불립니다. 1960년대 NASA 본부 이전을 위해 확보한 이 부지가 민간 개발을 통해 혁신 기업들의 요람이 된 것입니다. 특히 바이오 분야 스타트업의 성장을 위해 랩센트럴과 같은 인큐베이터가 설립되어, MIT의 건물 기부와 주 정부의 초기 시설 비용 지원, 그리고 대형 제약사들의 스폰서 참여를 통해 초기 연구 시설과 각종 지원을 제공하고 있습니다. 그 결과 매년 4~5개 기업이 IPO(기업공개)에 성공하는 놀라운 성과를 내고 있습니다.

만약 제2의 코로나가 창궐한다면, 세계 최초의 백신은 어디에서 개발될까요? 지난 50년간 이어져 온 '보스턴형 성장'을 떠올려 보면, 제2의 코로나 백신도 역시 이 지역에서 가장 먼저 탄생할 것이라는 추측이 자연스럽습니다.

인구수보다 중요한 것

보스턴-케임브리지 지역은 인구 감소율이 30퍼센트에 달했던 암울한 시기를 지나, 지금은 전 세계 생명과학 혁신의 중심지로 우뚝 섰습니다. 무엇이 이러한 극적인 반전을 가능케 했을까요?

앞의 글에서 기업과 제도 이야기를 했다면 이제 실험실, 즉 공간 이야기를 해 보겠습니다. 바이오·헬스 및 백신 개발 기업들은 신약 개발이나 백신 후보 물질 연구, 세포 배양, 유전자 분석, 질병 모델링 등의 과학 실험을 하기 위한 공간이 필요합니다. 이 공간은 고도의 청정 환경과 첨단 장비를 요구하고요. 그래야 미세한 생물학적 반응을 측정하고 분석할 수 있기 때문입니다. 또한 효능을 평가하기 위한 임상 시험 데이터가 잘 만들어져야 규제 당국의 승인을 받을 수 있습니다. 그래서 공간의 조성과 이용에 엄청난 비용이 투입됩니다. 집구석 차고에서 컴퓨터 한 대로 창업할 수 있었던 과거의 테크 산업과는 시작부터 다릅니다.

보스턴과 케임브리지에서 바이오·헬스 산업이 활성화되면서 실험실 공간에 대한 수요가 폭증했습니다. 이에 따라 2024년 기준 보스턴과 케임브리지에는 약 158만 제곱미터(48만 평) 면적의 실험실이 새롭게 조성되고 있습니다. 이는 토지 면적이 아닌, 개발이 예정된 실험실 면적을 말하는 것입니다.[9] 정말 엄청난 규모입니다. 그중 상당수는 빈 땅에서 건물을 새로 짓는 것이 아니라, 빈 오피스 등 유휴 공간을 실험실로 변신시키고 있습니다.

현재 보스턴 지역에만 실험실로의 용도 전환이 이루어지고 있거나 예상되는 건물이 38채나 됩니다. 이는 샌프란시스코와 LA에서 예정된 건물의 수를 합친 것보다 더 많은 숫자입니다.[10] 공간을 고쳐 다시 쓰는 것은 새로 짓는 것보다 비용이 적게 들고 폐기물 발생도 줄어듭니다. 공간 공급 기간도 훨씬 단축할 수 있죠. 신규로 조성할 예정인 48만 평의 실험실 중 9만 평 정도가 기존 오피스의 실험실을 전환한 것입니다.

우리가 주목할 것이 있습니다. 이 지역에서의 실험실 개발은 누군가에게 비싸게 팔리기를 기대해 미리 만드는 투기성 개발이 아닙니다. 부가가치 창출을 목표로 하는 실수요 기업과 생명과학 분야의 연구자를 대상으로 이루어진다는 점입니다. 뚜렷한 이용 주체가 있고 공간을 매개로 성장이 예상될 때 공간이 모자라면 즉시 더 지어야 하고, 지을 땅이 없으면 기존 공간을 바꿔서라도 공급하는 게 맞습니다. 이런 전략적 결정은 그 도시의 위상을 변화시키는 강력한 동력이 됩니다. 누가 이용할지, 어떤 가치가 만들어질지도 모른 채 투기형 개발로 진행되는 공간 공급은 이제 폐기되어야 합니다.

한 도시의 번영은 단순히 인구수만으로 결정되지 않습니다. 인구보다 더 중요한 게 혁신의 밀도와 연결의 파급력입니다. 도시에 가치가 창출되는 FADE 모델, 즉 y=f(l, k, i)×ADE에서, 도시의 인구 감소는 분명 노동(l)에 좋지 않은 영향을 줄 수 있습니다. 하지만 재능의 질적 수준을 높이고 불합리한 규제를 개선하며, 자본과 실험실 공급, 스타트업 지원 등 소프트인프라를 잘 조합하면 A(생산성), D(다양성), E(기업가정신)가 함께 향상됩니다. 이를 통해 한동안 인구가 줄어들던 도시도 얼마든지 번영할 수 있습니다. 보스턴과 케임브리지가 증명하듯이 말입니다.

지난 10년을 돌아보면 보스턴과 케임브리지의 인구는 안정세로 돌아섰으며, 같은 기간 기업의 수는 5퍼센트, 일자리는 20퍼센트, 평균 연봉은 50퍼센트 가까이 증가했습니다. 한때 인구의 30퍼센트가 줄어들었던 도시가 이룬 극적인 반전이라고 할 수 있습니다.

도시의 성공은 레고 블록처럼

이런 성공은 결코 우연이 아닙니다. 대규모 국공유지의 확보, 유전자 재조합 기술 관련 규제 혁신, 글로벌 기업과 연구소의 유치, 하버드와 MIT 등 교육기관의 노력과 교수·연구자의 창업, 대학 병원과의 기술 협력과 데이터 공유 등 이 모든 요소가 어우러진 결과입니다. 여러 백신사의 설립과 비영리 기관의 참여로 스타트업 생태계가 살아났고, 코로나19 기간에는 미국 정부의 전폭적인 투자가 있었습니다. 최근 매사추세츠주 생명과학법 통과까지, 수십 년에 걸친 올바른 결정이 하나둘 쌓여 만들어진 결과입니다.

여기서 우리가 배울 점이 있습니다. 인구수 늘리기는 한 도시가 추구해야 할 궁극적인 목표가 아닙니다. 인구 감소를 막는 데만 초점을 두고 자원을 움직이면 보스턴형 성장은 결코 이룰 수 없습니다. 그보다는 지역에서 가장 창조적인 기업과 부지런한 사람들이 모여서 일하고 함께 부를 창출하는 여건 마련이 최우선입니다. 여기에 인재 배출, 근로자 재교육, 가족의 행복한 정착과 지역 사회를 위한 일자리 공유가 함께 이루어져야 합니다. 나아가 창출된 부와 혁신의 성과는 기여도에 따라 잘 분배되어야 합니다.

인구 증감은 사실 지역 발전의 후행 지표입니다. 마치 몸에 나는 열이 병의 원인이 아니라 감염이나 염증의 결과인 것처럼요. 이런 선후 관계를 잘못 파악하면 공공 투자는 밑 빠진 독에 물 붓기가 되고 맙니다. 나아가 도시 발전에 있어 지역 리더십의 역할도 중요합니다. 당장 해결해야 하는 일에만 매달리고, 이해관계자들이 자원을 고루 나눠 갖는 분배의 악습에 함몰되면 정작 큰 그림을 그릴 수 없습니다. 때로는 현실을 뛰어넘는 몽상가처럼 보일지라도 도시의 먼 미래를 내다보는 계획이 필요합니다. 코로나19 같은 위기는 역설적으로 준비된 도시가 스스로의 진가를 발휘할 기회가 되었습니다. 모두가 주저앉을 때, 준비된 도시들은 오히려 거침없이 나갈 수 있었죠. 시시한 목표나 불필요한 제약은 과감히 정리하고, 중요한 의사결정을 내려 할 수 있는 것부터 실행에 옮겼습니다.

이와 관련하여 제가 좋아하는 말이 있습니다. "올림픽을 위해 도시를 바꾸지 않겠습니다. 올림픽을 우리 도시에 맞추겠습니다." 2028년 로스앤젤레스 올림픽 준비위원 재닛 에번스(Janet Evans)의 말입니다.

미래는 불확실성의 덩어리이다.
4년 후 개최될 올림픽을 지금 준비한다는 게
보통 어려운 일이 아니다.

불확실한 미래에 확실한 현재를 맞출 필요는 없다.
현 도시의 여건에 따라 우리만의 올림픽을
세상에 선보일 줄 아는 용기도 필요하다.
핵심은 "우리만의 올림픽"을 정의하고 실행에 옮기는 것이다.

도시의 성공은 올바른 결정과 행동이 레고 블록처럼 하나하나 쌓이면서 이뤄집니다. 아침에 눈을 떠 보니 갑자기 성공한 도시란 없습니다.

도시 관측소

CHAPTER 6. 콤팩트와 스마트 축소

인구 감소 위기를
어떻게 극복할 수 있을까?

모으고 재배치

　　　　　　　　　　인구가 감소하는 지역에서 주목할 두 가지 전략이 있습니다. 바로 '콤팩트'와 '스마트 축소'입니다. 언뜻 보면 서로 다른 목표를 지향하는 것 같지만, 이 둘은 동전의 양면처럼 서로를 보완하며 함께 적용될 때 강력한 효과를 발휘합니다.

　인구 감소는 도시 공간에 대한 수요를 변화시킵니다. 크게 세 가지 측면에서 관찰됩니다. 첫째, 실제 공간을 점유하고 이용하는 수요가 줄어듭니다. 빈 건물이나 점포 공실이 늘어나고 공원과 편의점 이용자가 감소하는 현상이 나타나죠. 둘째, 부동산 거래와 소유권 이전, 납세 등 경제적 측면의 수요가 감소합니다. 셋째, 건물의 증개축이나 신축, 리모델링과 같은 건축 물량이 줄어듭니다.

　이처럼 세 지표가 모두 줄어드는 경우, 도시 재생을 명분으로 모든 지역을 다 살기 좋게 만들 수는 없습니다. 과도한 비용과 참여 주체의 부재, 행정 역량의 한계 때문에 실패할 가능성이 높습니다. 콤팩트와 스마트 축소는 이런 상황에서 적용할 만한 전략입니다.

　우선 콤팩트(시티)는 도시의 핵심 기능을 한데 모으는 전략입니다. 일자리, 비즈니스, 행정, 교육, 시장, 의료, 생활 지원 등을 집약적으로 배치하여 도시의 심장을 다시 뛰게 만드는 것이죠.

콤팩트하게 만들 대상지로는 기존 시가지 안에서 교통이 편리하고 성장 잠재력이 높은 곳이 우선입니다. 구체적으로는 광역철도역에서 반경 2킬로미터, 고속버스터미널에서 반경 1킬로미터, 혹은 기존 읍과 행정 중심지 정도입니다. 이곳으로 현재와 미래의 성장 수요를 집중시키고, 밀도, 접근성, 보행 환경, 서비스 수준을 함께 개선합니다. 이렇게 함으로써 도시의 여러 기능이 흩어지지 않고 집적을 통한 스케일링 효과를 낼 수 있습니다. 접근성을 높이는 방법은 다양합니다. 철도처럼 대규모 인프라 건설뿐만 아니라 택시, 카풀, 자전거, 수요응답형 버스 등의 이동수단을 기존 대중교통망에 더해 편의성을 높일 수 있습니다.

다음으로, 스마트 축소는 인구 감소라는 현실을 받아들이고 더 작아질 지역을 새롭게 구상하는 접근입니다. 이용자가 너무 적어 치안, 교육, 공공의료 서비스가 어려워지거나 약국과 가게가 사라지고, 각종 기반시설의 유지 비용이 과도해지는 곳들이 생겨납니다. 이런 곳에서 방치된 시설을 폐쇄하거나 서비스를 간헐적으로 운영하고, 새로운 건축 행위나 업종 등록을 다른 곳으로 유도하여 지역 기능을 전략적으로 줄입니다. 축소하되 새로운 역할을 불어넣어 더욱 스마트하게 재구성하는 것입니다.

새로운 쓸모를 부여하기

콤팩트 적용지와 스마트 축소 대상지는 서로 이어져 있습니다. 도시를 더 콤팩트하게 만들려면 실질적

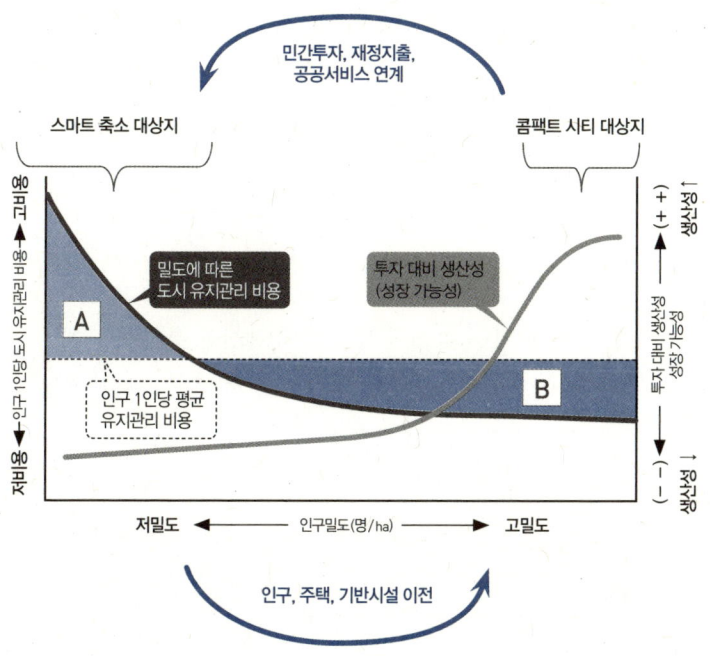

인 수요가 필요합니다. 축소하는 지역에서 이주하는 구성원과 법인이 이런 수요를 채웁니다. 반대로 스마트 축소를 위해서는 토지 확보와 예산 투입이 필요합니다. 콤팩트 지역의 개발지구에서 개발이익 일부를 축소 지역에 재투자할 수 있습니다.

위의 표를 통해 자세히 살펴보겠습니다. 인구 감소 지역을 들여다보면, 상대적으로 밀도가 높은 곳과 매우 낮은 곳이 섞여 있습니다. 그림에서 가로축은 밀도입니다. 인구밀도를 기준으로 하지만, 각종 도시 활동의 전반적인 밀도라고 생각해도 괜찮습니다. 우측으로 갈수록 고밀 환경이고, 좌측이 저밀 환경이자 쇠퇴가 극심하게 나타나는 곳입니다. 세로축은 그 지역을 유지 관리할 때 들어가는 총비용입니다. 도로 유지 관리, 상하수도 공급, 폐기물 관리, 공공 의료와 영유아 복지 등 각종 공공 서비스와 일부 민간이 제공하는 서비스도 포함됩니다. 대체로 인구 밀도가 낮고 쇠퇴하는 지역에서 인구 1인당 유지 관리 비용은 훨씬 높게 나타납니다.

이 기준에 따르면 그림에서 A 지역은 '스마트 축소' 대상지입니다. 인구밀도가 낮아서 한 사람당 도시 관리나 서비스 제공에 드는 비용 부담은 큰데, 투자에 따른 생산성 증대는 높지 않습니다. 이런 곳에서는 무작정 인구 감소를 막기 위해 예산을 투입하는 게 아니라, 현재 삶의 질을 적정 수준에서 유지하면서 여러 정책과 금융 지원을 통해 인구, 주택, 기반시설을 다른 곳으로 옮기도록 돕습니다.

이전 후 그냥 방치하는 게 아닙니다. 농촌 지역의 경우, 남은 집이나 자투리땅은 텃밭이나 숲으로 복원하고, 조금 큰 땅은 고부가가치 작물을 키우는 스마트팜이나 경제림 등으로 전환합니다. 청년농부 육성 학교도 운영할 수 있죠. 이곳에서 생산된 농산물은 지역 안에서 유통될 뿐 아니라 온라인 도매시장과 전국 단위의 거래망을 통해 다른 곳에서도 팔립니다. 부가가치가 높은 작물의 종자를 보급하고, 산림의 경우, 소유주를 설득하여 전문 경영인이 통합 관리할 수 있도록 조정합니다. 인구가 줄어든 지역에 대한 최소한의 이동권 보장도 필요합니다. 경제성이 낮은 노선버스 대신, 개별 수요자를 점과 점으로 이어 주는 다인승 DRT(Demand Responsive Transport: 수요응답형 운송수단) 같은 서비스를 도입합니다.

반면 B 지역은 콤팩트 대상지입니다. 어느 정도의 밀도와 주간 활동량이 유지되고 있어 공공과 민간 서비스에 대한 수요가 큽니다. 단위 인구당 비용은 크게 낮아지죠. 이 중에서도 접근성이 우수하고 투자를 통해 일자리를 만들거나 새로운 산업이 성장할 수 있는 곳을 선별해 도시 기능을 모읍니다. 스마트 축소 지역에서 생산한 농식품을 소비하는 시장이 되기도 하고, 이곳에서 확보한 토지 개발 이익의 일부를 인접 지역에 재투자할 수도 있습니다.

연결하기

이제 A, B 지역을 연결하는 일이 남았습니다. $y=f(l, k, i) \times ADE$ 에서 인재, 자본, 인프라를 두 지역에서 교차하고, 지역 브랜딩과 행정 혁신을 통해 매력(A), 다양성(D), 유연성(E)을 높여 새로운 가치사슬을 만드는 것이죠.

예를 들어 A 지역에서는 축소를 통해 넓은 땅을 확보합니다. 여기에 미생물 배양 공장과 노지 학교, 물류 시설을 조성해 그린바이오 기술을 개발합니다. B 지역에서는 A에서 만든 바이오 소재를 적용해 새로운 식품을 개발하고, 미생물 DNA를 분석·개량하는 농식품 연구소와 푸드테크 기업을 유치합니다. 이를 통해 새로운 시너지를 만들어 낼 수 있습니다.

또 다른 예는 B 지역에서 영농 정착을 희망하는 청년들을 집중 교육한 뒤, A 지역에서 마련한 공공 임대 농지와 주택을 이들 청년농과 연결하는 사업입니다. 최근 수직 농장에 대한 입지 규제가 완화되었습니다. B 지역에 있는 미분양 산업단지나 자투리 농지에 수직 농장을 활용해 고부가가치 작물을 키우고, 큰 규모의 생산과 물류는 A 지역에서 이루어질 수 있도록 연계하는 것도 좋은 방안이겠습니다.

이렇게 콤팩트와 스마트 축소를 함께 추진하면 불필요한 공공 재정 지출은 줄이고, 중심지와 지역 생활환경에 더 많이 투자할 수 있습니다. 이미 「농촌공간재구조화법」 시행으로 제도적 기반은 마련되어 있습니다. 충북 옥천군과 충남 홍성군에서는 관련 사업을 시작했습니다. 다른 인구 감소 지역에서도 이런 모델이 멋지게 작동하는 모습을 하루빨리 만날 수 있기를 기대합니다.

물론 악마는 늘 디테일에 있습니다. 이러한 재구조화 작업을 누가 주도하고, 어떻게 민간과 공공의 역할을 나누며, 지방자치단체와 행정의 칸막이를 없애고, 사업의 위험 부담은 어떤 방식으로 감당할 것인가 등이 세심하게 고려되어야 합니다. 지역 조정을 통해 피해를 보는 주민이나 기업은 없는지도 검토해야죠. 인구 감소 지역을 관리할 때 작은 톱니바퀴 하나라도 어긋나면 전체 시스템이 멈춰 설 수 있습니다.

도시 관측소

OBSERVATORY TALK

자신만의 스타일을 만든 도시와 사람들

관식 요즘 '깊은 경험'과 '진짜 동네'를 찾는 움직임이 늘고 있는 것 같습니다. 특별한 이유가 있을까요?

애순 맞습니다. 단순한 여행이나 식도락을 넘어, 지역 고유의 매력과 독특한 분위기를 체험하려는 사람들이 많아졌습니다. 오프라인만의 깊이와 지역색, 특별한 경험을 추구하는 경향이 강해진 것이죠.

#고도의 '힙'을 찾다, 경주

관식 그렇다면 최근 경주의 황리단길이 주목받는 이유도 그런 맥락에서 볼 수 있을까요? 예전에는 그냥 스쳐 지나가던 낙후된 지역이었는데요.

애순 네, 황리단길은 이제 '힙한' 골목 상권으로 변신했습니다. 그 변화의 시작에는 김성일 찰보리카스테라 대표와 청년들의 열정이 있었습니다. 2015년에 그들은 저렴한 부동산 가격과 역사문화자원이 인접해 있다는 점에 매료되어 황남동 일대에 자리 잡았죠.

관식 처음부터 순탄했을까요? 어떤 노력이 있었는지 궁금합니다.

애순 처음에는 행정의 지원 없이 SNS 홍보부터 업종 선택, 플리마켓 운영까지 직접 했습니다. 상권이 어느 정도 형성된 후에도 이들은 임대료 상승을 억제하자는 운동을 했고, 상인회를 만들지 않음으로써 폐쇄적인 집단 형성을 막았어요. 스쳐 지나가는 유행에 휘둘리지 말자는 다짐도 했습니다. 김성일 대표는 인터뷰에서 최근의 '10원 빵'이나 '탕후루' 같은 유행이 황리단길을 휩쓸지 않기를 바란다고 했습니다.

관식 지역의 고유성을 지키려는 노력이 돋보이네요. 현재 황리단길에는 어떤 모습들이 펼쳐지고 있나요?

애순 700미터 길이의 직선 가로를 따라 향화정, 저스트텐동, 브로스 커피 같은 카페와 음식점이 줄지어 있습니다. 천년 고도 경주의 오래된 주택과 저마다 개성을 자랑하는 카페, 그리고 금관총과 대릉원 같은 능 경관을 동시에 만날 수 있어 방문객들에게 특별한 경험을 선사합니다. 전국 어디든 한옥을 고쳐서 만든 카페나 민박은 많지만, 왕릉과 천년 고분 뷰는 드물잖아요.

관식 젊은 창업자들이 많다고 들었습니다. 그 점도 흥미로운데요?

애순 맞습니다. 황리단길의 또 다른 특징은 20~30대 젊은 창업자와 직원이 많다는 것입니다. 경주, 대구, 포항 등 주변 지역에서 외식업을 꿈꾸던 젊은이들이 친구와 함께 창업하는 경우도 많습니다. 실제로 우리가 만났던 외식업체 운영자는 대구 출신인데, 직원 6명 모두 대구에서 왔다고 합니다.

관식 황리단길이 단지 방문하고 떠나는 곳이 아니라, 젊은이들에게 창업 기회를 제공하는 곳이군요. 어떤 변화들이 있었나요?

애순 상권이 이면 골목까지 확장되었고, 평일과 주말 모두 방문객 수가 엄청나게 늘었습니다. 한국관광공사 데이터에 따르면 30대 이하의 황리단길 방문자 수가 월 평균 약 38만 9,000명에 달합니다.

도시 관측소

관식 경주에 황리단길 말고도 다른 특징적인 움직임이 있나요?

애순 네, 경주 읍성 일대에서 지역 경험 콘텐츠를 제공하는 기업 사이시옷이 좋은 예입니다.

관식 사이시옷은 어떤 활동을 하고 있나요?

애순 김경민 대표가 운영하는 사이시옷은 방문자가 경주를 구석구석 걷게 하며 역사와 문화를 체험할 수 있도록 프로그램을 운영하고 있습니다. '물오름달 열닷새'라는 프로그램은 경주 읍성 골목을 다니며 숨겨진 유산을 발굴하는 일종의 추리게임으로, 단순히 먹고 마시는 여행을 넘어 경주의 이야기를 알고 싶어 하는 방문객들에게 인기를 얻고 있어요.

관식 과거의 신라 고도 경주가 새로운 방식으로 재조명되고 있군요. 앞으로 어떤 발전 가능성이 있을까요?

애순 경주라는 고도는 유행을 별로 타지 않는 도시입니다. 우리 세대든 자식 세대든 누구나의 인생에서 경주라는 도시는 한 번씩 경험할 것이고요. 매력적인데 가성비도 좋고, 음식과 문화, 역사 등 볼거리가 풍부한 세대 관통형 방문지인 셈이죠. 하지만 방문자들의 체류 시간이 짧고 소비 중심의 상권만 확장된다는 점은 아쉽습니다. 다양한 지역 콘텐츠를 더 진화시키고 문화, 예술, 숙박 기능을 함께 강화함으로써 더 오래 체류하며 지역 가치를 찾는 사람들에게 선택받는 도시로 거듭날 수 있습니다. 아직 황리단길 상권의 영향력이 쇠퇴한 원도심까지 이어지지는 않는 것 같습니다.

#하회마을보다 간고등어집, 안동

관식 상업뿐만 아니라 지역 산업과 숙박업의 육성도 필요하겠군요. 경주를 주간뿐만 아니라 야간이나 이른 아침에도 경험할 수 있는 기회가 확대되어야 할 것 같습니다.

애순 맞습니다. 경상북도 안동도 독특한 지역색과 맛으로 사랑받는 도시입니다. 경주가 왕실문화 중심이라면 안동은 생활자산 중심의 전통 문화를 간직하고 있죠. 유교 문화와 고택, 전통주 등 유산이 풍부합니다. 하지만 한편으로 유교 문화의 성격이 너무 강해서 도시에서 재미있게 놀고 싶은 청년들의 선택에서 멀어진 점도 있습니다.

관식 그렇군요. 저도 수학여행 말고는 안동을 가 본 적이 없네요. 안동이라는 도시의 매력은 무엇일까요?

애순 안동소주, 안동포, 안동 간고등어 등 음식 문화가 유명하고, 한우, 사과, 찜닭, 한지 등 관련 비즈니스는 가업 승계 형태로 이어지고 있습니다. 안동에서 가장 방문자가 많은 일직식당, 맘모스제과, 명인안동소주 등도 가업 승계형 비즈니스입니다.

관식 지역 고유의 음식과 문화에 현대적인 감각이 어우러진다면 더욱 매력적이겠네요.

애순 네, 요즘은 안동 하회마을보다 월영교, 맘모스제과, 간고등어집에 더 많은 사람들이 몰립니다. 안동 여행의 트렌드가 바뀌었죠. 최근 지역의 산업자원과 생산 현장을 직접 경험하고자 하는 수요도 증가하고 있습니다. 이러한 트렌드를 반영하여 '산업관광'이 관계인구를 끌어들이는 지역도 있습니다.

#공장도 관광지가 되는 시대, 음성

관식 '산업관광'을 이야기하셨는데, 충청북도 음성군이 그런 예가 될 수 있을까요?

애순 맞습니다. 음성군은 '팩토리 투어' 프로그램을 통해 다양한 소비재의 제조 공정을 체험하고 제조업과 관련 브랜드의 가치를 이해할 수 있는 기회를 제공합니다. 여러 기관과 기업의 협력으로 운영되고 있죠.

관식 어떤 기업들이 참여하고 있나요?

애순 산업관광협의회를 통해 현재 13개 기업이 팩토리 투어 프로그램에 참여하고 있습니다. 의약품, 수제맥주, 신선식품, 화장품 등 다양한 제품의 생산 과정과 기업 홍보는 방문객에게 폭넓은 경험을 제공합니다.

관식 방문객들의 반응은 어떤가요?

애순 잼토리의 박화정 대표에 따르면 연간 약 500명의 방문객이 팩토리 투어에 참여하고 있습니다. 가족, 기업, 시군 공무원, 인근 지역 근로자와 외국인도 참여하고 있어요. 앞으로 음성의 화훼공장도 투어 프로그램에 연결할 계획입니다.

관식 음성군이 이주 노동자의 도시로도 알려져 있다고 들었습니다.

애순 네, 총인구의 15.9퍼센트가 외국인입니다. 이들은 음성 지역 경제에 큰 영향을 미치고 있어요.

관식 산업관광과 외국인 노동자의 존재가 지역경제에 어떤 영향을 미치고 있나요?

애순 산업관광은 기업 이미지 개선과 홍보 효과, 제품에 대한 소비자의 반응 확인 등 다양한 이점을 제공합니다. 또한 이주 노동자들은 음성의 글로벌화를 이끌며 지역경제에 활력을 불어넣고 있습니다. 외국인 근로자와 다문화 가정이 많다는 게 음성의 특징입니다.

관식 그렇다면 앞으로 어떤 과제가 남아 있을까요?

애순 산업관광은 단순히 지역 활동 체험을 넘어서야 합니다. 고유한 공정 체험이나 제품의 가치를 폭넓게 느낄 수 있는 서비스가 더 고도화되고 다른 밸류체인과의 연계가 필요합니다. 유입된 구성원과 관계인구가 지역에 뿌리내리는 것도 중요하고요. 하지만 여전히 많은 외국인 노동자는 산업단지 내 기숙사에 거주하며 내국인과 공간적으로 분리되어 문화적 융합에 어려움을 겪고 있습니다.

#지역 경제 활성의 모델이 되다, 완주

관식 인구 감소 시대에 지역 경제 활성화와 지속가능한 성장 모델을 만들고 있는 전라북도 완주군에 대해 이야기해 볼까요?

애순 좋습니다. 완주군은 전주를 에워싸고 있는 도농복합 도시로 지난 10년간 인구가 늘고 있습니다. 2025년 봄이면 10만 명을 넘어설 것으로 예상됩니다. "완주군 인구 '10만 돌파' 초읽기", "만경강의 기적" 같은 기사 제목을 본 적이 있어요. 로컬푸드를 통한 순환경제 구축이 완주 지역 경제에 큰 역할을 했죠.

관식 완주군의 로컬푸드 비즈니스는 어떤 점이 특별한가요?

애순 완주의 농가는 아주 영세합니다. 경지면적 1헥타르 미만의 소농이 전체의 3분의 2를 차지하고 있죠. 이들은 소농이자 가족형 고령농입니다. 농산물의 품질은 훌륭한데 너무 영세했죠. 2012년 농업회사법인으로 설립된 완주 로컬푸드는 완주에 흩어진 3,000여 소농과 전주의 소비자를 연결하고자 했습니다. 완주산 신선 재료와 식품을 파는 직매장을 세우고 다양한 공공급식센터를 운영하기 시작했죠. 개별 두레농장 및 마을기업도 연결하고 '해피스테이션' 온라인 마켓 운영을 통해 자체 생존이 어려웠던 농촌을 클러스터화했습니다. 이런 활동을 하나의 거점만 이용하거나 대기업 위주로 하지 않았다는 점이 독특합니다. 나아가 전라북도 전체를 대상으로 연 단위 농산물 판매 계획을 세우는 등 시장을 확대하고 있습니다. 수익 창출과 더불어 지역 사회 돌봄과 어르신 일자리 창출까지 염두에 둔 모델이에요. 100개의 마을이 협력하는 게 목표입니다.

관식 그 결과는 어떻게 나타나고 있나요?

애순 현재 완주에는 로컬푸드 직매장 13개소, 공공급식소 547개, 사회적 경제 조직 300개 이상이 설립되거나 육성되었습니다. 완주는 로컬푸드를 통한 사회적 경제 1번지로 자리 잡았고, 전라북도에서 귀농·귀촌 인구가 8년 연속 1위를 기록하고 있습니다.

관식 앞으로 완주가 꿈꾸는 것은 무엇일까요?

애순 전체 군민의 30퍼센트까지 사회적 경제에 참여하도록 유도하는 것을 목표로 하고 있습니다. 로컬푸드 산업을 바탕으로 관계를 맺게 된 기업인, 영농인, 귀농·귀촌인 등이 지역순환 경제를 구성하는 핵심 자산이죠.

관식 완주의 모델이 다른 지역에도 시사하는 바가 크겠네요.

애순 맞습니다. 사람과 경제의 선순환을 도모하여 인구 감소 시대에도 오히려 지역경제가 단단하게 성장하는 완주의 모델은 다른 지역에도 많은 시사점을 줍니다.

위 내용은 서울대학교 환경대학원 환경계획연구소 기획과제를 통해 윤소영, 우광준, 김범진, 임재호, 문재식, 한지현, 조윤아, 홍현도, 우제헌이 나눈 이야기와 현장 인터뷰를 바탕으로 재구성했습니다.

CHAPTER 7. 연결을 통한 진화

왜 세계 최대의 기술혁신 전시회는 사막 한가운데서 열릴까?

협력과 신뢰의 집단지성 – 슈퍼마인드

인구 감소 시대의 키워드는 '연결을 통한 진화'입니다. 이는 기존 경계와 범주를 넘어서는 환경의 역경을 극복하고 새로운 재능과 연결, 공진화(coevolution, 共進化)를 추구하는 것입니다.

이와 관련해 MIT 경영대학원의 토마스 말론(Thomas Mallon) 교수는 저서 『슈퍼마인드(Superminds)』에서 연결의 힘을 강조합니다. 말론은 다양한 시야와 전문성을 갖춘 개방적인 개인을 '마인드'라고 부릅니다. 개별 마인드가 하나의 목표를 향해 협력하고 신뢰를 바탕으로 집단지성을 발휘하면 그 집단은 '슈퍼마인드'로 성장할 수 있습니다.

이들 마인드의 복합체는 대안을 함께 만들고, 결정을 행동으로 옮기며, 결과를 학습해 방안을 개선하고, 시행착오를 기억하는 등 총체적 메타인지가 발달한 집단입니다. 이러한 인지는 다음 의사결정에 반영되고 "나의 노력이 결국 나와 집단의 공동 번영에 기여한다"는 믿음을 공유하죠. 이들은 개별 구성원의 능력을 단순히 더

한 것보다 훨씬 더 뛰어난 성과를 냅니다.

인류 최초의 도시에 관한 앞의 글을 다시 떠올려 보겠습니다. 정확한 이유는 알 수 없지만, 초기 인류는 원래 살던 곳을 떠나 티그리스와 유프라테스 강 사이에 정착하여 메소포타미아 문명을 열었습니다. 에리두, 우르, 우르크, 키시 등 최초 도시를 여럿 만들었죠. 이 도시를 일궈 낸 사람들도 고대판 슈퍼마인드라 할 수 있습니다. 그들은 극도로 건조한 기후와 강의 잦은 범람이라는 척박한 환경에서 농업 문명을 개척했습니다. 이와 함께 처음으로 대규모 수로와 농경지를 만들었고, 인류 최초의 문자, 최초의 행정문서, 최초의 초대형 건축물, 최초의 항로 개척, 최초의 도시국가 연합을 만들어 냈습니다. 강력한 유일신이나 제국형 절대 군주가 없는 상태에서 최소 수만 명이 서로 협력함으로써 이룬 결과입니다.

우리는 최근 세계 곳곳에서 현대판 슈퍼마인드의 등장을 목격하고 있습니다. 세계 디지털과 AI 시장에 막강한 영향력을 행사하고 있는 빅테크 기업이 대표적입니다. 글로벌 시가총액 상위를 차지하는 엔비디아, 마이크로소프트, 애플 같은 기업이나, 세계적인 비만 치료제 위고비를 출시한 덴마크의 노보 노디스크도 마찬가지죠.

한 예로 지난 코로나19 유행 초기 미국 뉴욕에 자리 잡은 화이자는 독일 마인츠의 기업 바이오엔텍과 국경을 넘어 협력했습니다. 바이오엔텍은 mRNA 후보 물질의 설계와 초기 임상시험을 주도했습니다. 화이자는 대규모 임상시험 및 글로벌 유통망을 활용한 백신 보급을 담당했죠. 이들의 협력은 미 식품의약청(FDA)의 승인을 받은 최초의 mRNA 백신 개발로 이어졌습니다. 초기 임상시험에서 약 95퍼센트 예방 효과를 올렸고 전 세계에서 10억 회 이상 접종되었습니다. 그 결과 FDA의 승인을 받은 최초의 mRNA 백신 개발이 가능했던 것입니다.

엔비디아는 GPU(그래픽 처리 장치) 기술을 더 넓은 디바이스 생태계로 확장하기 위해 영국의 반도체 설계사 ARM과 협력했고, 대만의 파운드리 기업 TSMC의 첨단 공정 기술을 활용했으며, 독일 메르세데스 벤츠와 협력해 자율주행 소프트웨어 NVIDIA DRIVE를 개발했습니다. 참고로 2024년 11월 기준 엔비디아의 시가총액은 3.61조 달러(약 5,000조 원), 12월 기준 애플의 시가총액은 3.86조 달러(약 5,700조 원)입니다. 이들 기업은 인류 역사상 처음으로 5,000조 원이 넘는 기업이 되었죠. 물론 시가총액이야 계속 변합니다. 2025년 3월 기준 엔비디아는 3조 달러, 애플은 3.6조 달러입니다.

연결의 질과 확장의 폭발력

산업화 시대의 개인은 우수한 집단에 속한 상태에서 다른 집단과 협력하는 것만으로 남다른 기회를 움켜쥘 수 있었습니다. 큰 공장에서 일하고, 대기업의 간부가 되고, 명문대에 가면 많은 것들이 해결되었죠. 모두가 선망하는 조직으로 자본과 인재도 몰렸고 시장에 대한 지배력이 엄청났습니다. 그 안에서 누구나 원하는 일과 기회를 움켜쥘 수 있었습니다.

하지만 지금은 다릅니다. 집단의 규모나 국가의 힘은 개인의 역량이나 나의 안정성과 별개입니다. 조직이 개인의 생존을 책임지지 않고, 개인도 조직에 얽매이지 않죠. 대기업이라고 결코 안정성이 높은 게 아닙니다. 보수와 직책에 따른 성과 압박도 심합니다.

개인과 소수의 집단이 강력한 브랜드를 만들고, 이들이 연결되어 세상의 의미를 만들고 있습니다. 그 속에서 기업이든 도시든 연결을 통해 진화하지 못하면 결국 도태되고 맙니다. 지금의 가치를 지렛대 삼아서 더 깊이, 더 넓게 진화하지 않으면 금방 어려움에 부닥치는 것이죠.

그런 의미에서 인맥이나 집단주의에 기대 나를 드러내는 것은 위태로운 전략입니다. 남의 것을 내 것인 것처럼 포장해 이익을 보던 시대는 끝났습니다. "인맥이 재산"이라는 말이 있는데, 제 생각은 다릅니다. 인맥은 언제든 지갑에서 꺼내어 쓸 수 있는 화폐가 아닙니다. 갈고닦은 재능을 세상에 드러낼 때 약간의 도움을 받을 수 있는 쿠폰 정도라고 할까요. 인맥에 기댈 것이 아니라, 성과와 경험을 바탕으로 스스로 성장하는 게 더 합리적입니다. 특히 인구와 시장이 줄어들어도 내실 있게 살아남아야 하는 축소 성장 시대에는 더욱 그렇습니다. 그래서 연결의 질과 확장의 폭발력을 키워야 합니다. 도시는 이런 성과를 자산화하면서 부를 축적할 수 있습니다.

의미 있는 연결이나 기업 간 중요한 거래, 또는 난제를 해결할 아이디어의 착안은 아무데서나 대충 일어나지 않습니다. 세심하게 디자인된 환경과 만남을 위한 조건이 필요하죠. 세계 여러 도시에서 이에 대해 준비하고 있습니다.

테크놀로지 컨벤션의 도시, 라스베이거스

미국의 도시 라스베이거스를 떠올리면 반짝이는 네온사인과 쇼, 카지노와 도박으로 화려한 밤이 떠오르기도 합니다. 하지만 저는 조금 다른 장면을 소개하고 싶습니다. 이곳은 전 세계의 혁신적인 기술과 새로운 아이디어가 만나 미래를 모색하는 '테크놀로지 컨벤션'의 요람입니다.

국제전자제품 박람회(CES), 국제방송장비 전시회(NAB Show),

자동차부품 박람회(SEMA Show), 글로벌 게이밍 엑스포(G2E), 클라우드 컴퓨팅 컨퍼런스(AWS re:Invent) 등 수만에서 수십만 명이 참가하는 초대형 행사가 매년 이어집니다. 라스베이거스는 연결을 통한 진화를 가장 잘 보여 주는 도시 중 하나입니다.

매년 1월 라스베이거스에서 열리는 CES(Consumer Electronics Show: 세계 최대 IT 전자제품 박람회)의 경우 전 세계 첨단기술 기업과 스타트업, 투자자, 연구자, 인플루언서를 한자리에 모으는 초연결 행사입니다. 저도 2024년에 CES에 다녀왔는데요. 이 자리에 세계 150개국에서 4,300여 개 기업과 13만 5,000여 명의 관람객이 참가했죠. 처음엔 컨벤션의 규모에 놀라고, 행사장 안에서는 스타벅스 커피 한 잔 가격이 9달러에서 시작해 또 한 번 놀랐습니다.

CES 기조연설에서는 흥미로운 아이디어가 소개됩니다. 2024년에는 화장품 기업 로레알이 뷰티 테크의 미래를 제시했고, 월마트는 AI 기반 적응형 리테일 개념을 소개했습니다. 어퍼런스라는 스타트업이 선보인 햅틱 웨어러블 기술도 주목받았는데, 이는 신경계 진동을 통해 가상현실 체험을 한층 더 실감나게 만들어 줍니다. 의료, 재활, 게임 산업에 활용될 수 있는 기술입니다.

물론 앞으로도 CES가 첨단의 기술을 세상에 보여 주는 데 최적의 형식인가라는 의문은 있습니다. 실제로 선도적인 테크 기업들은 얼마 전부터 행사에 참여하지 않고 있으니까요. 개별 기업과 심도 있는 이야기를 나누거나 투자 결정을 하기엔 너무 사람도 많고 어수선합니다. 그럼에도 가장 대중적인 분위기에서 사람과 기업이 만나 요즘 기술의 이모저모를 나눈다는 측면에서 컨벤션의 가치는 아직 충분합니다.

미국의 많은 도시 중 CES가 라스베이거스에서 개최되는 이유는 뭘까요? 바로 그 도시가 가진 특별한 공간 환경 때문입니다. 라스베이거스 중심부에는 7만 평 규모의 열두 개 컨벤션 시설이 있습니다. 그런데 컨벤션들만 덩그러니 있는 게 아닙니다. 이들 시설은 호텔, 카지노, 리조트, 식당, 술집이 6킬로미터 길이에 걸쳐 밀집해 있는 '라스베이거스 스트립'에 위치합니다. 선형의 컨벤션과 지원시설 클러스터가 도시의 등뼈를 이루고 있는 것입니다.

대규모 행사로 인한 도로 교통체증은 물론 있지만, 차가 아닌 다른 이동수단의 선택도 가능합니다. 스트립을 따라 운행되는 지상 2층 높이의 모노레일은 주요 행사장을 효과적으로 연결합니다. 모노레일을 타고 이동하는 경험 자체가 라스베이거스 투어로, 도시경관을 즐기는 좋은 방법입니다.

또한 테슬라의 '루프(Loop)'도 운영 중입니다. 지하 터널을 통해 전기차가 다니며 사람들의 신속한 이동을 돕는 교통 시스템입니다. 라스베이거스 스트립의 높은 밀집도와 여러 이동수단들 덕분에 참가자들은 다양한 장소를 옮겨 다니며 네트워킹할 수 있습니다.

스트립의 한쪽 끝에는 메디슨스퀘어가든 그룹이 3조 원을 투입해 만든 초대형 복합상영관 '스피어(Sphere)'가 있습니다. 최대 1만 7,500명을 수용할 수 있는 이 공간은 외부 높이 100미터, 내부 스크린 높이 76미터에 달하며, 18K 화질의 영상을 제공합니다. 일반 가정에서 사용하는 최신 TV가 보통 4K 화질인 것을 감안하면, 더 스피어의 시각 경험이 얼마나 혁명적인지 짐작할 수 있습니다. 외벽은 140만 개 이상의 LED로 이루어져 있어 그 자체로 세계에서 제일 큰 광고판이자 도시의 최신 아이콘입니다.

스피어의 또 다른 특징은 음향입니다. 상영관 내부에 무려 16만 개의 스피커가 설치되어 있는데 관람객 1인당 10개씩 스피커가 배정되는 셈입니다. 이를 통해 헤드셋 없이도 좌석마다 다른 효과음과 언어를 경험할 수 있죠. 더 스피어는 단순 엔터테인먼트 공간을

●●● 라스베이거스의 스피어는 몰입형 엔터테인먼트 경험을 제공하는 구 형태의 공간이다. 거대한 LED 스크린으로 외부가 덮여 있고 내부는 18K 화질의 복합 영상 관람관이다. 최첨단 음향 시스템과 4D 기술을 결합하여 관객에게 전례 없는 수준의 시청각 경험을 선사한다.

넘어서 라스베이거스라는 도시에서의 커뮤니케이션 경험을 특별하게 만들고 있습니다. "인류는 스피어를 본 사람과, 보지 못한 사람으로 나뉜다"라는 말이 나올 정도죠.

이처럼 라스베이거스 스트립, 열두 곳의 컨벤션, 모노레일과 루프, 더 스피어 같은 특별한 인프라는 CES를 세계 유일무이한 초연결 이벤트로 만들고 있습니다.

이러한 물리적 인프라와 테크놀로지 컨벤션의 결합으로 라스베이거스는 오랜 시간 일자리 특수를 누렸습니다. 미국 도시 중 매우 드물게 테크 부문이 아닌 레저, 영화, 엔터, 건설 중심의 일자리가

도시 관측소

풍부합니다. 덕분에 지난 20여 년간 미국 도시 안에서도 일자리 증가율 최상위권을 유지하고 있죠.

최근에는 소니 픽쳐스의 CEO가 라스베이거스에 5억 달러를 투자하여 영화 스튜디오를 짓겠다고 발표했고, 워너브라더스는 9억 달러 규모의 네바다 캠퍼스 개발을 제안했습니다. 만약 두 곳의 개발이 함께 진행되면 라스베이거스에서만 영화 관련 새로운 일자리가 5만 개 이상 만들어질 전망입니다. 한 도시에 엄청난 유무형의 부가 창출되는 셈이죠. 도시에서의 특별한 커뮤니케이션이 불러온 나비효과입니다. 이런 투자를 우리나라 도시에서 유치할 수 있다면 얼마나 좋을까요?

메가시티, 도시연합, 메가리전

단일 도시의 경계를 넘어, 더 넓은 지역이 서로 연결되는 현상도 최근 주목받고 있습니다. 그 예가 바로 '메가리전(mega-region)'입니다. 비슷한 개념으로 '메가시티', '도시연합' 등이 있습니다. 이것은 두세 개 이상의 도시가 손을 맞잡으며 생기는 초광역 생활권 네트워크를 의미합니다.

이 개념의 역사는 꽤 깊습니다. 1915년 스코틀랜드의 도시지리학자 패트릭 게데스(Patrick Geddes)가 그의 저서 『진화하는 도시들(Cities in Evolution)』에서 처음 이 개념을 소개했습니다. 그는 산업화된 도시들이 물리적으로 연결되면서 일종의 도시연합을 만든다고 설명했죠. 그로부터 약 50년 후인 1961년, 프랑스의 지리학자 장 고트망(Jean Gottmann)은 이를 '메가로폴리스(megalopolis)'라고 부르며, 도시가 주변 지역과 연결되어 단일 경제 생활권으로 발전하는 현상에 주목했습니다.

　오늘날 전 세계에는 약 40개의 메가리전이 존재합니다. 미국 동부의 보스턴-워싱턴-뉴욕을 포함하는 보스-워시(Bos-Wash) 리전, 이탈리아 북부의 로마-밀라노-트리노-제노바 리전, 중국 양쯔강 하류의 상하이-항저우 리전 등이 그 예입니다. 전 세계 메가리전의 영향력은 실로 막대합니다. 세계 총 생산액의 58.9퍼센트, 글로벌 특허 출원의 76.8퍼센트, 과학저널 총 인용수의 64.9퍼센트를 차지합니다." 15년 전 데이터임을 감안하면, 지금은 그 비중이 더 늘어났을 것입니다. 글로벌 '슈퍼마인드'들은 메가리전 안의 특정 스폿에 모여 비약적인 성장을 이끌어 내고 있습니다.

　상하이와 인접 지역을 둘러보면 초광역권 형성의 실체를 느낄 수 있습니다. 상하이 난징시루 상권의 엄청난 규모, 장원(張园)·티엔화티엔수(천안천수) 등 공간이 보여 주는 세련됨, 항저우의 남송어가와 청하방 옛 거리처럼 잘 보존된 역사문화 환경, 편리한 교통 인프라와 슈퍼앱(위챗, 알리페이 등)의 광범위한 활용에 놀라움을 금할 수 없죠.

성공적인 메가시티의 조건

　　　　　　　　　　　　우리나라에도 이미 메가리전이 있습니다. 바로 서울과 경기도를 포함하는 수도권입니다. 이곳은 순수 시가지 면적만 해도 2,240제곱킬로미터에 달하며, 이는 서울 시가지 면적의 6.2배에 달하는 거대한 규모입니다. 최근 서울과 김포의 행정구역 개편 논의가 '메가시티'라는 이름으로 진행되다가 사실상 중단되었습니다. 이미 김포를 포함한 서울권역은 하나의 생활권입니다. 연결을 통한 진화라는 콘텐츠 없이 정략적으로 추진되는 행정구역 통합은 설사 이루어지더라도 큰 의미가 없습니다. 지난 2024년 12월에는 충청광역연합이 공식 출범했고, 각종 통합시 출범과 지역 연계 논의도 진행 중입니다.

오히려 수도권은 이제 비수도권 지역과의 '원격 연합'을 추구해야 합니다. 게다가 물리적으로 인접해야만 두 도시가 연결되는 것도 아닙니다. 우리나라는 이미 철도로 잘 이어져 있으니, 서울권역에서 공간 확보가 어려운 가치사슬 일부나 규제에 막힌 산업 활동, 이동성이 우수한 교육기관이나 컨설팅 인력의 전문성을 유동화시켜 비수도권의 역세권 지역과 연결하자는 제안입니다.[12] 여기서 잊지 말아야 할 점이 있습니다.

- 메가시티의 본질은 단순 연합이 아니다
- 핵심은 '연결을 통한 진화'다
- 각 지역이 가진 고유한 강점을 연결하여 새로운 경제와 사회 혁신 프로세스를 만들어 내야 한다

기계적인 연결이나 조율되지 않은 연합은 규모만 커 보이지 실체가 없습니다. 만남을 통해 해결할 문제가 뚜렷하고, 연결을 통한 진화의 역량이 갖추어져야 합니다. 성공적인 메가시티화는 아래 세 가지 조건을 충족해야 합니다.

- 1+1+1=X >3 → 과거 독립된 지역들이 협력, 선의의 경쟁, 시너지 창출의 관계로 바뀌면서 FADE 모델의 인재, 자본, 인프라의 상호작용 증가
- 행정 혁신과 규모의 경제 실현으로 단위 인구당 공공서비스 비용은

감소, 하지만 시민들이 체감하는 삶의 질은 오히려 향상
- 도로 등 하드인프라 중심의 공급이 아닌, 광역 차원의 A(매력), D(다양성), F(유연성) 개선을 통한 가치 창출

연합이든 통합시 출범이든 이 세 가지 조건이 충족되면 의미 있는 변화를 기대할 만합니다. 반대로 말하자면 단순히 행정구역을 합치거나 정책 회의를 함께 하고 교통망을 연결하는 것만으로는 부족합니다. 물리적으로 커지는 게 축소 시대에 유효한 성장법은 아니기 때문입니다.

광역철도망 연장이나 방사형 도로망 건설, 지방 신공항 조성 등 하드인프라 건설을 통한 지역 발전의 도모는 과거 산업화 시대에 더 적합한 방식입니다. 사람과 산업이 도시로 모이는 엄청난 구심력이 있을 때 더 많은 인프라를 공급해 클러스터를 만드는 것입니다. 사실 인프라 건설은 땅과 자본만 확보되면 어렵지 않은 사업이죠. 쉬워 보이는 길이 제일 위험한 법입니다.

저성장 기조 확대와 인구 감소로 공급이 성장을 이끄는 시대가 저물어 가고 있습니다. 지금은 과거보다 모든 면에서 작아지는 상황에 적응해야 합니다. 도시에서 인구가 줄어드는 배경은 매우 다양합니다. 좋은 일자리의 유출, 육아 환경 악화, 필수 의료 서비스의 폐업, 대중교통 불편, 집값 상승 등 여러 요인이 복합적으로 작용하죠. 따라서 인구가 줄어드는 이유와 맥락을 충분히 이해하지 않고 '우리 모두 힘을 합쳐 인구 위기를 극복하자' 같은 일차원적 선언은 무척 위험합니다. 맥스웰 하트(Maxwell Hartt)의 말처럼, 도시가 겪고 있는 인구 감소의 맥락을 면밀히 살피지 않으면 우리는 새로운 미래를 모색할 기회 자체를 박탈당할 수도 있습니다.[13] 인구 감소의 맥락에 맞는 '적정 규모'의 생활권 운영, 남는 토지나 건축물의 창의

적 활용, 공동체 기반의 강소경제 운영 등 다양한 방향으로 도시의 지속가능성을 도모해야 합니다.

연결을 통해 누가 어떻게 진화할지, 무너짐과 사라짐을 방치하지 않으려면 어떤 공동 행동이 필요한지, 공진화의 방향성은 어떻게 조절할지에 관한 세심한 기획이 필요합니다. 인구 감소의 시대에는 이런 기획에 탁월한 사람이 시대를 이끌게 되는 것이고요.

안동의 맘모스제과와 독일의 파버 카스텔

연결을 통한 진화를 보여 주는 또 다른 분야로 가업 승계 비즈니스를 들 수 있습니다. 여기서는 도시나 마을 안에서 가족의 생업이 이어지는 경우를 살펴보겠습니다.

우리나라에서 가업 승계형 비즈니스가 특히 많은 곳이 경상북도 안동입니다. 안동은 도시 자체가 하나의 브랜드입니다. 한우, 사과, 파프리카, 소주, 찜닭, 간고등어, 한지 등은 안동산이라는 이유만으로 높은 프리미엄을 인정받습니다. 이들 중 상당수가 가업 승계 형태로 이어져 오고 있죠.

간고등어구이로 유명한 일직식당은 2세대 운영자가 간잽이의 명성을 이어 가고 있으며, 전국 3대 빵집 중 하나로 꼽히는 맘모스제과는 1974년 개장 후 2대째 운영되고 있죠. 명인 안동소주는 박재서 명인부터 아들, 손자까지 3대가 함께 운영하며 500년 전통의 안동소주를 세계화하는 데 힘쓰고 있고, 고택 체험을 제공하는 지례예술촌은 지촌(芝村) 김방걸의 후손들이 직접 운영합니다.[14] 안타깝게도 2025년 봄 발생한 산불로 지례예술촌 건물 10채 중 8채가 불타 없어졌습니다.

가업을 이어받는다고 해서 과거 전통만 고집하는 게 아닙니다. 새로운 세대의 감각으로 맛과 젊은 문화를 결합하고, 온라인 예약·판매를 통해 업을 현대화하는 데 앞장섭니다. 그럼에도 가업 승계 비즈니스는 한계가 있습니다. 친족 네트워크 밖에 있는 전문가가 경영에 참여하기 어렵고, 업역 확장에도 제약이 큽니다. 단순히 자식이 부모의 일을 이어받는 좁은 의미의 연결을 넘어서야 합니다.

전국에 명맥이 끊어질 위기에 처한 수많은 일터와 가게가 흩어져 있습니다. 공구 상가부터 소재·부품·장비업 공장들, 조선업이나 건설업 현장, 임산물 재배지나 천일염 생산지에 이르기까지 그 종류도 다양하죠. 이들 비즈니스에서 혈연의 경계를 넓혀 업이 소멸하기 전에 장인과 후계자를 이어 주는 게 지역 소멸을 막는 가장 효과적인 방안 중 하나라고 생각합니다. 한 지역에서 인구가 아닌 비즈니스와 기술 노하우의 연속성을 지키는 것이죠. 이를 위해서는 가업 승계자에 대한 지원이나 교육과 함께 산업 가치사슬 안에서 현대적인 감각으로 수익을 낼 만한 부분을 잘 선별해야 합니다.

독일에도 비슷한 사례가 있습니다. '미텔슈탄트(Mittelstand)'라 불리는 강소기업들인데요. 주요 마을마다 세계 시장점유율 최상위권의 기업이 하나씩 있다고 할 정도로 미텔슈탄트 회사는 독일 곳곳에 뿌리박혀 있습니다. 가족 경영에서 시작하여 이윤이 나는 부문을 후손이나 지역 후계자에게 넘겨주며 성장하고 있습니다.

프리미엄 가전제품 제조사인 밀레(Miele)는 1899년 설립 후 오늘날 창업 가문의 4세대 후손들이 공동 경영을 하고 있습니다. 명품 필기구 브랜드 파버 카스텔(Faber-Castell)은 270여 년간 가족 경영 전통을 이어 가는 독일의 히든 챔피언입니다. 모두 미텔슈탄트 기업들로, 기업이 마을의 생명줄이라는 의식을 갖고 있습니다. 기업 대표는 은퇴하기 전에 회사를 이어 줄 후계자를 찾는 것을 최우

도시 관측소

선 과제로 삼습니다. 기업의 영업 단절이나 숙련된 장인의 은퇴가 그동안 쌓인 기술 자산과 일자리의 소멸로 이어짐을 미리 경계하는 것이죠.

안동의 가업 승계형 비즈니스나 독일의 미텔슈탄트 사례는 연결의 중요성을 보여 줍니다. 한 지역의 사람들이 줄어들수록, 남아 있는 사람들에게 경쟁보다 공존이, 수요보다 사람이, 승패보다 관계 형성을 통한 진화가 더 중요합니다.

OBSERVATORY TALK

팬데믹 시대에 도시에서 생존하기

#통제가 야기한 고통

관식 코로나19 공포가 기억 너머로 사그라든 지 벌써 몇 년이 흘렀네요. 당시 전례 없는 봉쇄를 겪었는데, 그중에서도 인도 정부의 대응이 특히 극단적이었다고 하더군요. 그때 분위기가 어땠나요?

애순 맞아요. 인도는 14억 인구를 대상으로 전면 봉쇄를 단행했는데, 생필품 구입을 제외하고는 외출 자체가 불가능했습니다. 무단 외출 시 경찰이 몽둥이를 휘두르기도 했고, 길거리에서 시민들에게 얼차려 같은 물리적 제재를 가하는 모습도 목격됐습니다. "국가가 바이러스를 잡아야 하는데, 선량한 국민들만 때려잡는다"라는 비판이 커졌고, 국민들의 반발도 만만치 않았습니다.

관식 이렇게 극단적인 조치는 결국 경제 전반에도 큰 충격을 줬겠군요?

애순 인도 통계청에 따르면, 2020년 4월부터 6월까지 GDP가 전년 동기 대비 23.9퍼센트나 감소했고, 실업률도 급등했죠. 정말 심각했던 건 도시의 취약계층이었습니다. 급작스러운 봉쇄로 이주 노동자들이 일자리를 잃고, 기차나 버스 운행도 중단되니 수백 킬로미터를 걸어 귀향하는 '이주 노동자 대이동'

도시 관측소

사태가 벌어졌어요. 식량 조달이나 의료 지원 같은 기초 대책도 마련되지 않았습니다.

관식 결국 폐쇄성이 만연한 시스템이 위기 상황에서 더 적나라하게 드러났다고 볼 수 있겠군요.

애순 맞습니다. 단순히 코로나19 방역이 서툴렀다기보다는, 관료 집단의 권위주의와 사회적 폐쇄성이 그대로 폭발한 거죠. 지금도 정부는 힌두 민족주의를 앞세워 언론과 인터넷을 통제하고, 소수자나 여성 탄압을 이어 왔습니다. 언론에서 경찰의 폭력 사례를 보도하려 해도 검열·차단되는 경우가 잦고요. 의료 인프라가 빈약한 곳에서는 환자들이 병원 앞에서 치료 한번 제대로 못 받고 사망하는 일도 속출합니다.

관식 정말 안타까운 일들이 일어났네요. 그럼 권위적 통제에 의존하는 사회는 위기에 어떻게 대응하고, 또 어떻게 회복한다고 말할 수 있을까요?

애순 한 사회의 안정을 위한 수단으로 강압적 통제가 사용된다면, 결국 문제에 대한 대응은 거칠고 누군가의 희생을 강요하게 됩니다. 회복 속도도 훨씬 느리죠. 빈곤층을 비롯한 취약계층이 가장 큰 희생을 치르게 되고, 결과적으로 사회 갈등은 심화됩니다. 이건 인도만의 이야기가 아니라, 권위주의적 기조가 강해지면 어느 국가나 겪게 될 수 있는 문제입니다.

관식 결국 극복의 열쇠는 무엇이라 보시나요?

애순 개방성과 소통이죠. 폐쇄적인 사회는 위기에 취약하고, 압박이 이어지면 갈등이 커집니다. 회복도 지체되고요. 위기가 닥쳤을 때 정부와 시민이 어떻게 소통하고 협력할지, 기본적 인권과 생존을 어떻게 보장할지에 대한 제도와 문화가 마련되어 있어야 합니다.

#코로나19가 바꾼 이동의 표준

관식 코로나19를 돌이켜 보면, 자유롭게 이동하던 우리의 일상이 얼마나 크게 흔들렸는지 새삼 느껴지네요.

애순 맞습니다. 도시 설계를 업으로 삼는 이들에게도 충격이었어요. 그동안 사람과 사람 사이의 거리를 좁히는 데 집중해 왔는데, 갑자기 '격리'가 기본이 됐으니까요. 실제로 2020년 4월 한 달 동안 전 세계 항공편 이동은 75퍼센트, 물류는 60퍼센트, 차량 통행은 41퍼센트, 심지어 보행 이동도 27퍼센트나 줄어들었습니다. 2020년 한 해 전체로 보면 글로벌 항공 이동 거리가 66퍼센트 감소했는데, 지난 50년간 15년마다 이동 거리가 두 배씩 늘어 온 추세와 비교하면 정말 놀라운 하락이죠.

관식 이렇게 이동이 급감하면 도시의 패러다임 자체가 뒤흔들리는 거 아닐까요?

애순 사실 우리가 몸담은 도시는 애초 팬데믹 상황을 고려하여 디자인되지 않았습니다. 현대 도시는 대면과 실시간 만남을 전제로 용도를 구분하고 군집 비즈니스를 활성화하기 위해 설계되었죠. 코로나19는 이런 기틀을 흔들어 놨습니다. 자유로운 이동이 당연했던 도시 표준이 봉쇄 중심의 세계관으로 교체되면서, 도심부나 공공시설을 '위험 지역'으로 인식하는 현상이 나타났죠. 감염 위험이 어느 정도 줄어든 뒤에도 도시는 꽤 오랫동안 정상적으로 작동하지 못했습니다.

관식 우리나라 사례도 궁금합니다. 코로나19가 한창일 때 서울권역 지하철 이용량은 어떻게 변했나요?

애순 코로나 이전에는 서울과 수도권 600여 개 지하철역에서 일

도시 관측소

주일 평균 약 5,000만 명이 누적 승차했어요. 그런데 2020년 1차와 2차 유행 시기엔 이 숫자가 3,000만 명 수준까지 떨어졌고, 3차 유행이 본격화된 12월 말에는 연말임에도 2,700만 명까지 줄었습니다. 주간 이용량이 크게 출렁인 거죠.

관식 아, 그러면 줄곧 하락하기만 한 건 아니었나요?

애순 방역 상황이 잠시 나아지면 지하철 이용이 회복되다가, 유행이 번지면 다시 뚝 떨어지는 식으로 변동을 반복했습니다. 특히 2020년 4월 초부터 5월 말은 일일 신규 확진자가 30명 이하로 꽤 안정적이었음에도, 지하철 이용은 전년 대비 30퍼센트 정도 감소한 상태였어요. 감염 위험이 어느 정도 해소되어도 예전처럼 일상으로 완전히 복귀하기까진 상당한 시차가 발생한다는 걸 보여 준 사례죠.

관식 도시 이동 감소가 남긴 경제적·사회적 후유증도 만만치 않았을 것 같은데요.

애순 맞습니다. 2020년 3월부터 5월까지 석 달간 지하철 승차 인원이 2억 5,800만 건 정도 줄었는데, 하루 평균 약 290만 명이 지하철을 덜 탔다는 의미예요. 1회 탑승으로 1인당 1만 원의 경제적 가치를 창출한다고 단순 가정하면, 매일 290억 원의 사회적 손실로 이어진 셈입니다. 이외에도 해외에선 차량 운행거리가 줄었는데도 불구하고 교통사고 사망자가 늘어나는 역설적 현상이 나타났어요. 고립과 불안감이 쌓이다 보니 안전운전보다 과속, 음주운전, 안전벨트 미착용이 증가해 심각한 결과를 낳은 거죠.

관식 경제가 침체하면 일반적으로 교통량과 사고도 동반 감소하지 않나요?

애순 보통 그렇죠. 실업률이 오르면 교통량이 줄어들고, 그 결과 사고도 줄어드는 게 과거의 일반적인 패턴입니다. 하지만 코로나19는 전례 없는 고립 상황을 초래해, 운전자들의 운전 행태가 위험해지는 특별한 양상을 보였습니다. 결국 이동이 줄었어도 교통사고 치명률은 오히려 높아졌다는 점에서, 코로나19가 사회·심리적 측면에도 크나큰 영향을 미쳤음을 알 수 있습니다.

#팬데믹 시기에 왜 사업체가 증가했을까

관식 그렇군요. 한국에서도 코로나 블루로 인한 무기력, 고립감, 정서 불안정이 많이 나타난 것으로 기억합니다. 화제를 조금 바꾸어서, 코로나19로 인해 이동량이 크게 줄어든 지역들이 꽤 있었습니다.

애순 맞아요. 지하철 승차 인원을 기준으로 살펴보면 무척 흥미롭습니다. 서울에서 승차 인원 저하가 가장 심했던 곳은 경마공원이 89퍼센트, 인천공항은 82퍼센트, 이태원과 서울역은 70퍼센트, 명동은 67퍼센트, 홍대입구는 60퍼센트, 고속버스터미널은 55퍼센트 감소했죠. 이곳들은 대체로 광역교통의 허브이자 출입국 이동이나 장거리 교통의 거점인 경우가 많습니다. 나아가 외국인이나 원거리 소비자를 대상으로 하는 주요 상권에 해당하는 경우도 있었죠.

관식 특히 상권도 큰 타격을 받았다고 들었습니다.

애순 서울시 1,600여 개 상권의 식음료 신용카드 매출액을 전년과 비교해 보니, 서울 전 지역에서 매출액이 감소했습니다. 특히 홍대, 명동, 북창동, 이태원 등 도심부 발달 상권의 소비 감소가 심각했죠. 그중에서도 소상공인 자영업자들의 피해가 심했고요. 2020년의 경우 전국 소상공인 사업체 수는 전년 대비 13만 1,000개가 증가했지만, 관련 종사자 수는 약 87만 명이나 급감했습니다. 이는 기존 사업체들이 종업원을 해고하고 사장 혼자 가게를 운영하거나, 20~30대 청년들과 조기 은퇴자들이 1인 창업 전선에 나섰다는 의미예요. 사업체 수는 늘었지만, 종사자 수와 매출액이 큰 폭으로 줄어드는 전형적인 '한계산업' 패턴을 보였습니다.

관식 한때 인기가 많던 음식점들도 정상 영업만으로는 유지하기 어렵다니 무섭네요. 그렇다면 2020년 당시 상대적으로 타격이 덜한 곳은 있었나요?

애순 아무래도 일자리가 집적된 업무 중심지나, '안전하다'는 인식이 있는 프리미엄 주거지 주변의 상권은 비교적 덜 위축되었어요. 서울로 치면 역삼에서 선릉으로 이어지는 테크·업무 단지, 구로·가산 디지털단지, 여의도 같은 대규모 직장 밀집 지역이 그랬습니다. 이들 일자리 중심지는 코로나 이전 대비 승차 인원 감소가 20퍼센트 이내로 비교적 적은 편이었습니다. 그리고 대치동·목동·상계동처럼 주거 수준이 높고 교육·여가 시설이 함께 밀집한 지역은 코로나 이전 대비 생활인구가 오히려 10~40퍼센트까지 증가했습니다.

관식 중심지나 일부 주거지 밖에 있는 대부분의 상권은 큰 타격을 입었다고 봐야겠네요.

애순 대체로 그렇지만, 예외도 있었습니다. 종로구 익선동의 코로나 첫해 매출액이 전년 대비 7.2퍼센트 증가했고, 연남동(경의선숲길 인근)은 5~10퍼센트 정도 늘었죠. 홍대입구 인근이 침체한 동안에도 그 옆 망리단길은 7.4퍼센트, 망원시장 일대는 3.3퍼센트 상승했어요. 이런 곳들은 대체로 주거 배후지 역할을 하면서, 팬데믹 기간에도 일상 소비가 꾸준히 이어진 것이 강점이었어요. 또 경의선숲길이나 한강공원처럼 야외 녹지 공간과 가까워, 산책과 테이크아웃 등으로 소비 수요가 몰렸죠. 게다가 SNS를 통해 젊은 세대가 지속 유입되면서, 오히려 팬데믹이 상권의 개성을 더욱 부각시켜 준 측면이 있습니다.

#도시가 고정관념을 벗어나는 법

관식 코로나19가 직장 문화에도 미친 영향이 상당히 컸죠.

애순 맞아요. 재택근무나 탄력근무제 같은 유연근무가 꽤 자리 잡았습니다. 일부 직종의 경우 집이나 공유오피스, 카페 등 원하는 장소에서 회사와 합의된 업무만 소화하는 게 보편화되었습니다. 전통적인 출근 문화가 약화되면서, 업무 시간이나 장소도 이전보다 훨씬 탄력적으로 운용되고 있어요. 물론 우리나라는 여전히 사무실 중심 대면 근무의 비중이 높은 편입니다. 그럼에도 예전처럼 "자리만 지키면 직장에서 인정 받는다"는 식의 시대는 점차 끝나 가고 있습니다.

관식 아무래도 그만큼 도시의 일상도 달라질 것 같은데요.

애순 어떤 도시는 경제구조나 공간 활용이 탄력적이어서 팬데믹을 오히려 성장의 기회로 삼았습니다. 반면 다른 도시는 봉쇄나 소비 위축으로 직격탄을 맞기도 했죠. 저는 이를 '도시 격차(Urban divide)'라고 부릅니다. 이미 코로나19 전후로 혁신·소비·일자리 측면에서 격차가 커졌고 지금도 진행 중입니다.

관식 그러고 보니 요즘 '15분 도시' 같은 개념이 주목받고 있잖아요. 멀리 이동하기보다 나의 생활권 안에서 걷거나 자전거를 이용해 모든 걸 해결한다는 아이디어인데, 어떻게 생각하시나요?

애순 콘셉트 자체는 매력적입니다. 현실적으로 보면, 기존 시가지나 이미 개발된 지역은 유해 업종을 빼면 용도나 시설 입지 제한이 그리 많지 않아요. 그래서 15분 도시라는 간판만 붙인다고 도시가 획기적으로 달라지진 않습니다. 공공의 일방적인 지원으로 15분 생활권을 만드는 것도 한계가 있습니다. 결국 도시 구조의 재편과 함께 사회적 운동, 집과 직장 주변에 대한 시민들의 관심, 민간 투자가 잘 결합해야 조금이라도 의미 있는 변화가 나타날 것입니다.

관식 해외 사례가 있나요?

애순 덴마크의 코펜하겐은 1960년대부터 스트뢰에 거리를 보행 전용으로 바꾸기 시작해 복합 생활권을 확장 중이고, 스페인의 바르셀로나 엑샴플라 지역에선 슈퍼블록 프로젝트로 동네 곳곳의 외부 활동 공간을 확대하고 있습니다. 이런 사례는 도시가 공간을 보다 유연하게 활용함으로써, 단일 용도라는 기능의 속박으로부터 벗어나는 데 도움을 준다고 할 수 있죠.

PART 3. 움직이는 도시, 새로 쓰는 규칙들

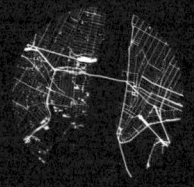

도시는 불완전한 과거와 불확실한 미래를 연결하는 덜컹대는 고리입니다. 그래서 지금의 도시 모습은 결코 완벽하지 않죠. 과거의 기준에서 비롯된 현재의 조건은 미래 사람들의 삶의 수준이나 미시적 경험의 질을 온전히 설명하지 못합니다. 매력적인 환경에 대한 사람들의 기준과 가치도 시간에 따라 변할 것이기 때문입니다. 나아가 새로움이 세상에 선보이는 방식은 과거와는 비교할 수 없을 정도로 초범주적으로 전개될 것입니다. 그 결과, 도시의 '유동화' 현상은 더욱 두드러질 것입니다.

CHAPTER 8. 유동화

애플과 무신사의 공통점, 그리고 도시의 비밀

차이, 기대, 자극으로 가득찬 사회

현대 사회에서 개인은 전통적인 가치나 조직의 규율, 공동체의 속박에서 한층 자유로워졌습니다. 물론 직장이나 조직에 묶여야 하는 현실은 여전하지만, 업무 시간 외에는 각자의 취향과 판단에 따라 개성 넘치는 일상을 살아가죠. 그에 따라 사회는 모자이크처럼 다채롭고 유연하게 변하고 있습니다.

같은 세대나 지역, 혹은 직업이라는 이유만으로 '비슷한 사람'일 거라고 짐작하기보다, 이제는 모두가 서로 다르다고 보는 편이 더 현실적입니다. 이른바 '만인에 대한 만인의 차이'가 펼쳐지고 있기 때문입니다. 제가 학교에서 마주하는 학생들만 봐도 비슷한 나이대라는 공통점보다 각자의 개성과 차이점이 훨씬 도드라집니다. 탈규격성이 사회 전반에 확산하고 있다는 증거입니다.

이러한 차이와 다양성은 사회 전반으로 확장되고 있습니다. 현대 사회는 차이의 보편화, 새로움에 대한 기대감, 강렬한 자극으로 가득합니다. 우리는 변하지 않는 것, 둔한 것에 대한 인내심이 예전만 못해졌고, 깨어 있는 시간을 더 큰 자극으로 채우려 합니다. 프랑스 작가이자 철학자 폴 발레리(Paul Valéry)는 이렇게 말합니다.

> "끊임없는 방해, 조화를 깬 단절, 뜻밖의 놀라움이 이제 우리의 일상이다. 갑작스러운 변화와 새로워지는 자극을 삶의 원동력으로 삼는 사람들도 늘어났다. 우리는 더 이상 오래 지속되는 단조로움을 견디지 못한다. 지루함에서 새로운 가치를 길어 내는 법마저 잊어버렸다. 결국 핵심 질문은 '과연 인간의 정신이 만들어 낸 것을 앞으로의 사람들이 충분히 이해하고 체득할 수 있을까?'라는 것이다."

이 말은 사회학자 지그문트 바우만(Zygmunt Bauman)이 『액상화된 근대(Liquid Modernity)』에서 인용해 더욱 유명해졌습니다.[15] 바우만은 현대 사회 전체가 빠르게 액상화되고(Liquid) 있다고 말합니다. 유동화된 사물이나 감각은 오랜 시간 같은 모습을 유지하지 않습니다. 가볍고 쉽게 움직이며, 정해진 패턴이나 시스템을 당연하게 여기지 않죠.

'유동적 감각'이 유행을 지배하는 시대, 우리는 뿌리나 전통이 없어 보이는 무엇인가를 더 이상 의심 어린 눈으로 보지 않습니다. 어차피 세상이 아찔할 만큼 빠른 속도로 변하고 있고, 유행도 돌고 도는 탓에 굳이 그 존재의 근원이나 계보를 따지지 않는 것입니다.

공간의 유동화와 성수동

그렇다면 이 '유동화'는 구체적으로 어떻게 공간 속에서 드러날까요? 도시나 지역이라는 물리적 환경은 한 번 형성되면 쉽게 바꾸기가 어렵습니다. 비용 부담은 물론, 많은

●●● 제화 · 인쇄 등 경공업 중심지였던 성수동은 어느새 대한민국에서 가장 '힙'한 동네로 급부상했다. 구조의 탈중심화와 개체의 초개별화, 공간 이용의 유연화 등을 잘 보여 준다.

이해관계자의 권리가 얽혀 있기 때문입니다. 그럼에도 최근에는 토지와 자산을 활용하는 방식, 그리고 자본과 사람들의 관심이 과거보다 훨씬 가볍고 유연해졌습니다. 바우만이 말한 '액상화된 근대'가 공간 차원에서 실현되는 것이죠.

한 지역이 오랫동안 간직해 온 고유한 성격이 순식간에 새롭게 재편되고, 어제까지 평범하던 동네가 오늘은 힙한 플레이스로 떠오릅니다. 예전에는 쉽게 바뀌지 않을 것 같았던 지역성, 상권, 학군, 업무 중심지나 관광지의 특성도 점점 흔들리고 있습니다.

개발주의 시대에는 특정 지역을 '선택과 집중'으로 특화해 성장시키는 전략이 일반적이었습니다. 그러나 요즘은 구조의 탈중심화와 개체의 초개별화, 공간 이용의 유연화가 뚜렷하게 나타나면서, 기존의 경직된 개발 패턴이 잘 작동하지 않습니다.

이런 흐름을 가장 잘 보여 주는 사례 중 하나가 바로 '성수동'입니다. 제화·인쇄 등 경공업 중심지였던 이곳은 어느새 대한민국에서 가장 '힙'한 동네로 급부상했습니다. 특히 오프라인 공간을 '변화할 수 있는 채널'로 적극 활용했다는 점이 주목할 만합니다. 기존 상권은 보통 고정된 매장에 제품 구성과 디스플레이만 바뀌는 방식이었는데, 성수동에서는 매장 내부를 기획 전시처럼 자주 바꾸거나 팝업 스토어 형태로 운영하는 모습이 흔합니다. 덕분에 사람들의 관심과 시간이 몰려들었고, 그 결과 여러 기업과 스타트업, 공유 오피스, 새로운 주거 단지까지 뒤이어 자리를 잡았습니다.

최근 성수동의 일부 지역은 '무신사 타운'으로도 불립니다. 2019년 무신사가 성수동에 첫발을 내디딘 뒤 불과 3년 만에 본사를 성수로 옮기고, 지금까지 여덟 곳의 부지를 매입하거나 새 건물을 짓고 있습니다. 무신사 블랙프라이데이 시즌이 되면 아차산로 뒷길은 거대한 현수막과 팝업 스토어들로 가득 채워집니다. 이 모든 일

●●● 뉴욕 맨해튼의 베드타운이던 브루클린은 예술가들의 실험실이자 힙스터 타운으로 떠오른 후 지금은 문화의 용광로가 되었다.

이 불과 5년이라는 짧은 시간에 벌어진 변화입니다.

뉴욕 맨해튼의 베드타운이던 브루클린은 예술가들의 실험실이자 힙스터 타운으로 떠오른 후 지금은 문화의 용광로가 되었고, 런던의 쇼디치는 쇠락했던 공장 지대에서 언더그라운드 예술의 현장으로, 나아가 테크 스타트업과 고급 상업지구가 공존하는 곳으로 재탄생했습니다. 도쿄 시부야 역시 하위 문화와 스크램블 교차로의 상징성이 결합해 끊임없이 변주를 거듭하고 있습니다.

결국 오늘날 차이, 기대, 자극으로 가득 찬 사회는 도시 공간에도 그대로 투영됩니다. 사람들은 오래된 규격과 시스템을 타성적으로 따르지 않고, 자기만의 개성과 필요에 따라 장소를 발견하고 소비합니다. 그 결과, 도시 공간은 과거에 비해 훨씬 더 짧은 주기로 유행하고 변형됩니다. 바우만의 액상화된 근대가 이제는 도시와 공간 전반에서 일상적으로 확인될 정도가 된 것입니다.

　이처럼 빠르게 유동하는 공간에 익숙해진 우리는, 때로는 조직이나 전통의 보호가 주는 안정감을 동시에 갈망하면서도 막상 그 속박에 스스로를 맡기길 주저합니다. 이는 개인이 자신을 중심에 두고 공간과의 관계를 '필요한 만큼'만 맺은 뒤 곧바로 흩어지는 현대 사회의 특징을 닮았습니다. 최근 도시 공간의 유동화가 보여 주는 현상은, 더 가벼운 감각과 변화의 속도를 삶의 원동력으로 삼고자 하는 우리 시대의 집단적 욕망을 반영하고 있습니다.

입지 재구조화와 스마일링 커브

　　　　　　　　도시의 유동화에는 여러 가지 요인이 있지만, 그 근본에는 자본과 산업의 가치사슬 변화, 그리고 그에 따른 입지 재구조화라는 뚜렷한 동인이 존재합니다.

　20세기 중반까지 산업화 시대에 기업이 가장 큰 가치를 만들어 내는 단계는 '제조'였습니다. 공장에서 부품을 조립해 완제품을 생산하고 이를 가공·포장하는 과정이죠. 효과적인 제조를 위해서는 공장을 건설할 토지와 자금을 확보하고, 생산설비 라인을 효율적으로 구축해야 합니다. 여기에 노동력을 대거 투입해 신속 정확하게 제품을 생산·납품하는 것이 중요했습니다. 이를 효율적으로 수행하는 기업은 높은 부가가치를 올릴 수 있었죠.

　하지만 21세기 지식 기반 경제에서는 이 흐름이 뒤집혔습니다. 단순히 물건을 조립하고 가공하는 일의 부가가치가 크게 떨어졌습니다. 물론 모든 기업에서 생산을 통한 매출이나 영업이익이 낮아졌다는 뜻은 아닙니다. 자동차나 반도체처럼 기술 집약적인 제품의 수요는 여전히 높습니다. 하지만 생산 기반은 더 저렴하고 넓은 곳으로 이전할 수 있게 되었고, 물류 비용도 낮아졌습니다. 이로 인해 생산 단가 경쟁력에서 밀린 많은 제조업체가 경영난 끝에 문을 닫거나, 업종을 전환해 가까스로 살아남는 경우가 늘었습니다.

그렇다고 해서 제조업과 관련된 모든 가치사슬이 무너진 것은 아닙니다. 오히려 물건을 제조하기 이전 단계와 이후 단계의 부가가치가 크게 높아졌습니다. 이전 단계는 특허 출원을 통해 제품의 원천기술을 개발하고, 작동 효율을 높이며, 새로운 브랜드를 구축하고, 디자인을 고도화하는 과정을 말합니다. 이후 단계는 제품을 꼭 필요한 수요 기업에게 판매하고, 감성적인 마케팅으로 새로운 수요층을 발굴하며, 운영체제를 개발해 활용 범위를 확대하고, 최상의 고객 경험을 제공해 브랜드를 각인시키는 활동을 가리킵니다.

이렇게 지식 기반 경제에서 높은 부가가치는 기존 그래프가 역전돼, '스마일링 커브'라는 이름처럼 양 끝단이 올라간 형태로 나타납니다. 즉 제조 단계의 부가가치는 낮아진 반면, 전·후 단계의 부가가치는 크게 증폭된 것이죠.

각자도생형의 가치사슬과 도시의 유동화

세계적으로 사랑받는 기업 애플은 이런 스마일링 커브의 가치사슬 변화를 가장 잘 활용하고 있습니다. 애플은 직접 상품·서비스를 기획하고, 아이폰을 디자인하며, 판매와 마케팅, 구매 고객에 대한 서비스까지 담당합니다. 이는 지식 기

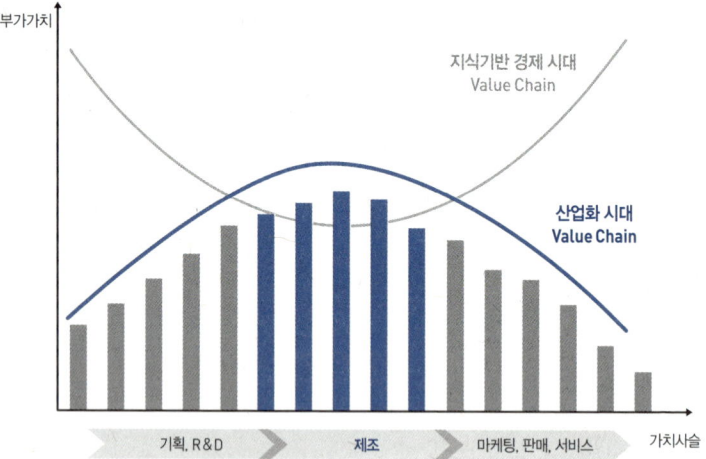

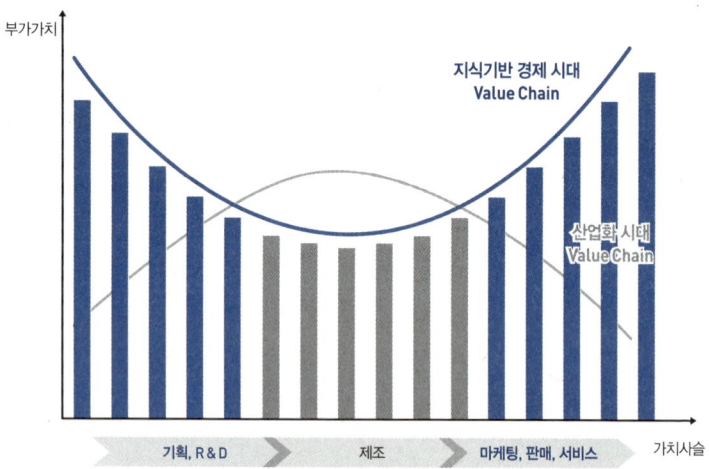

●●● 스마일링 커브. 스탠 시(Stan Shih)에 의해 고안된 '스마일링 커브'는 가치 사슬의 단계별 부가가치 창출 양상을 보여 주는 개념이다. 산업화 시대에는 제조 단계에서 가장 높은 부가가치가 발생하여 위로 볼록한 곡선을 나타냈지만, 지식기반 경제 시대로 변화하면서 R&D 및 기획, 그리고 마케팅, 판매, 서비스 단계의 부가가치가 제조보다 훨씬 높아져 양쪽 끝이 올라간 미소 짓는 듯한 곡선 형태로 변했다. *권혜인 작성

반 경제에서 높은 부가가치가 창출되는 영역이죠. 반면 제품 생산 자체는 대만의 폭스콘(Foxconn) 같은 전문 업체에 맡깁니다. 폭스콘은 전 세계에서 아이폰을 가장 많이 생산하는 애플의 위탁업체입니다.

패션 기업 무신사도 같은 맥락에서 이해할 수 있습니다. 무신사의 매출 구조를 보면 플랫폼 수수료와 상품·제품 판매가 균형을 이루고 있습니다. 직접 패션 플랫폼을 구축해 고객을 유입시키고, 입점 브랜드로부터 판매 수수료를 받습니다. 이 과정에서 축적된 판매 데이터를 바탕으로 상품성이 검증된 제품을 자체 PB 브랜드로 출시하거나, 직매입한 고급 제품도 선보이면서 플랫폼 유입과 잠금 효과를 더욱 강화합니다. 전통적인 의류 생산과 판매에만 집중하기보다 스마일링 커브상의 고부가가치 영역에서 큰 수익을 창출하는 데 성공한 것입니다.

무신사는 최근 오프라인 매장을 포함해 여러 부동산 개발에도 뛰어들었습니다. '패션 플랫폼 기업이 부동산 개발까지?' 의아해할 수도 있지만, 스마일링 커브의 시대에는 꽤 자연스러운 현상입니다. 단순히 열심히 제품을 만들어 정해진 소비층에게만 판매해서는 기업을 키우기 어렵습니다. 제품 소비 수요는 꾸준히 늘어나지 않을 수 있으니까요. 단기 매출을 확보하는 것도 중요하지만, 중장기 자산 투자와 포트폴리오 다변화도 필수적입니다.

이 같은 경향은 비단 무신사만의 이야기가 아닙니다. 과거에는 임차한 공간에서 F&B 영업만 하던 요식업 기업들도 새로운 브랜드를 만들어 자사가 소유한 건물에 '앵커'로 입점시키곤 합니다. 식당·카페 운영에 성공하면 주변 지역의 유동인구가 많아져 자산의 임대 수요도 높아집니다. 결국 건물 전체의 부동산 가치 상승으로 이어지죠. 과거 기업 대출에만 집중하던 금융기관도 이제 다른 투자자와 합작회사(joint venture)를 세워 직접 기업에 투자하고, 이익 창출에 따른 배당을 받습니다. 이처럼 가치사슬 역전의 시대에 다양한 힘이 모여 공간의 유동화를 더욱 가속화합니다. 하나의 기업이 하나의 업종, 하나의 공간 유형, 하나의 입지만 선호하던 법칙이 무너졌기 때문입니다.

최근 스마일링 커브에 또 다른 변화가 일어나고 있습니다. 첨단 기술과 로봇으로 무장한 스마트 제조의 가치가 다시금 주목받고 있는 것이죠. 공장에서는 로봇이 쉴 새 없이 움직이고, 생산 관리와 최적 물류 알고리즘 개발까지 인공지능(AI)을 활용합니다. 이를 통해 새로운 일자리와 고부가가치 직군이 생겨나고 있죠. 지식 기반 제조업의 고도화가 가져올 기술적·사회적 파급력이 새삼 다시 주목받고 있습니다.

특히 미국은 이런 흐름을 주도하고 있습니다. 전 세계 곳곳에 흩어져 있던 생산 기지들을 자국으로 불러들이는 '리쇼어링(Reshoring)'에 한창이죠. 바이든 정부가 법인세·소득세 감면과 보조금 지급을 통해 첨단 제조업의 미국 유치를 간접적으로 독려했다면, 트럼프 정부 2기는 관세와 함께 미국 밖에서 부가가치를 올리고 있는 기업을 노골적으로 압박하고 있습니다.

이런 기류 속에서 국가 간, 대륙 간 기업과 산업 관련 공간의 유동화가 발생하고 있습니다. 실제로 전 세계 여러 기업이 미국에 공장을 건설하고 있으며, 이는 제조업으로 국가 경제를 성장시켜 온 한국·대만·중국 등에게 결코 반가운 소식이 아닙니다. 전통적인 스마일링 커브에서 비교 우위를 차지하던 부문의 상당 부분이 잠식될 가능성이 있기 때문입니다.

전 세계가 자국 우선주의로 급격히 태세를 전환하고 있습니다. 이전에 추구하던 자유무역주의나 글로벌 분업 체계도 크게 흔들리고 있죠. 결국 지역과 산업마다 서로 다른 곡률의 스마일링 커브가 파편화되어 나타날 것입니다. 각자도생형 가치사슬의 논리는 앞으로 공간과 입지를 더욱 강렬하게 유동화시킬 전망입니다.

CHAPTER 9. 일자리

도시의 심장은 어떻게 움직이는가?

도시는 경제 활동의 무대

도시가 품고 있는 기능은 주거, 업무, 교육, 상권 등 다양합니다. 그런데 이중에서도 도시를 가장 도시답게 만드는 요소는 무엇일까요? 의외일 수도 있지만, 다름 아닌 '일자리'입니다. "집이 더 중요하지 않나요?"라고 물어볼 수도 있습니다. 물론 주거도 중요하죠. 다만 도시는 그저 '사람들이 사는 곳'에 머무르지 않습니다. '일'을 통해 '부'를 창출하는 거대한 경제 활동의 무대가 곧 도시입니다.

> 일자리는 도시의 심장과도 같다.
> 심장이 규칙적으로 뛰어야 온몸에 피가 원활히 돌 듯,
> 도시가 활력을 유지하려면
> '일자리'라는 심장이 힘차게 뛰어야 한다.
> 도시가 숨 쉬는지, 아니면 기운이 다했는지를 알려면
> 일자리 맥박을 먼저 살펴야 한다.

(도시 관측소)

중국 선전시의 놀라운 변신

주거나 상가도 서로 몰려 있는 경향이 있습니다. 하지만 일자리는 그보다 훨씬 더 강한 공간적 밀집을 보여 줍니다. 첨단 기업들이 즐비한 거리, 금융·보험사가 빼곡하게 들어선 도심, 그리고 미디어·엔터테인먼트 산업으로 밤낮없이 붐비는 장소는 도시의 진정한 활력을 실감할 수 있는 공간입니다.

가까운 나라 중국의 사례를 살펴보죠. 기업과 일자리의 클러스터 효과가 엄청난 규모로 나타나는 곳이 바로 중국 남부의 선전시입니다. 선전은 화웨이, 텐센트, 비야디, ZTE, 마인드레이, SF 익스프레스 등 테크 기업과 첨단 제조업체가 몰려 있는 일자리 천국입니다. 그중에서도 기업이 가장 밀집한 난산구(Nanshan)에는 증권거래소에 상장된 기업만 200여 개가 있고, 이들의 시가총액은 1조 달러를 넘습니다. 이는 10년 전보다 2.5배 높은 기업 가치를 기록한 셈이죠. 난산구의 1인당 GDP와 가구 소득은 이미 홍콩을 넘어섰습니다.

최근 선전에서 이루어진 R&D 투자는 GDP 대비 약 5퍼센트로 세계 최고 수준이며, 화웨이가 2022년에 투자한 R&D 비용만 약 1,615억 위안(미화 230억 달러)에 달합니다. 이는 애플의 연간 투자 규모와 맞먹는 수준입니다. 선전에 본사를 둔 전기차 기업 비야디(BYD)를 들어 봤을 것입니다. 비야디의 2024년 말 기준 총 일자리는 90만 개에 육박합니다. 물론 이들은 여러 곳에 흩어져 있지만, 각각의 역할을 총괄 조율하는 본부는 선전입니다. 2024년 3분기 비야디의 총 매출이 테슬라를 제쳤다는 뉴스도 발표되었죠. 전기와 내연기관을 함께 쓰는 플러그인 하이브리드 차량 개발과 세계 2위의 자체 배터리 생산 능력은 비야디가 독자적인 길을 개척할 수 있

●●● 기업과 일자리의 클러스터 효과가 엄청난 규모로 나타나고 있는 중국 남부의 선전시. 서로 다른 산업이 유기적으로 맞물리며 오늘날의 선전은 '실리콘 델타'이자 중국 일자리의 새 심장으로 불리고 있다.

게 한 강력한 무기입니다.

재미있는 것은 비야디가 선전과 광저우의 다른 기업들과 긴밀하게 협업하고 있다는 사실입니다. 비야디 차량의 자율주행 솔루션에는 또 다른 선전의 기업인 화웨이의 시스템과 통신 모듈이 적용되고, 텐센트의 클라우드 AI와 위챗(WeChat) 서비스가 비야디 차량의 인포테인먼트 기능을 책임집니다. 광저우 자동차그룹과 비야디는 전기버스를 함께 생산하고 있습니다. 서로 다른 산업이 유기적으로 맞물리며 오늘날의 선전은 '실리콘 델타'이자 중국 일자리의 새 심장으로 불리고 있습니다.

"5년 전, 선전으로 이주하는 건 모험처럼 느껴졌지만, 지금은 만족합니다. 여기에서 제 커리어가 비약적으로 발전했으니까요." 《차이나데일리》가 인용한 텐센트 UI/UX 디자이너의 인터뷰 중 한 대목입니다. 도시의 심장이 힘차게 뛸 때 그곳에서 일하는 사람들 역

도시 관측소

시 성장합니다.

　물론 일자리를 위해 모든 지역에서 선전처럼 거대 계획도시를 조성할 필요는 없습니다. 도시와 일자리가 만나는 방식은 여러 가지가 있죠. 처음에는 작은 일거리로 시작해도 괜찮습니다. 그 일거리가 재능 있는 사람을 모을 수 있다면 말이죠. 한 지역으로 사람을 부르는 것은 바로 사람입니다. 일자리를 끌어들이는 것은 다름 아닌 일과 그 일을 하는 유능한 사람들이라는 말입니다.

일자리를 끌어들이는 일자리

　　　　　　　　　　　버클리의 캘리포니아 대학의 경제학자 엔리코 모레티(Enrico Moretti)에 따르면, 한 지역에 지식 산업 일자리가 하나 생길 때마다 평균 다섯 개의 서비스 일자리가 추가로 생깁니다.[16] 이를 '일자리 연쇄창출 효과(Local multiplier effects)'라고 합니다. 모든 산업이 비슷한 효과를 내는 것은 아닙니다. 지식 집약형 고임금·고숙련 일자리일수록 일자리 파급력이 큽니다. 고급 인력의 연구·개발, 전문서비스(법률·마케팅·로봇화·물류 등) 수요가 늘어날 뿐 아니라 소비 활동도 함께 확장돼, 결국 지역 내 다양한 분야로 고용이 확대되는 것입니다. 미국 320여 개 도시를 분석한 모레티의 연구에 따르면, 지식 산업과 지역 서비스업의 일자리 증감 비율은 1대 5에 달합니다. 지식 집약형 고임금·고숙련 일자리 1개는 관련 서비스업 일자리 5개를 불러들이죠. 놀랍게도 이 '1대 5 법칙'은 우리나라에도 잘 적용됩니다.

　2017년 평택시에 세계 최대 규모의 삼성전자 반도체 공장이 들어선 이후, 약 1만 명에 달하는 생산직·연구개발직·관리직 근로자와 그 가족들이 지역 경제를 바꾸어 놓았습니다. 삼성 임직원의 소비와 생활 수요가 증가하면서 평택의 서비스 일자리는 2015년 12만 개에서 2022년 17만 7,000여 개로 껑충 뛰었습니다. 지식산업 일자리 1만 개가 추가되자, 실제로 5만 7,000개에 가까운 서비스 일자리가 새로 생겨난 셈입니다.

그렇다면 하나의 일자리가 어떻게 다른 일자리를 끌어들이는 걸까요? 일자리 연쇄 창출이 나타나는 이유는 크게 세 가지 동기로 설명할 수 있습니다.[17]

첫째는 '유사성'입니다. 비슷한 업종이 한자리에 몰리면서, 시장과 기업 환경 자체가 그 업종에 더욱 매력적인 공간이 되는 현상입니다. 이를테면 압구정에 성형외과가 밀집하면서 서로 경쟁과 협업을 통해 다양한 시술 분야가 생겨나고, 소비자는 여러 선택지를 확보하게 됩니다. 경쟁이 치열해지는 만큼 업체들은 더 나은 의료 서비스나 시술 기법을 개발하게 되고, 이로 인해 환자가 더욱 몰리는 선순환 구조가 형성되는 것입니다.

둘째는 '상보성'입니다. 겉보기에는 서로 다른 업종이라도, 가치 사슬의 일부를 공유하거나 협업이 가능한 사람들이 모여 집단적인 가치를 창출하는 현상입니다. 예를 들어, 척추 교정 전문의는 환자를 치료할 때 간호사, 운동처방사, 물리치료사, 교통사고 보험사 직원 등 다양한 직군이 필요합니다. 성수동의 카페, 패션 기업, 엔터 기획사도 비슷한 예입니다. 터줏대감 대림창고가 무신사의 세 번째 편집숍으로 바뀌고, 기획사 SM의 비주얼 디렉터가 한섬 편집숍 EQL의 광고 모델로 발탁됩니다. 성수동에 있는 음악 연습실, 음반 가게, 의상실, 패션샵, 서비스 레지던스, 굿즈 판매소, 팝업 공간은 이런 상보성을 극대화하는 역할을 합니다.

셋째는 '이종 시너지' 효과입니다. 한눈에 봐서는 전혀 상관없어 보이는 업종이지만, 같은 지역에 모여 있다가 수요와 공급이 맞물리는 순간 서로에게 도움이 되는 현상이죠. 서울 강남이나 여의도에는 IT 기업들과 벤처 캐피털이 밀집해 있습니다. 이들 회사의 직원은 이동이 잦아 택시 이용이 많고, 이동 수요를 따라 택시 기사들도 이 지역으로 모여듭니다. 그러면 자연스럽게 택시의 유지 관리에 필요한 가스와 전기차 충전소, 식당이나 휴게소도 늘어나게 됩니다. 비록 IT 기업과 직접적인 가치사슬을 공유하고 있지는 않지만, 건설회사 임원이나 편의점 아르바이트 직원들도 이 지역의 편리한 택시 서비스를 이용하게 되죠. 결국 투자자, IT 창업자, 아르바이트, 택시 운전사, 충전소 운영자 등 직종들이 모여 더욱 활기찬 금융가를 만들어 내는 것이죠.

이런 유사성, 상보성, 시너지가 맞물려 돌아가면, 한 지역에 형성된 일자리가 추가 일자리를 계속해서 끌어들이는 것입니다. 그 결과 일자리 집적도가 높은 지역의 경제적 위상은 다른 곳보다 더욱 높아지죠. 크기가 서로 다른 두 개의 눈덩이를 굴리면, 크기가 큰 눈덩이가 더 빨리 더 크게 불어나는 것과 같은 원리입니다.

마이너스 클러스터 효과

모든 지역이 긍정적 클러스터 효과를 누리는 것은 아닙니다. 한데 모여 있음에도 시너지가 없거나, 과다 경쟁으로 인해 '마이너스 클러스터 효과'가 나타나는 경우도 있습니다.

우리나라 일부 골목 상권이 대표적입니다. 상권의 쇠퇴는 소비 침체이기도 하지만 동시에 소상공인 일자리 기반의 붕괴이자 건물주 임대 소득 급감의 원인입니다. "대한민국 골목은 자영업자의 무덤"이라는 말처럼 불황이 길어지면서 상당수의 가게가 연이어 폐업하고 있습니다. 그럼에도 여전히 소자본 자영업에 뛰어드는 사람이 많아 가게 수는 늘어납니다. 그러나 정작 소비는 줄어 매출이 여러 가게로 분산되니 업체당 매출은 더욱 감소하고, 임금 지급이 어려워진 업체는 고용을 줄이거나 더 저렴한 원재료를 찾습니다. 맛과 서비스 품질이 떨어지니 결국 상권은 쇠퇴의 길을 걷게 되는 것이죠.

또 다른 문제는 경제 위기가 닥칠 때 나타나는 대량 해고 사례입니다. 2020년 코로나19 시기에 디즈니(Disney)는 테마파크 부문에서만 약 2만 8,000명을 해고했고, 2024년 8월 인텔(Intel) 역시 경영난을 이유로 1만 5,000명 감축을 선언했습니다. 이런 대기업이 구조조정을 시작하면, 그 주변에서 연쇄적으로 형성됐던 가치사슬과 일자리 또한 빠르게 붕괴됩니다.

이익을 내지 못하는 기업은 근로자를 해고하고, 사옥과 계열사를 매각해 자금을 마련합니다. 때로는 업무나 생산시설의 임차 계약을 조기 종료하여 지출을 줄이죠. 그러면 이들과 얽혀 있던 관련 일자리와 가치사슬도 연쇄적으로 무너져 버립니다.

이런 상황이 기업과 정부 간 신경전으로 번지는 경우도 있습니다. 미국 농기계 분야의 테슬라로 불리는 존디어(John Deere)가 그런 예입니다. 이 회사의 CEO는 최근 일리노이와 아이오와 공장을 폐쇄하고 대부분의 제조시설을 멕시코로 옮기는 계획을 발표했습니다. 이에 따라 많은 미국 근로자가 일자리를 잃었고, 대규모 해고가 현실로 다가오자 당시 트럼프 당선인은 이를 간과하지 않았습니다. 존디어가 멕시코로 공장을 이전한다면 미국에서 판매하는 모든 농기계에 대해 200퍼센트 관세를 부과하겠다고 경고하며 강하게 맞선 것이죠. 정말 트럼프 대통령은 관세를 전가의 보도로 활용합니다. 입지 변화를 통해 비용 절감을 노리는 기업과 일자리를 지키려는 슈퍼 정치인이 정면으로 충돌하는 모습입니다.

결국 일자리란 '일' 자체와 그 일을 수행하는 '사람들'이 만들어 냅니다. 그런데 매력적인 일이나 고소득 직장, 전문성·재능·열정을 바탕으로 일하는 사람들은 소수의 지역으로 몰리는 경향이 있습니다. 그래서 일자리의 집적 경향도 매우 크게 나타나는 것입니다. 그렇다고 시간에 따라 한 지역에만 고착되지 않습니다. 일자리는 새로운 기회를 좇아 이동하기도 하죠. 이런 현상이 지난 20년 동안 매우 활발하게 나타난 지역이 바로 서울과 수도권 지역입니다. 지난 20년간 서울권역에서 일자리 중심지가 이동해 온 과정을 살펴보면, 크게 세 가지 유동화 흐름을 확인할 수 있습니다.

다핵화

첫째는 중심지의 '다핵화(polycentricity)'입니다. 기존 강남·광화문·여의도·구로 등 소수의 도심부에 집중되었던 일자리가 상암·마곡·용산·성수·판교·광교·동탄·광명·시흥·용인 등 20곳 이상의 다양한 지역으로 확산되었습니다. 이러한 현상을 중심지의 다핵화라고 하는데, 여러 개의 자립적이고 일부 상호보완적인 중심지들이 하나의 도시권 안팎에 생겨나면서 도시 기능이 분산되거나 업종과 활동 간의 위계가 재편되는 과정을 말합니다.

다핵화의 가장 큰 장점은 특정 도심에만 경제 활동이 집중되는 것을 방지함으로써, 임대료 상승·교통 혼잡·주거 불안정을 일정 부분 해소한다는 점입니다. 특히 서울의 우수한 입지와 인재 접근성을 필요로 했던 기업과 기관들은 기존 도심이 아니라도 안정적으로

2000~2020년 서울과 수도권의 일자리 수 변화

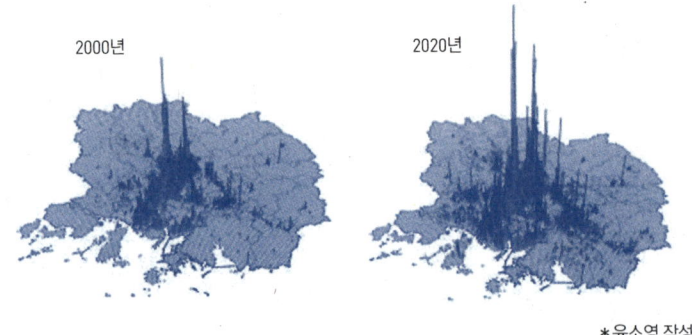

*윤소영 작성

자리를 잡을 수 있게 되었고, 이로써 전체적인 일자리 규모와 생산성도 확장되었습니다. 서울 전체의 사업체가 연간 제공하는 일자리를 '100'이라고 가정하면, 매년 약 17개가 신규로 창출되고 13개가 소멸됩니다. 실제 순증은 4개 정도인 셈이죠.[18] 여기서 증가분은 새롭게 설립되었거나 지방에서 서울로 이주한 기업이 인력을 채용하거나 기존 사업체가 고용을 확대하면서 나타난 것입니다. 이 새로 생겨난 일자리들이 기존 도심뿐 아니라 다양한 지역 중심지로 흩어지면서, 서울권역 전체가 다핵화 흐름을 가속화해 왔습니다.

한편 '다핵화'가 진행되었다고 해도 기존 도심의 절대적 역할이 크게 축소된 것은 아닙니다. 서울대학교 환경대학원 도시설계연구실(USDL) 윤소영 연구원에 따르면, 광화문·종로 등 역사도심, 강남, 여의도 세 곳이 차지하는 일자리 비중은 다소 낮아졌지만, 여전히 절대적 규모가 증가했고, 소비·여가·문화 등에서 견고한 우위를 유지했습니다. 이는 기존 도심이 높은 위계를 유지한 상태에서 하위·신규 중심지로 선택적으로 다핵화가 일어났음을 보여 줍니다.

도시 관측소

계획성

두 번째 흐름은 변화의 '계획성'입니다. 용산과 성수 정도를 제외하면, 상암·마곡·판교·파주·동탄 등 대부분의 대규모 중심지는 정부나 지자체가 택지나 산업단지를 계획적으로 조성한 후 그 위에 기업·주거·상업 기능을 복합적으로 배치함으로써 완성되었습니다.

예컨대 화성시는 지난 20여 년간 38만 개 이상의 새로운 일자리를 창출해 강남·서초에 맞먹는 성장세를 보였습니다. 여기에는 정부의 2기 신도시 정책에 따라 조성된 1,000만 평 규모의 동탄 신도시가 핵심 동력으로 작용했습니다. 마스터플랜과 특화 계획을 통해 자족 기능과 편의 시설을 조화롭게 배치한 결과입니다.

이렇게 계획적으로 조성된 일자리 거점이 서울권역 안에 집중되면서, 그 연쇄 효과 역시 수도권에 불균형적으로 집약되었습니다. 안타깝게도 국가의 균형발전이라는 목표에서 더욱 멀어졌죠. 중심지의 다핵화는 기업의 공간 확보와 교통 혼잡 완화에 기여했지만, 서울권역에 초점을 둔 선택적 다핵화는 오히려 수도권 집중을 심화시키는 결과를 초래했습니다.

그렇다고 앞으로 희망이 전혀 없는 것은 아닙니다. 가장 기대하고 있는 곳은 세종시와 그 일대입니다. 상당수의 행정기관 이전과 행정·연구 인력의 정착, 새로운 주거 공급으로, 세종은 이제 인구 30만의 도시로 자리 잡았습니다. 앞으로는 '일자리 시대'입니다. 세종테크밸리 완성, 스마트시티 시범도시 준공, 박물관 단지와 대학 캠퍼스 활성화를 통해 국가의 새로운 일자리 성장지대로 거듭나기를 기대합니다. 이를 위해서는 기업과 기관의 입지 선정 자율성을 훨씬 더 확대해야 합니다. 30만이 넘는 큰 도시가 여전히 국가 기관의 계획에 의한 지구 지정에만 의존해 인구를 받아들여 성장할 수는 없는 노릇입니다. 정책과 시장은 미묘한 상호 보완과 견제가 필요합니다.

비수도권에서도 일자리 특화를 준비하는 도시들이 있습니다. 천안(미래 모빌리티), 광주(미래 자동차), 고흥(우주발사체), 안동(바이오생명), 울진(원자력수소) 등 약 15곳 안팎에서 첨단 산업 특화단지를 계획 중이고, 이른바 지방판 '판교 테크노밸리'라 불리는 도심융합특구나 기업혁신파크도 진행 중입니다. 포항은 이차전지 기업인 에코프로가 영일만에 대규모 캠퍼스를 조성함으로써 '철강의 도시'에서 '이차전지 도시'로 변신을 모색하고 있습니다.

기존 도심의 재편과 공간 경량화

마지막으로 주목할 점은, 제조업과 도소매업 중심이었던 지역에서 정체나 단계적 성격 변화가 나타나고 있다는 것입니다. 서울 구로·금천, 인천 동구·미추홀구, 안산 반월공단처럼 한때 제조업과 도소매업으로 우리나라 경제를 이끌던 지역들은 노동집약적 산업의 경쟁력이 약해지면서 상대적으로 정체를 겪어 왔습니다. 이들 지역경제를 견인하던 큰 기업들도 다른 지역으로 이전했죠. 예를 들어 구로·금천 일대의 G밸리(서울디지털산업단지)의 경우, 2000년대 이후 KG이니시스와 가비아 등 16개사가 G밸리를 떠나 판교로 이전했고, 우리기술, CJ E&M, 주연테크 등 13개사가 상암으로 이전했습니다. LG 계열사 연구개발 부문은 일부를 제외하면 마곡 사이언스파크로 이전했죠. 그렇다고 해서 이들이 빠져나간 자리가 공백으로 남아 있는 것은 아닙니다. 오히려 중소·중견기업, 일부 코스닥 상장사와 스타트업이 새롭게 유입되면서 총 사업체 수는 크게 늘었죠. 이들 기업은 게릴라처럼 작은 공간을 효율적으로 활용하며, 생산·물류·제조 부문은 임대료가 낮은 지방에 두고, 서울 G밸리에서는 연구개발과 마케팅만 집중적으로 운영합니다.

이는 저성장 시대 지식 산업의 새로운 흐름인 '공간 경량화'를 보여 줍니다. 기업들은 예전처럼 덩치가 큰 자산을 직접 개발하거나 모든 부서와 인프라를 한곳에 모으지 않습니다. 가치사슬을 유연하게 분산해 공간 자산을 가볍게 만드는 방식이죠. 이를 통해 입지 이점을 극대화하는 동시에, 자산 부담을 줄입니다.

이 같은 흐름은 호텔업계에서도 두드러집니다. 호텔업은 직접 부지를 매입하고 건물을 올려, 모든 직원·객실·서비스 운영을 자체적으로 맡는 방식이 주류였습니다. 막대한 초기자본과 고정비용이 소요되는, 부담이 큰 사업 구조였죠. 하지만 최근에는 개발·소유·고용을 다른 기업이 담당하고, 기존 호텔 브랜드(flag)는 브랜드와 운영 노하우를 제공하며 수수료를 받는 형태로 변모하고 있습니다.

메리어트나 힐튼이 전 세계 호텔 중 직접 소유한 자산이 1퍼센트에 불과한 점이 좋은 예입니다. 나머지 99퍼센트의 호텔은 '○○ 호텔 바이 메리어트'처럼 건물과 운영 인력은 현지 기업이 갖추고, 메리어트는 브랜드와 노하우만 제공해 수익을 내는 구조죠. 국내 호텔들도 이러한 에셋 라이트(assets light) 전략을 도입해, 과도한 고정자산 투자 없이 브랜드와 운영 역량에 집중하는 방향으로 사업 체질을 바꿔 가고 있습니다. 여기서 에셋 라이트란, 기업이 자산(assets)의 직접 보유를 최소화하여 비용 부담을 줄이고, 이미 지역성이나 상권이 형성된 지역을 찾아 브랜드와 운영 역량에 집중하는 사업 모델을 뜻합니다.

결국 서울권역의 일자리는 중심지의 다핵화, 대규모 계획적 개발, 그리고 기존 도심의 재편과 공간 경량화라는 세 흐름을 타고 유동적으로 재구성되고 있습니다.

사과에서 엘리베이터로

경상남도 거창군의 이야기로 넘어가 보겠습니다. 어떻게 거창이라는 내륙 도시가 소멸 위기를 일자리 창출의 기회로 바꾸었을까요?

한때 인구 12만 명이 넘었던 거창은 최근 6만 명 이하로 인구가 반토막 났습니다. 과거 거창은 연 매출 1,000억 원 규모의 사과 농업으로 유명했습니다. '거창 사과'는 전국적으로 명성이 높습니다. 그러나 기후변화로 선선한 날씨가 줄어들고, 해외 농산물 수입까지 늘어나면서 사과 산업은 큰 타격을 받았습니다.

위기 속에서도 거창은 새로운 길을 찾아 나섰습니다. 그 시작은 캠퍼스 인수를 통한 새로운 산업 도입이었습니다. 2005년 폐교 위기에 처한 한국폴리텍대학 거창캠퍼스를 군에서 인수한 후, 이를 발판으로 엘리베이터 산업 유치와 인재 육성에 주목했습니다. 우리가 매일 이용하는 엘리베이터는 현대 도시의 초고층화를 가능케 한 주역입니다. 2~5만 개의 정밀 부품들이 모여 만들어진 첨단기술의 결정체이기도 하죠. 하지만 이런 산업을 대표할 만한 거점도시는 아직 국내에 없습니다.

거창군은 2008년 승강기 대학 설립을 위한 지원 조례를 제정하고, 폴리텍대학 거창캠퍼스를 활용해 2010년 국내 최초의 승강기 전문인 양성기관인 한국승강기대학교를 설립했습니다. 지금 이 대학에는 600여 명의 학생이 재학 중이며, 졸업생들은 전국 곳곳의 엘리베이터 현장에서 일하며 거창의 이름을 높이고 있습니다.

교육기관 설립 이후 원도심 남측에 두 곳의 승강기 밸리 산업단지를 조성했습니다. 2012년 8개 입주 기업으로 시작했지만, 지금은 45개의 승강기 관련 기업들이 둥지를 틀었고, 세 번째 단지의 개발에 박차를 가하고 있습니다. 2019년 초 승강기안전기술원까지 자리 잡으며, 거창은 명실상부 국내 최고의 승강기 산업 중심지로 발돋움하고 있습니다.

거창군 경제기업과에 따르면 2024년 8월 기준, 거창에는 승강기 관련 일자리가 477개 있습니다. 관련 산업의 연 매출은 1,216억 원을 넘어섰죠. 물론 일자리 수나 매출 규모가 대도시에 비할 바는 못 되지만, 인구 6만의 지자체와 몇몇 중소기업들이 손을 맞잡고 이뤄 낸 성과라는 점에서 의미가 깊습니다. 거창의 주력 산업이 사과 농사에서 엘리베이터로 바뀐 순간이죠.

거창의 도전은 여기서 끝나지 않습니다. 승강기 산업의 고도화와 전문 인재 육성, 엘리베이터 유지·보수 기술 개발, 해외 시장 진출, 중장년층을 위한 평생교육 강화 등 과제들이 산적해 있습니다. 서울과 수도권의 관련 기업을 찾아다니며 투자와 기업 유치 노력도 하고 있습니다. 이런 과제들을 하나하나 해결한다면 거창이 세계적인 승강기 허브 도시로 거듭나는 날도 머지않아 보입니다.

복합 문화 공간

앞으로 거창과 같은 비수도권 일자리 성장지대에서 더 신경 써야 할 일이 있습니다. 바로 젊은 인재들이 선호할 만한 생활 환경과 도시 매력을 갖추는 것이죠. 이와 관련하여 국내 산업단지의 일자리 증가에 영향을 주는 공간 요소를 탐구한 결과가 있습니다. 이 연구에서는 2010년부터 2019년까지 전국 706개의 산업단지를 대상으로 패널 VAR 모델을 활용해 분석했습니다.[19] 인재 육성도 중요하지만, 우수한 인재들이 도시에 남으려면 매력적인 도시 환경과 생활 서비스의 다양성 확보가 필수적입니다.

패널 분석 결과, 다른 기능보다 '복합 문화 공간'의 존재가 산업단지의 일자리 증가에 유의미한 영향을 준다는 것을 확인했습니다. 이곳은 단순한 갤러리나 극장이 아닙니다. 새로운 산업, 기술, 문화를 결합해 기업인들이 최신 트렌드를 익힐 수 있고 업무 관련 세미나 소셜 네트워킹을 위해 활용됩니다. 때로는 창업 지원 프로그램도 운영되고, 근로자 가족과 방문객들을 위한 숙박과 아이돌봄 서비스도 제공됩니다. 마치 산업단지 안의 작은 라이프 스타일 캠퍼스 같습니다.

문화 공간이 집중된 산업단지 사례로 파주출판단지를 들 수 있습니다. 이곳에는 지혜의 숲, 라이브러리 스테이 지지향, 교보문고, 미메시스 아트 뮤지엄, 명필름 아트센터, 갤러리 끼, 열화당 책박물관, 파주 타이포그라피 PaTI 등 다양한 문화·교육 시설들이 자리 잡고 있습니다. 단지 내 근로자들뿐만 아니라 학생, 문화 소비자, 외부 방문객들에게도 인기 있는 명소가 되었습니다.

파주출판단지의 과제는 문화 공간과 소프트 인프라의 결합이 양질의 일자리 유입과 기업의 가치사슬 전환으로 이어지게끔 하는 것입니다. 이를 위해서는 기업과 근로자의 임계 밀도를 높여 스케일링 효과가 발현되도록 해야 합니다. 건축 박물관 같은 지금의 관성을 유지해서는 다음 단계로의 도약이 어렵습니다.

거창의 엘리베이터나 파주의 출판단지 사례는 지방 도시들이 어떻게 새로운 일자리를 창출하고 소멸의 시계를 되돌릴 수 있는지를 보여 줍니다. 이러한 모델이 다른 지역으로 확산한다면, 서울 주변에 똘똘 뭉쳐 있는 취업준비생과 이직 희망자들이 국토 전역으로 관심을 돌릴 계기가 될 것입니다.

'메이드 인 음성'의 실험

지역 산업을 구성하는 인적 자원이 외국인들로 채워지는 다문화 현상도 나타나고 있습니다. 우리나라에서 최근 외국인 근로자의 존재감이 가장 두드러지는 지역 중 하나가 바로 충청북도 음성군입니다. 현재 음성은 전체 인구의 15.9퍼센트가 베트남, 칠레, 방글라데시 등에서 온 외국인들입니다. 이는 전통적인 외국인 밀집 지역인 안산, 영등포, 구로의 비율을 뛰어넘는 수치입니다. 특히 음성에는 단순 거주자보다 경제 활동에 참여하는 젊은 외국인들이 아주 많습니다.

음성은 수도권 이남에서 화장품 제조업과 관련된 매출과 일자리가 가장 많은 도시입니다. 한국의 가정집에서 사용하는 국내 제조 화장품이나 해외로 수출되는 뷰티 상품 상당수가 '메이드 인 음성'이죠. 2023년을 기준으로 음성군의 전체 일자리 7만 2,000여 개 중 화장품을 포함한 제조업이 3만 8,000여 개를 차지하는, 명실상부한 제조업 강소도시입니다.

그런데 이곳의 기업들은 자사 제품 제조만 하는 것이 아닙니다. 음성에서 가장 큰 화장품 제조 기업인 '코스메카코리아'의 경우, 글로벌 고객의 화장품 의뢰에 따른 제품 콘셉트 설정, R&D와 디자인, 국가별 소비자 시장과 유통 구조에 맞춤화된 제품 설계도 합니다.

스마일링 커브에서 제조의 앞뒤에 해당하는 고부가가치 공정에 해당하죠. 나아가 오뚜기, CJ푸드빌, 한화솔루션 등 대기업도 공장과 사무실을 음성에서 운영합니다.

이들 기업이 제공하는 일자리는 국내에서 일하려는 외국인들에게 아주 매력적입니다. 제조업은 농업과 달리 계절적 요인의 영향이 적고, 관광업에 비해 임금이 안정적입니다. 이들은 외국인 비전문취업(E-9) 비자로 들어와 일하다가 전문성을 쌓고 장기 체류 비자로 정착하는 경우가 많습니다.[20] 그 결과, 음성은 전국에서 외국인 근로자들의 평균 체류 기간이 가장 긴 지역 중 하나가 되었습니다.

음성의 외국인들은 단순히 노동력을 제공하는 데 그치지 않고 지역 경제의 핵심 소비자로 자리매김하고 있습니다. 음성의 전통시장은 이제 외국인들의 소비 없이는 운영이 어려울 정도입니다. 무극시장만 봐도 태국 식당 4곳, 러시아와 네팔 식당 각 1곳, 중국 식당이 2곳입니다. 일부 전통시장은 전체 매출의 3분의 1 이상을 외국인 소비자들로부터 올리고 있고, 주말 택시 승객의 70퍼센트가 외국인이라고 합니다. 잦은 쇼핑이 어려운 외국인 근로자의 특성상 마트에 와서 일주일 치 식자재를 한꺼번에 구매하는 경우가 많습니다.[21]

고무적인 점은, 음성의 외국인 청년들이 자율방범대 활동이나 수해 복구 지원 등 지역과 유대를 맺는 데 적극적이라는 것입니다. 음성에 사는 일부 노인들은 멀리 떨어져 사는 자녀보다 가까이 있는 외국인 청년들에게 더 친근함을 느낀다고 합니다. 음성의 일터와 상권, 지역 사회는 새로운 구성원과 함께 다문화 전환기를 겪고 있습니다. 제조업 강소도시 음성의 다문화 전환과 외국인의 사회통합 실험이 아름다운 공존 사례로 남기를 기대합니다.

도시 관측소

CHAPTER 10. 로케이션

도쿄 외곽의 타마 뉴타운은
어떻게 융합 도시로 재탄생했을까?

첫째도 위치, 둘째도 위치, 셋째도 위치

"Location, location, location." 제가 미국에서 도시계획과 부동산을 공부할 때 수업 시간에 자주 들었던 말입니다. 공간의 가치를 결정짓는 가장 중요한 요소는 첫째도 위치, 둘째도 위치, 셋째도 위치라는 뜻이죠. 우리나라에서도 '도심부', '역세권', '경부축', '학군', '조망권', '숲세권', '초품아(초등학교를 품은 아파트)' 같은 말들이 입지의 중요성을 일찌감치 강조하고 있습니다. 그런데 좋은 입지의 조건은 늘 고정된 것이 아닙니다. 한때 최고 입지로 여겨졌던 곳이 오늘날에는 그렇지 않거나, 평범했던 입지가 새로운 수요를 찾아 주목을 받기도 합니다.

얼마 전 경험을 하나 들려드리겠습니다. 스마트폰 앱을 통해 비대면으로 의사의 진료를 받고 약을 처방받았습니다. 먼저 진료 앱을 설치하고, 알고리즘 추천에 따라 의사 한 분을 선택했습니다. 진료 신청을 하고 다음 화면에서 내 몸의 증상과 환부 사진을 올리자 약 15분 후 의사와 통화가 연결되었고, 상담과 처방을 받았습니다. 이후 처방전은 제가 지정한 약국으로 바로 전송되었죠. 앱 설치부터 상담, 약 구매와 복용까지 모든 과정이 채 한 시간도 걸리지 않았습니다. 이런 비대면 진료가 활성화되면 의료 서비스의 판도에도 변화가 예상됩니다. 그동안 당연하게 여겼던 과정들, 이를테면 병원에 전화를 걸어 예약하고, 먼 거리를 이동하고, 한참을 기다렸다가 진찰받고 나와서 약국에 가는 게 바뀐다는 뜻입니다.

경험의 과정과 동기가 변하면 입지도 따라서 바뀝니다. 흥미로운 점은, 제가 진료 받은 의사와 약을 받은 약국의 위치입니다. 의사는 경기도 외곽의 작은 병원에 있었습니다. 이번 진료가 아니었다면 평생 마주할 일이 없었겠죠. 제가 선택한 약국은 집 근처였는데, 직접 가 보니 늘 지나다니던 거리의 상가 4층에 자리하고 있었습니다. 지상층에 간판이 없어 그곳에 약국이 있는지조차 몰랐던 거죠.

흔들리는 공식

병원과 약국의 입지는 공식이 있습니다. 대형 병원은 지역 간 교통이 편리한 도심 외곽 간선도로 근처에, 동네 의원은 주택가나 학교 주변에, 약국은 역 근처나 아파트 단지 상가 1층에 자리 잡는 식이죠. 하지만 진료를 받고 약을 사는 방식이 다양해지면서 이런 입지의 기준도 조금씩 달라지고 있습니다.

앞으로 병원과 약국은 어떻게 변할까요? 대형 종합병원은 여전히 접근성이 우수한 곳에 있을 전망입니다. 종합병원의 서비스 범위가 날로 커지고 있기 때문이죠. 비수도권의 중대형 병원 다수가 의사를 구하지 못 하거나 운영 적자로 문을 닫으면서, 기차를 타고 아침 일찍 서울권 병원으로 올라와 진료를 받고 당일 집으로 돌아가는 환자들도 많아졌습니다. 이런 광역 의료 통근이 늘어나는 만큼 대형 병원의 우수한 접근성은 여전히 중요합니다.

하지만 보다 규모가 작은 병원은 새로운 입지를 찾을 것입니다. 접근성이 조금 낮더라도 자금을 조달해 이면가로변에 병원을 짓고 남는 공간을 임대하거나 부설 연구소 등으로 활용할 수 있죠. 일부 동네 병원은 의료 서비스의 즉시성과 소통 분위기 같은 사용자 경험을 대폭 높이고, 대규모 단지 안으로 들어가 '마을 주치의' 역할을 하게 될 것입니다. 특정 질환의 예방과 치료에 전문화된 클리닉으로 변모한 일부 의원의 경우, 전통적인 입지에서 한발 벗어나도 괜찮습니다. 어디에 있든 환자가 찾아오기 마련이니까요.

약국의 입지도 마찬가지로 변할 것입니다. 더 이상 비싼 임대료를 내면서 대로변 1층만 고집할 필요가 없습니다. 주소만 알면 누구나 찾아갈 수 있는 근린생활시설 4~5층이나 심지어는 규모가 큰 편의점이나 문구점, 카페의 2층 한쪽에 자리 잡아도 충분합니다. 약국에 약사가 항상 상주할 필요도 없어지죠. 로봇이 약을 짓는 '워크인 약 공장'이 보편화되고, 약사는 이 공정을 합리적으로 관리하는 운영자이자 환자들의 건강 이슈 상담자 역할을 맡게 될 것입니다.

그렇다고 입지의 중요성이 약화하는 것은 아닙니다. 전통적으로 공간을 규정하던 입지의 거시적 특징이 앞으로 나타날 기술 변화나 소비자의 미시적인 경험에 따라 유동화된다는 뜻입니다. 그로 인해 도시 기능과 입지의 마이크로 재구조화가 가속화될 것입니다.

달라지는 부동산 투자 안목

인터넷 접속이 쉽지 않던 시절, 와이파이 존은 마치 사막의 오아시스와 같았습니다. 온라인 접속이 가능한 곳과 그렇지 않은 곳은 하늘과 땅 차이였죠. 하지만 이제 스타링크 같은 우주 인터넷을 통해 사막 한복판이나 지하 깊은 곳, 심지어 항공기에서도 초고속 인터넷을 사용할 수 있게 되었습니다. 이제 와이파이 존은 더 이상 입지 차이를 결정짓는 요소가 아닙니다. 대신 온라인상의 수많은 데이터와 정보를 가치 있게 활용하는 사람과 관련 플랫폼이 모여 있는 곳이 더욱 중요해집니다.

부동산 시장의 변화도 주목할 만합니다. 거시 경제 성장과 함께 부동산 가격이 계속 오르던 시대에는 매입(T_0)과 매각 시점(T_1)의 자산 가격을 예측하고 판단하는 것이 투자 안목이었습니다. 값이 오를 땅인지의 여부가 제일 중요했죠. 하지만 저성장 시대에는 새로운 시각이 필요합니다. 괜찮은 입지라도 시간에 따라 부동산 가치가 마냥 오르지만은 않기 때문입니다. 게다가 호가는 올라도 실제 거래가 이루어지지 않는 곳도 많습니다. 이제는 공간을 통해 구현될 경험과 교류의 실질적 가치를 볼 줄 아는 안목이 중요합니다.

기업 입장에서는 이런 안목으로 복수의 자산을 잘 운영해 가치를 높이고 안정적으로 수익을 내는 것이 중요합니다. 이를 발판으로 새로운 투자를 하거나, 직접 브랜드를 론칭하고 법인을 세워 연구개발 성과를 낼 수 있어야죠. 물론 건물주 입장에서 매각할 때 가격이 높으면 좋겠지만, 오르지 않더라도 충분한 사용 가치를 내도록 입지 조정이 필요합니다. 그리고 공간을 이용하는 사람을 변화시킴으로써 자산 사용 가치를 극대화할 수도 있습니다.

단카이 세대와 일본의 세대 순환형 도시 정비

입지 조정이 활발히 진행되는 곳이 최

도시 관측소

근 일본의 주택 시장입니다. 우리나라가 1980년대 1기 신도시를 통해 서울의 과밀 문제를 해결했다면, 일본은 1960~1970년대에 도쿄와 오사카 등 대도시 외곽에 대규모 주택단지를 조성했습니다. 대표적인 사례가 도쿄 외곽의 타마 뉴타운으로, 당시 22만 명이 거주하며 일본의 베이비부머 세대인 '단카이 세대(團塊の世代)'의 큰 호응을 얻었습니다.[22]

하지만 시간이 흐르며 새로운 문제가 나타났습니다. 현재 70대 중후반에 접어든 단카이 세대는 자녀가 독립하면서 더 이상 넓은 집이 필요하지 않게 되었습니다. 게다가 소유한 주택의 가치는 줄곧 하락했습니다. 일본 국토교통성 통계에 따르면, 1991년 버블경제 정점 대비 2023년 도쿄의 주택 가격은 약 40퍼센트 수준입니다.

일본의 시장 특성상 재건축으로 시세 차익을 기대하기도 어려운 상황에서 재산세와 관리비는 꾸준히 부과되니, 연금에 의존하는 노년층 자가 소유자는 큰 부담을 느낄 수밖에 없습니다. 이들에게 필요한 것은 비용이 드는 넓은 집이 아니라 노후를 위한 돌봄 서비스와 가사 지원, 그리고 활기찬 커뮤니티가 제공되는 곳입니다. 사람이 달라지면서 좋은 주거의 기준도 바뀐 것입니다.

방이 많은 집에서 홀로 지내는 한 노인을 떠올려 봅시다. 어느 날 부동산 개발사가 찾아와 이런 제안을 합니다. "어르신, 이 집을 저희에게 맡기시고 근처 새 아파트로 이사하시는 건 어떠세요? 거기에는 운동치료사, 간호사, 영양사가 있고, 다양한 커뮤니티 프로그램도 마련되어 있습니다. 현재 주거 비용보다 돈이 더 많이 들지도 않습니다." 노인의 마음은 흔들립니다.

이 생각은 일본의 민간 주도형 '세대 순환형 주거 정비'와 '다세대 공생형 마을 만들기' 정책을 통해 구체화하고 있습니다. 도큐부동산, 미쓰이부동산 같은 기업들은 넓은 집에 홀로 사는 노인들을

●●● 일본의 민간 주도형 '세대 순환형 주거 정비'와 '다세대 공생형 마을 만들기' 정책은 고령화 사회로 급속하게 진입하고 있는 우리에게 도시 정비와 재생의 방향을 제시하고 있다.

 찾아다니며 주택 매도를 권유하고, 원하면 편리한 돌봄 주택으로 이주시킵니다. 여기에는 균형 잡힌 식단을 제공하는 식당, 최고급 목욕탕과 체력 단련실, 건강 상담실 등 다양한 편의가 제공됩니다.
 기존 주택은 회사가 매입해 리모델링을 합니다. 엘리베이터도 설치하고 각종 설비와 냉난방 시설도 개선합니다. 젊은 부부 가구나 학생들이 선호하는 소형 임대주택으로 바꿉니다. 무거웠던 자산을 유동형 임대 자산으로 전환하는 작업입니다.
 이와 같은 방식으로 2023년 8월까지 일본 전역에 약 28만 가구의 '서비스 제공형 고령자 주택'이 만들어졌으며, 이를 통해 단카이 세대 노인, 20~30대 청년, 전문직 종사자, 학생, 신혼부부와 아이들이 어울리는 새로운 지역 사회를 조성하고 있습니다. 젊은 세대는 적정 임대료의 쾌적한 주거 공간을 얻고, 노인 세대는 돌봄과 커뮤니티 서비스가 제공되는 곳에서 안정된 노후를 보낼 수 있습니다.

도시 관측소

이러한 세대 순환형 정비를 더욱 촉진하기 위해 일본 정부는 자산유동화에 관한 법률을 제정하여 리츠(REITs: Real Estate Investment Trusts) 시장을 활성화했습니다. 그리고 「도시재생특별조치법」을 통해 민간 개발자의 정비사업 참여도 장려했죠. 여기서 '리츠'란 쉽게 말해 여러 사람이 돈을 모아 시니어 주택이나 요양 센터, 오피스 등의 부동산에 투자하는 금융 기법입니다. 개인이 혼자 매입하기 어려운 비싼 자산도 여러 사람의 돈을 모으면 살 수 있죠. 리츠사는 이런 자산 여러 곳을 한꺼번에 운용하여 장기간에 걸쳐 수익을 창출합니다. 그 일부는 투자자에게 배당하죠. 2023년 기준 일본의 리츠 시장의 자산 규모는 약 23조 엔(한화 212조 원)으로, 미국에 이어 세계 2위입니다.

이 모든 변화가 하루아침에 이뤄진 게 아닙니다. 정부, 지방자치단체, 민간기업, 금융사에서 머리를 맞대고 오랫동안 고민한 끝에 만들어 낸 제도와 투자에 따른 결과입니다. 정부는 법과 제도를 다듬고, 지자체는 땅을 저렴한 가격에 내주고 사업자에게 세금 혜택도 줍니다. 민간 기업들은 새집을 지어 맞춤형 서비스를 제공하고, 오래된 주택을 고쳐서 임대 시장에 내놓고, 어르신을 설득해 이주를 유도하는 역할을 맡았죠.

최근 우리나라에도 고령자가 입주해 20년 이상 거주할 수 있는 '실버 스테이' 제도가 생겼습니다. 그에 따라 고령자에 특화된 공간 설계와 서비스가 도입될 예정입니다. 앞으로 세부 사항을 잘 가다듬어 고령자 천만 시대라는 낯선 바다를 무사히 항해해야 합니다.

OBSERVATORY TALK

제조업과 도시가 공존하는 법

#팬데믹이 일깨운 제조업의 가치

관식 코로나19 위기를 겪으면서 도심 제조업의 가치가 다시 주목 받았습니다. 특히 우리나라 중소기업들이 생산한 마스크나 신속 진단키트가 큰 역할을 했죠.

애순 맞아요. 만약 제때 방역 물품을 생산하지 못했다면 우리의 삶은 크게 달라졌을 거예요. 도시와 국가는 이런 제조업을 필요로 합니다. 위기 상황에서 필요한 물품뿐만 아니라 일상적으로 소비하는 의복과 전자제품, 소재와 부품도 그렇고요.

관식 도시와 시민들이 제조업을 필요로 한다는 것은 잘 알겠는데요. 반대로 말하면 제조업도 도시를 필요로 하는 건가요?

애순 네, 맞습니다. 제조업은 공장 건설을 위한 토지, 생산에 투입할 인력과 판매 및 유통 네트워크가 필요하니까요. 하지만 더 나아가, 제조업의 의미를 단순히 제품을 생산하는 관점에서만 볼 수는 없어요.

관식 다른 측면의 가치가 있다는 말씀이시군요.

애순 유럽 도시의 제조업을 연구하는 'Cities of Making' 프로젝트의 코디네이터 아드리안 힐(Adrian Hill)의 말이 기억에 남습니다. "흔히 도시가 요구하는 제품을 만드는 게 제조업의 역할이라고 하지만, 그게 다가 아니다. 제조업이라는 산업 생

도시 관측소

태계가 번성할 수 있는 여건을 제공하는 곳이 바로 도시"라고 했죠. 제조업 활동은 도시 생활의 수단이자 그 자체가 목적이 될 수 있습니다.

관식 그러니까 도시와 제조업이 공생을 통해 서로 존재의 이유를 확인한다는 뜻이군요.

애순 도시에는 제조업을 살찌우는 자양분이 아주 풍부합니다. 반대로 여러 사람이 모여서 무언가를 만들고 물건을 고치고, 새로운 제품을 개발하기 위해 머리를 맞대고 일의 공정을 나누며 북적대는 것은 그 자체로 도시를 도시답게 만듭니다.

관식 제조업 생태계에서는 어떤 일들이 이루어지나요?

애순 다양한 제조 공정에 능숙한 사람들이 모여 교류하고, 사회적 학습과 경쟁, 역할 분담을 통해 가치를 창출합니다. 이 과정에서 단가 관리와 디자인 개선, 유통 혁신도 이루어지고요. 이런 역동성은 도시의 체질을 건강하게 유지하는 원동력이 됩니다.

관식 흥미롭네요. 그렇다면 소규모 제조업 활동이 도시, 특히 입지가 가장 좋은 도심에서 이루어지는 이유는 무엇일까요?

애순 도심부의 입지와 연결성, 다양한 인재풀과 도소매업 시장은 제조업 생태계 안의 연결망을 강화합니다. 도심 제조업은 '공간 관성'이 커서 한번 자리 잡으면 오랜 시간 그 자리를 지키고 있죠. 상권보다 그 지속성이 훨씬 큽니다. 누군가 진공 속에서 문래동이나 청계천 제조업 생태계를 만든다고 생각하면, 아마 불가능에 가까울 것입니다.

#입지 재구조화 시대의 도심 제조업

관식 그런데도 지난 세기에는 제조업을 도심 부적격 기능으로 낙인찍지 않았나요?

애순 그렇습니다. 한때 '사양산업'으로 불렸죠. 도심 경쟁력을 높이기 위해서는 제조업을 도시 바깥으로 이전해야 한다는 주장도 널리 퍼졌습니다.

관식 하지만 도심 제조업에 대한 인식이 많이 변한 것 같아요.

애순 네, 이제는 오래된 공장들 사이에서 일하거나 쉬고, 사진을 찍고, 수제 맥주를 마시는 것이 일상이 되었죠. 제조업 스타트업의 성장도 두드러집니다.

관식 서울의 경우도 전체 제조업체 중 92.4퍼센트가 종사자 10인 미만의 소규모 사업체라고 하던데요.

애순 맞습니다. 무척 영세한 편이죠. 그래서 도심 제조업을 위해 대규모 용지나 큰 공장이 꼭 필요한 것은 아니에요. 여기저기 흩어진 소상공인들과 생산 기지를 잘 이어 주는 게 중요합니다. 서울에서는 청계천 일대나 금천구, 성동구, 영등포구처럼 오랜 시간 생산과 분업 체계가 자리 잡은 곳에서는 주문자 의뢰에 따라 공정이 활발하게 재구성됩니다. 도심 영업장에서 시제품 제작이나 고객 응대가 이루어지고, 대규모 생산과 물류는 외곽에서 하는 경우도 많습니다.

관식 제조업 밀집 지역이 요즘 힙스터 공간으로 변하고 있는 현상도 있지 않나요?

애순 주목할 만한 변화입니다. 세운상가나 을지로3가 일대처럼 제조업과 새로운 소비문화가 공존하는 공간들이 생겨나고 있어요.

도시 관측소

관식 문래창작촌이나 성수동도 그런 사례인가요?

애순 맞습니다. 이들 지역에서는 제조업 경기 악화와 청년의 제조업 기피로 공실이 발생했지만, 동시에 제조업의 가치를 재발견하는 움직임도 활발해졌습니다. 최근에는 독특한 지역색이나 문화 자원이 남아 있는 지역에 외식업 창업자와 예술가들이 들어와 활기를 불어넣고 있죠.

관식 한 장소가 이렇게 변하는 과정을 어떻게 봐야 할까요?

애순 좋고 나쁨을 논하기 전에, 이는 도심 제조업과 도시가 공존하는 여러 방식 중 하나라는 것을 기억해야 합니다. 도시 공간은 변화에 열려 있고, 특화된 산업의 영속성은 보장되지 않으니까요.

#샌프란시스코의 플레이스메이드

관식 그렇다면 도심 속 제조업 생태계를 보호하기 위해 어떤 노력이 필요할까요?

애순 오랜 시간 뿌리내린 제조업 생태계와 소상공인의 연결망이 사라지지 않도록 여건을 만드는 것이 중요합니다. 제조업이 도시를 필요로 하는 것처럼, 도시도 제조업의 활력이 필요하니까요. 여기에는 물리적 인프라만 필요한 게 아닙니다. 제조업 활동 지원, 교육, 금융, 물류 등 복합적인 여건 마련이 필요합니다.

관식 그와 관련해서 참고할 만한 사례가 있을까요?

애순 미국 샌프란시스코의 '플레이스메이드(PlaceMade)'가 좋은 예입니다. 이 그룹은 제조업 공간 개발에 특화된 비영리 디벨로퍼로, 저소득층에게 고용 기회를 제공하고 입주 기업은 지역 인재를 확보하는 모델이죠. 샌프란시스코처럼 임대료와 물가가 비싼 도시에서 제조업 생산 공간은 유지되기가 어려운데, 이런 점에 착안해 사업 모델을 제시한 기업입니다.

관식 플레이스메이드는 구체적으로 어떻게 운영되나요?

애순 샌프란시스코에도 취업을 원하지만 비교적 숙련도가 낮은 저소득층이 많습니다. 플레이스메이드는 생산시설을 짓고 기업에 공간을 임대합니다. 지역 시민들에게 제조업 고용 기회를 제공하는 것이죠. 2018년에 조성된 100/150 후퍼(Hooper) 제조업 단지에서는 근로자의 60퍼센트 이상을 지역 내 저소득층으로 고용했습니다. 대신 임대료를 주변 시세의 절반 이하로 낮추고, 지방자치단체와 협의하여 법인세 인하 혜택을 기업에 제공하죠.

관식 공공이 개별 제조업체를 직접 지원하지 않지만, 비영리 기업과 협력하여 제조업 친화적 생태계를 조성하는 것이군요.

애순 그렇습니다. 매력적인 복합문화상업 기능과 교육 프로그램을 통해 비숙련 근로자의 역량을 키우고 있어요. 이러한 시도를 통해 제조업 공간의 안전망이 확충되고, 다양한 지원이 선순환을 이루게 됩니다. 앞으로 제조업과 도시의 공존을 위해 어떤 사회적 주체와 공간에 관심을 기울여야 할지 고민이 필요합니다.

CHAPTER 11. 물류 혁명

속도와 규모의 혁명이 만들어 낸 새로운 표준

배송의 민족

"대한민국 인구의 70퍼센트는 쿠팡 배송센터로부터 10킬로미터 내에 거주하고 있습니다." 얼마 전 발표된 이 통계는 우리 일상이 얼마나 물류와 밀접하게 연결되어 있는지 여실히 보여 줍니다. 10킬로미터라면 자동차로 25~30분, 자전거로 약 50분이면 닿을 수 있는 거리입니다. 이제 우리는 문 앞에 놓인 배달 박스나 프레시백이 신기하지 않습니다. 심지어 섬 지역이나 산간벽지에서도 이틀이면 원하는 상품을 받을 수 있습니다.

물류의 역사는 오래전으로 거슬러 올라갑니다. 초대형 컨테이너선의 등장, 수에즈 및 파나마 운하의 개통, 실시간 물류 모니터링 기술 발달, 비행기와 배편의 연비 향상, 그리고 글로벌 관세 인하와 무역협정으로 인해 전반적인 물류 비용은 현저히 낮아졌습니다. 1900년부터 2000년 사이 물가를 감안한 글로벌 물류 비용은 무려 90퍼센트나 하락했습니다. 100년 전 시세로 10만 원이던 배송비가 지금은 1만 원에 불과하다는 뜻입니다.

우체국 소포를 보낼 때 접수창구 안쪽을 들여다본 적이 있을 것입니다. 크고 작은 봉투와 박스가 산더미처럼 쌓여 있고 직원들은 분주히 움직입니다. 이 우편물들은 모두 우편집중국이라는 거대한 허브로 모입니다. 여기서 컨베이어를 따라 분류되고 지역 단위로 나뉜 박스에 실려 운송 차량에 적재됩니다. 그 여정은 소포를 받는 사람의 집 앞에서 끝나죠. 이것이 물류의 기본적인 흐름입니다.

그런데 최근 몇 년 사이, 이 흐름에 중대한 변화가 생겼습니다. 규모와 속도의 변화입니다. 그 배경 중 하나는 전자상거래를 통한 배송 물량의 폭발적 증가입니다. 한국통합물류협회 자료를 보면, 국내 택배 물동량은 2012년 총 14억 개 수준에서 2022년 41억 2,000만 개로 3배 가까이 폭증했습니다. 매일 평균 1,100만 개의 택배가 어딘가로 보내지고 있다는 뜻입니다. 기존 우편집중국 방식으로는 도저히 처리할 수 없는 분량이죠. 이 추세라면 곧 국내 택배량은 연간 50억 개 수준에 이를 것으로 전망됩니다. 정말 "배송의 민족"이라는 말이 과언이 아닙니다.

물류센터의 대형화와 서비스의 전문화

국토 면적은 일정한데 배송 물량이 폭발적으로 늘어나니 물류 인프라에 엄청난 규모의 투자가 이루어졌습니다. 그중 하나가 물류센터의 대형화와 서비스의 전문화입니다.

2013~2014년까지만 해도 우리나라의 물류센터는 대부분 연면적 5만 제곱미터 이하의 비교적 작은 규모였습니다. 각 기업들이 자사 제품을 보관하고 배송하기 위해 마련한 창고 정도에 불과했죠. 그때는 기업이 자체적으로 물류를 처리하는 '1자물류(First party logistics, 1PL)'나, 물류 부문만 계열사에 맡기는 '2자물류(2PL)' 방

식이 일반적이었습니다. 마치 집에서 옷장을 관리하고 세탁물을 직접 처리하는 것과 비슷합니다. 옷이 많아져서 손이 모자라면 동생의 도움을 받는 정도였죠.

그러나 이후 상황이 급변했습니다. 물류 수요가 기하급수적으로 늘어나면서, 개별 기업이 자사 물류만 처리하는 방식으로는 도저히 감당할 수 없게 되었죠. 물류의 전문화와 통합화에 대한 요구가 커졌습니다. 특히 소비자들의 다양한 취향에 맞춰 다품종 소량생산 제품이 늘어나면서, 물류 서비스 전문화가 요구되었습니다.

이런 배경에서 등장한 것이 '3자물류(3PL)'입니다. 이는 1, 2자 물류와는 달리, 물류 공간의 개발과 운영에 특화된 기업이 여러 회사를 대신해 물류 업무를 처리하는 방식입니다. 글로벌 시장에서는 DHL, 퀴네앤드나겔(Kuehne+Nagel) 등이 3자물류 거인으로 군림하고 있으며, 국내에서는 CJ대한통운, 롯데글로벌로지스, 한진 등이 있습니다. 또한 물류 부동산의 개발부터 운영에 특화된 ESR 켄달스퀘어나 ADF 자산운용 같은 기업도 빠르게 성장했죠.

특히 2020년 코로나 이후 물류 시장은 대호황을 맞이했습니다. 전자상거래와 비대면 주문을 통한 소비가 폭발적으로 증가하면서 관련 공간 수요도 크게 늘었습니다. 에셋101 박정수 대표에 따르면, 2018년부터 2021년까지 수도권에서는 연평균 73만 평의 물류센터가 공급되었고, 2022년 한 해에 약 120만 평, 2023년에 184만 평이 새로 만들어졌죠. 매년 수도권에 물류 도시가 하나씩 생기고 있다고 해도 과언이 아닙니다.

물론 2024~2025년에는 과잉 공급 우려와 부동산 대출 경색으로 공급이 다소 줄어들 전망이지만, 그럼에도 전자상거래 규모는 계속 성장하고 있어 새로운 수요가 이미 공급된 물류의 수용 능력을 넘어설 가능성은 여전히 큽니다.

초대형과 초소형, 어느 쪽이 살아남을까?

물류센터라는 공간 자체도 진화하고 있습니다. 단순 창고를 넘어서, 온도에 따라 상온, 저온, 냉동 등 다양한 보관 환경을 제공하며, 신선식품이나 특수 의약품이 생산지에서 소비자에게 이르는 동안 손상되지 않도록 콜드체인 기술로 모든 과정을 통합 관리하고 있습니다. 제품 운반은 첨단 로봇과 사람이 함께 담당하며, 실시간 재고 관리를 통해 포장에서 배송까지 한번에 처리하는 '풀필먼트' 시스템이 적용되고 있습니다.

풀필먼트 시스템을 가장 적극적으로 도입한 기업은 쿠팡입니다. 쿠팡은 2019년 기준 약 50만 평, 2021년에 약 100만 평이 넘는 물류 공간을 확보해 국내 물류시장의 판도를 바꾸었습니다. 쿠팡이 이용하는 풀필먼트 센터의 최소 규모는 약 3만 평(10만 제곱미터)으로, 이는 신세계백화점 강남점이나 여의도 더현대서울보다 넓습니다. 쿠팡은 2022년에는 대만에서도 배송 서비스를 시작하며, 북서부의 타오위안시에 두 번째 풀필먼트 센터를 지었습니다.

초대형 물류의 등장과 함께 보관과 배송의 효율성 개선이 요구되었습니다. 이에 따라 최근 리테일과 물류, 로봇, AI 산업의 결합이 화두로 떠올랐죠. 미국의 유통업체 월마트는 자사 물류센터에 심보틱(Symbotic)의 자동 물류 시스템을 도입했습니다. 인간과 로봇의 협업을 넘어, 물류 처리의 완전 자동화를 지향하며 작은 로봇들이 창고 내에서 상품을 픽업하고 이동시킵니다. 인도의 물류 자동화 기업 애드버브(Addverb)는 이동로봇과 셔틀 시스템, 자동 스토리지 등을 활용하고 있고, 중국의 데이터 기반 물류로봇 기업 리비아오로보틱스(Libiao Robotics)와 하이로보틱스(Hai Robotics)도 주목할 만합니다. 영국의 리테일 테크 기업 오카도(Ocado)는 축구장

●●● 영국의 리테일 테크 기업 오카도는 온라인 식료품 소매업을 넘어, 자동화 물류 기술 및 전자상거래 플랫폼을 다른 유통기업에 제공하는 솔루션 사업으로 잘 알려져 있다. 자동화된 고객 주문 처리 센터(CFCs) 운영에 핵심 기술을 보유하고 있으며, 로봇이 상품을 피킹하고 패킹하는 시스템으로 효율성을 극대화한다.

3개 규모의 11만 개 유닛 그리드 위를 약 1,100개의 로봇이 돌아다니며 피킹과 패킹을 담당하는 시스템을 구축했습니다.

물류의 대형화와 정반대 흐름도 나타나고 있습니다. 소비자와 가까운 도심 내 초소형 물류센터(MFC, Micro-fulfillment center)가 속속 등장하며, 일부 지역에서는 주문 후 몇 시간 내에 상품을 받아볼 수 있게 되었죠. 미국 아마존은 2020년부터 당일 배송 서비스(Sub Same Day Delivery Service)를 제공하기 시작했습니다. 고객은 "오늘 오후 3시까지" 혹은 "내일 오전 9시까지" 등 시간을 지정해 상품을 받아 볼 수 있습니다. 축적된 주문 데이터를 바탕으로 지역별 주문 예상 품목과 수량을 최소의 오차로 예측하고, MFC로 미리 배송하여 시간과 재고 비용을 함께 줄이는 게 데이터 기반 물류의 핵심입니다.

    국내 초소형 물류센터의 예로는 CJ 올리브영이 부산 해운대에 오픈한 'MFC 해운대'를 들 수 있습니다. 전체 면적이 300평에 불과한 이 센터는 부산 동부권의 고객들에게 화장품을 당일 배송하고 재고를 관리하는 역할을 합니다. 또 다른 예로, 배달의민족이 운영하는 'B마트'를 들 수 있습니다. 전국 50여 곳에 있는 B마트는 주문 후 30분 내 간편식을 배달하는 것을 목표로 운영되고 있죠. 이러한 즉시 배송 서비스는 편의성과 신속성을 중시하는 현대 소비자의 요구를 반영하고 있습니다.

    아무리 면적이 작아도 도심에서 물류 전용 부지를 확보하기란 어렵습니다. 토지 확보에 비용과 시간도 많이 들고, 교통체증과 소음에 따른 민원도 예상됩니다. 그래서 B마트의 경우, 대부분 기존 음식점이나 업무시설로 쓰이던 건물의 지하 1층 혹은 지상 2층에 입점해 있습니다. 주차장, 로비, 화장실, 하역 공간 등 기존 공간을 활용함으로써 초기 투자 비용을 절감한 것이죠.

    이러한 도심형 물류 공간 수요의 증가에 발맞춰 우리나라 정부도 관련 제도를 마련했습니다. 최근 개정된 「물류시설법」은 도심 내 2종 근린생활시설에 물류센터 입주를 허용하고 있죠. 시설 면적은 500제곱미터 미만으로 제한하여 과도한 물류 기능 집중과 물류 교통 혼잡을 제한하고 있습니다.

    이제 기업들은 선택의 기로에 서 있습니다. 모든 서비스를 통합 처리할 수 있는 대규모 물류센터를 구축해 규모의 경제를 이룰 것인가, 아니면 소비자 접근성이 우수한 초소형 물류센터로 배송 거점을 분산할 것인가, 혹은 두 시스템을 적절히 조합할 것인가에 대한 고민이 깊어지고 있습니다.

도시 관측소

온라인 도매시장이 가져온 변화

지금까지 국내 식자재 유통의 표준은 1985년 개장한 가락동 농수산물 도매시장이 쥐고 있었습니다. 당시 만들어진 유통 경로는 농업인이 생산하면 도매→경매→중도매인→소매→소비자로 이어지는 식이었죠. 단계가 많고 구조도 복잡했습니다. 생산자와 소비자는 서로 만나서 더 나은 제품에 관한 의견을 나눌 기회가 없었습니다. 더욱이 이런 관행에는 중개 수수료도 많이 붙습니다. 그로 인해 농수산물 가격이 올라가지만, 정작 이익의 많은 부분은 농업인이 아닌 중간상에게 수수료 형태로 돌아가는 상황이었습니다. 도매시장 중개 법인은 중개만 하는데도 5~10퍼센트의 수수료를 가져갔으니까요.

게다가 시장 전반의 농산품 수급 상황을 제때 파악하기도 어려웠습니다. 농업인이 배송기사에게 제품 수량과 질을 수기로 적어서 시장에 전달하는 방식이었으니, 유입량 사전 예측이 쉽지 않았습니다. 그리고 실제 거래량을 추산하기 어려우니 농산품 수급 불안 문제가 늘 존재했습니다.

마침내 국내 농수산물 유통에 변화가 시작되었습니다. 농식품부와 해수부의 노력으로 2023년 11월, 국내 최초로 전국 단위의 온라인 도매시장이 열린 것입니다. 온라인에서 거래가 체결되면 산지에서 구매처로 직배송이 이루어지는 시스템입니다. 기존 대비 유통 단계가 현저히 줄어들었고 판매 수수료도 없습니다. 동시에 구매자가 농산품을 탐색하는 시간도 크게 단축되었죠.

온라인 도매시장은 출시 1년도 안 되어 거래 6만 8,000여 건, 거래액 4,000억 원을 넘을 만큼 큰 호응을 얻고 있습니다. 기존의 복잡한 유통 단계 속에서 이익을 취하던 사람들은 이제 새로운 일거리를 알아봐야 할 처지입니다. 동시에 농업인들은 스스로 판매와 마케팅, 품질 관리에 필요한 역량을 갖추어야 합니다. 저장과 배송, 판매를 위한 플랫폼이 발달했으니, 만든 사람이 직접 어디에 얼마에 팔지를 정하고 마케팅해 소비자의 선택을 받을 수 있는 시대가 된 것이죠.

새로운 표준

물류 극효율화 시대에는 이렇게 생산자가 직접 판로를 확보해 소비자와 만나는 '직판직매' 역량이 곧 경쟁력이 될 것입니다. 농수산품만 그런 게 아닙니다. 앞으로 교육 서비스도, 문화 콘텐츠도 크리에이터가 내용을 소비자에게 직접 전달하는 것이 새로운 표준입니다. 만들고 판매하는 행위 전체가 하나의 종합 예술이 되는 것이죠.

저는 도심 내 초소형 물류센터가 단순히 물건의 흐름만 관리하는 곳을 넘어 사람들의 발길을 이끌 수 있는 친근한 장소로 변모하길 바랍니다. 예를 들어, 물류센터의 1층에는 출근길에 신선한 빵과 샐러드를 구입할 수 있는 베이커리 카페와 지역 주민을 위한 간이 진료소가 위치하고, 최상층에는 하늘 정원과 야외 미술관, 보육 공간과 놀이터가 어우러지는 것이죠. 도시 생활에 큰 활력을 불어넣을 것입니다.

나아가 시골의 외딴 마을이나 인구가 줄어드는 지역에서는 아이들의 학용품이나 책, 어르신들의 의약품, 거동이 불편한 분들의 생활용품을 구하기 어렵습니다. 그렇다면 초소형 물류센터에서 이러한 물품을 미리 준비해 두었다가 드론이나 로봇으로 배송한다면 어떨까요? 생활 필수 서비스에서 소외된 지역의 삶을 개선하는 데 큰 도움이 될 것입니다.

CHAPTER 12. 초범주성

새로움이 세상과 만나는 방식이 바뀌고 있다

디지털 아고라

올해 열여덟 살인 제 아들은 게임을 좋아합니다. 그런데 단순히 게임을 즐기는 데 그치지 않고, 게임 속 캐릭터와 배경음악(BGM)에 깊이 빠져 있습니다. 그렇게 게임을 통해 자연스럽게 음악의 세계로 들어갔죠. 예를 들어 〈데빌 메이 크라이 5〉의 전투 BGM에서 록 음악의 매력을 발견했고, 〈울트라 킬〉을 계기로 90년대 '브레이크 코어' 장르를 알게 되었습니다. 또 〈지오메트리 대시〉의 EDM 음악, 특히 "At the Speed of Light" 같은 고난도 트랙에도 푹 빠져 있습니다.

아들의 방에서는 때때로 강렬한 기타 리프와 웅장한 오케스트라 사운드가 울려 퍼집니다. 다양한 디지털 플랫폼을 통해 음악 세계가 더욱 확장되고 있죠. 스포티파이의 알고리즘으로 새로운 장르를 탐험하고, 스팀으로 게임을 즐기며, 디스코드와 레딧에서 음악 정보를 나누고, 유튜브로 콘텐츠를 시청합니다.

이러한 매체는 현대의 '디지털 아고라'라 할 수 있습니다. 고대 그리스의 아고라가 시민들이 모여 의견을 나누던 광장이었다면, 오늘날에는 전 세계의 창작자·게이머·마케터·콘텐츠 소비자들이 가상의 광장에 모여 활발히 소통하고 있습니다.

허물어지는 경계

디지털 아고라의 힘은 아마추어 게임 창작에서 여실히 드러납니다. 지금까지 나온 최고의 롤플레잉 인디 게임 중 하나로 꼽히는 〈언더테일〉이 한 사례입니다. 2015년, 당시 20대 초반이었던 토비 폭스(Toby Fox)는 "왜 모든 게임에서 주인공이 적을 죽여야 할까?"라는 질문에서 출발해 게임의 줄거리, 캐릭터, 음악을 모두 만들어 냈습니다. 그는 전문 마케팅 팀을 내세우지 않았습니다. 대신 닌텐도 RPG 시리즈 중 하나인 '어스바운드' 팬사이트와 웹코믹 '홈스턱'의 커뮤니티를 통해 초기 네트워크를 확보했고, 유튜브와 트위치 스트리머들이 데모를 플레이하면서 게임이 급속도로 유명해졌습니다. 출시 후에는 게이머들이 자발적으로 일러스트와 밈, 코스프레 같은 2차 창작물을 만들어 내며 〈언더테일〉의 인기가 온라인 전반으로 퍼져 나갔습니다. 이렇게 디지털 아고라에서 형성된 강력한 팬덤은 게임의 확고한 지지층이 되었습니다.

특히 〈언더테일〉의 보스전 BGM으로 발표된 "메갈로바니아(MEGALOVANIA)"는 주목할 만합니다. 폭스가 16살 때 작곡한 이 곡은 게임의 인기와 함께 폭발적인 사랑을 받아 최근 유튜브에서 1억 4,000만 회 이상의 조회수를 기록했습니다. 게임 음악이 다양한 온라인 커뮤니티를 발판 삼아 리믹스·오케스트라 편곡·피아노 커버 등으로 재창조되고, 〈언더테일〉 팬덤에서도 그 인기를 이어받은 것입니다.

"아빠, 이 곡 들어 보세요. 게임 음악인데, 오케스트라가 연주하기도 한대요!" 게임을 만들고, 콘텐츠와 캐릭터를 기획하고, 음악을 작곡하고 연주하고 감상하는 일의 경계가 허물어지고 있습니다. 이 세계는 아마추어 창작부터 덕후들의 주류 콘텐츠, 대중문화까지 폭넓게 이어지는 흐름을 만들어 내고 있습니다.

국내외 게임 기업은 초범주 콘텐츠 생산에 박차를 가하고 있습니다. 어느 게임 음악의 플레이리스트 아래 달린 답글이 재미있습니다.

- 라이엇 = 음원 회사
- 블리자드 = 영화 회사

라이엇 게임즈는 〈리그 오브 레전드(LoL)〉로 유명한 텐센트 소유의 미국 소재 게임사입니다. 이 회사가 음원 회사로 불리는 건 세계적인 음반 제작자들보다 더 인기 있는 노래를 만들어 내는 데 성공했기 때문입니다. (여자)아이들의 미연과 소연, 싱어송라이터 매디슨 비어, 자이라 번스가 참여한 가상그룹 K/DA의 'POP/STARS'는 공개 한 달 만에 유튜브 조회수 1억 회를 돌파했고, 현재 6억 3,000만 회를 기록하고 있습니다. 블리자드를 영화사라 부르는 것도 비슷한 맥락입니다. 실제 영화를 만들지는 않았지만, 블리자드가 만든 〈스타크래프트 II〉나 〈디아블로 IV〉 같은 게임의 시네마틱 영상 수준이 마블 영화를 능가한다는 평가를 받고 있습니다.

정치, 사회, 문화, 스포츠…

디지털 아고라의 영향력은 게임을 넘어 정치와 사회로까지 확장되고 있습니다. 2020년 미국 대선에서 조 바이든 후보는 닌텐도 게임 〈동물의 숲〉을 이용해 선거 캠페인을 펼쳤습니다. 게임 속 섬에 'Team Jo', 'Biden & Harris' 같은 선거 팻말을 세우고, 가상 아이템으로 제작된 선거 굿즈를 활용해 유권자들에게 메시지를 전달한 것입니다.

2024년에 재선된 도널드 트럼프 대통령 역시 디지털 아고라의 가능성을 적극 활용하고 있습니다. 트럼프 미디어 & 테크놀로지 그룹(TMTG)이 운영하는 트루스 소셜(Truth Social)은 기존 소셜미디어 검열에 반발하며 탄생한 플랫폼으로, 주요 정치 메시지를 대중에게 직접 전달하는 수단입니다. 최근 TMTG는 '트루스파이(Truth.Fi)'라는 핀테크 벤처를 통해 ETF 상품 출시와 가상화폐 발행을 준비 중이라고 알려졌습니다. 이는 정치와 언론, 금융, 커뮤니티 기능을 디지털에서 하나로 결합하는 거대한 비즈니스 실험입니다.

일본에 반다이남코라는 회사가 있습니다. 2005년 완구회사 반다이(Bandai)와 게임사 남코(Namco)의 합병으로 탄생한 이 기업은 건담 프라 모델로 세계인들의 사랑을 받아 왔지만, 여전히 유통업체 매장에 제품을 납품하는 수준에 머무르며 성장의 한계를 보였습니다. 그런데 최근 반다이남코는 건담 메타버스 구축을 발표하며 플랫폼 기업으로의 도약을 준비하고 있습니다. 메타버스 공간인 '건프라 별'을 만들고, 이곳으로 건담과 제작자, 팬을 초대합니다. 이곳에서 건담 콘텐츠의 재생산과 디지털 아이템의 거래, 오프라인 이벤트 공지 등을 하면서 전 세계 팬들이 소통하는 것이죠.

스포츠계의 움직임도 심상치 않습니다. 영국의 맨체스터 시티

●●● 일본에 반다이남코는 건담 프라 모델로 세계인들의 사랑을 받아 왔지만, 여전히 유통업체 매장에 제품을 납품하는 수준에 머무르며 성장의 한계를 보이다. 최근 건담 메타버스 구축을 발표하며 플랫폼 기업으로의 도약을 준비하고 있다.

는 소니(SONY)와 손잡고 '버추얼 에티하드 스타디움'을 메타버스에 구현했습니다. 팬들은 이 가상 스타디움에서 엘링 홀란의 시즌 최다골 순간을 실시간으로 공유하고, 그의 슈팅을 360도 모든 각도에서 감상할 수 있습니다. 선수들의 라커룸을 둘러보고 최신 유니폼 전시도 구경할 수 있죠. 구단에 대한 팬들의 애착이 더욱 깊어지는 순간입니다.

우리는 '초범주성(trans-category)' 시대에 진입했다.
게임, 음악, 공연, 스포츠, 판매, 사교, 취미, 언론, 엔터테인먼트 등
다양한 활동과 콘텐츠가 디지털 아고라에서 융합되면서,
새로움이 세상과 만나는 방식이 변하고 있다.

(도시 관측소)

공연 산업에서도 변화가 감지됩니다. 2020년 4월 코로나19 팬데믹으로 전 세계가 멈춰 있던 시기, 미국의 유명 래퍼 트래비스 스캇은 선풍적인 인기를 끌던 게임 〈포트나이트〉에서 라이브 공연을 선보였습니다. 당시 〈포트나이트〉는 전 세계 3억 5,000만 명이라는 어마어마한 플레이어 수를 자랑하는 메가 히트 게임이었죠.

스캇은 혜성에서 튀어나온 거인 아바타로 등장해 불길을 가르는 사이키델릭 댄서로, 또 우주를 유영하는 우주인으로 변하며 압도적인 퍼포먼스를 선보였습니다. 이 공연에서 처음 공개된 신곡 "The Scotts"는 이후 빌보드 싱글 차트 1위를 기록했습니다. 더불어 스캇 캐릭터와 관련된 티셔츠, 후디, 모자, 피규어, 장난감 총, 운동화 등이 전 세계로 판매되어 엄청난 부가 수익을 창출했습니다.

단 1시간의 공연을 지켜본 관객이 무려 2,800만 명. 수익은 놀랍게도 220억 원에 달했습니다. 코로나 이전 아스트로월드 콘서트의 하루 평균 수익의 10배가 넘는 금액입니다. 가상 세계 공연이 실제 투어 수익을 뛰어넘을 수 있다는 가능성이 증명된 셈입니다.

이런 변화가 산업 전반을 뒤흔들고 있습니다. 공연과 음반 판매에 의존하던 음악 산업이 게임, 경연, 애니메이션, 증강현실, VFX, 콜라보레이션 상품, NFT 비즈니스로 영역을 넓히고 있습니다. 엔터테인먼트 기획사의 전략도 바뀌었습니다. 과거에는 소속 가수들의 컴백 시기를 조절해 자기잠식, 즉 '카니발라이제이션'을 막으려 했지만, 이제는 새 앨범 출시와 유닛 활동, 티저 영상 공개, 신인 데뷔 주기가 빨라지고 있습니다. 앨범 판매가 유일한 수입원이 아니라면, 시대 감성에 맞는 아티스트를 계속 선보이는 것이 디지털 아고라의 전체 파이를 키우는 데 더 효과적이기 때문입니다.

디지털 콘텐츠와 오프라인 공간의 협업

디지털 아고라에서 유통되는 콘텐츠의 기획과 제작은 당연하게도 온라인 세계에만 머물지 않습니다. 어떤 콘텐츠는 그 특성상 실제 도시 공간에도 변화를 요구하고, 새로운 시도를 끌어냅니다. 최근 화제작 두 편을 보면 알 수 있습니다.

넷플릭스의 〈흑백요리사〉와 2026년 개봉 예정인 나홍진 감독의 〈호프〉입니다. 전혀 다른 두 작품은 모두 파주시의 '유지니아'라는 멀티 스튜디오에서 촬영됐습니다. 17년간 방치된 야적장이 스튜디오로 변신한 것이죠. 유진그룹 동양이 기획부터 개발, 운영까지 모든 과정을 맡았습니다.

〈흑백요리사〉는 100인의 셰프들이 모여 실력을 겨루는 서바이벌 예능입니다. 편의점 재료로 '밤 티라미수'를 만들어 내고, '비빔대왕'이라는 참가자가 화려한 퍼포먼스로 시선을 사로잡았습니다. 매회 경연의 규모와 재료, 요리 장르, 심사 방식까지 새롭게 바뀝니다. 한국 영화 사상 최대 제작비가 투입된 〈호프〉는 국내 최고의 VFX 기업 '웨스트월드'가 참여해 현실과 증강·가상현실이 어우러진 영상을 선보일 예정입니다.

이러한 초범주형 콘텐츠 제작에는 두 겹의 하드웨어가 필요합니다. 첫째는 카메라에 담기는 배경이자 등장인물이 이용하는 도구로서의 초대형 세트장입니다. 〈흑백요리사〉를 예로 들면, 수십 명이 한꺼번에 요리할 수 있는 무대, 벽체와 냉장고, 주방기구, 오븐과 화구, 조명 등이 이에 해당합니다. 둘째는 세트장을 둘러싼 스튜디오 공간 전체와 그 시스템입니다. 백수저 20명과 흑수저 80명의 출연자와 관계자 포함 최소 500여 명이 나뉘어 대기할 수 있는 공간이나 300대 이상의 카메라를 설치하고 관련 영상을 지켜보는 조정

●●● 2024년 3월 26일, 샤키라는 뉴욕 타임스퀘어에 위치한 TSX 엔터테인먼트 무대에서 깜짝 공연을 펼쳤다. 이 공연에서 샤키라는 새 앨범 "Las Mujeres Ya No Lloran" 발매를 기념하며 히트곡들을 선보였고, 타임스퀘어 광장에는 약 4만 명의 팬들이 모여들어 공연을 즐겼다.

실, 각종 설비와 기구를 설치하는 구조체가 여기에 포함되죠. 하나의 방에 또 하나의 방을 만들어 운영하는 것입니다.

핵심은 두 겹의 하드웨어와 함께 카메라, 음향, 전력, 냉난방, 환기 시스템을 시나리오 의도에 맞게 적절한 시기에 빈틈없이 운영하는 노하우입니다. 바로 흑백요리사나 호프 같은 완성도 높은 콘텐츠를 가능하게 한 비결입니다. 유지니아는 준공 후 첫 넷플릭스 오리지널 작품을 성공적으로 선보이면서 초범주 콘텐츠의 제작과 운영 능력에서 세계적인 경쟁력을 입증했습니다. 직접 해 보지 않았다면 얻지 못할 공간 개발과 시설 설치, 연출과 운영 경험을 오롯이 우리나라 기업의 역량으로 이루었다니, 뿌듯한 일입니다.

새로운 형식의 콘텐츠가 꼭 스튜디오 안에만 머무르는 것은 아닙니다. 때로는 실제 도시 공간으로 튀어나와 우리를 깜짝 놀라게 하죠. 뉴욕 타임스퀘어의 TSX 무대가 그런 예입니다. BTS 정국은 솔로 앨범 발매 후 팬들에게 깜짝 메시지를 전했습니다. "지금으로부터 30분 뒤, 타임스퀘어에서 라이브 공연을 합니다." 게릴라 공연 소식을 들은 팬들과 뉴욕 관광객들은 순식간에 광장을 가득 메웠고, 공연은 거대한 전광판과 SNS를 통해 전 세계로 실시간 중계되었습니다. 뉴욕 한복판이 잠시 동안 K-pop 열기로 가득 찬 떼창의 현장이 되었죠.

정국의 공연이 열린 TSX 무대는 1913년에 지어진 역사적인 팰리스 극장을 리모델링하여 탄생했습니다. 무려 7,000톤에 달하는 거대한 극장 건물을 지상에서 10미터 들어 올려 신축 건물과 결합하고, 전면에 타임스퀘어를 향해 열리는 새로운 무대를 만들었습니다. 이렇게 100년이 넘는 역사를 가진 건물이 20세기 뉴욕 문화의 상징 타임스퀘어에서 21세기의 스타 정국과 만나는 모습은 정말 인상적입니다.

이 사례들은 공통점이 있습니다. 바로 새로움이 세상에 선보일 때, 디지털 콘텐츠와 오프라인 공간이 결합한다는 것입니다. 이러한 온오프라인 아고라의 탄생과 초범주형 진화는 다양한 방식으로 도시를 유동화시킬 것입니다.

도시 관측소

OBSERVATORY TALK

잘 만든 팝업이 잠자는 동네를 깨운다

#도시의 기원과 팝업의 역사

관식 요즘 도시 곳곳에서 팝업스토어가 눈에 띄게 늘어나고 있는데, 도시 공간의 유동화를 보여 주는 사례가 아닌가 싶습니다.

애순 맞습니다. 팝업스토어는 도시 공간의 사용을 유동화하고, 점유 기간을 단축하면서도 경험의 임팩트를 극대화하고 있습니다. 하지만 '최근'이라는 표현에는 조금 다른 견해를 갖고 있습니다. 사실 팝업은 도시의 역사와 함께해 온 오래된 현상입니다.

관식 그렇다면 도시의 기원과 팝업이 어떻게 연결되는지 궁금합니다.

애순 도시는 고정된 도로, 공원, 건축물 같은 요소와 이동하는 사람들, 공연, 연설 등 유동적인 요소로 구성되어 있습니다. 특히 플리마켓, 이동식 무대, 방문 판매소, 축제 등은 팝업스토어의 임시성, 이벤트성, 확장성이라는 특징을 그대로 담고 있죠. 사람들은 늘 새로움을 찾아 움직이기 때문에, 팝업은 그 욕구를 충족시켜 왔습니다.

관식 그렇다면 팝업스토어의 역사는 꽤 오래되었군요. 혹시 역사적인 사례가 있을까요?

애순 프랑스 파리의 센강을 따라 걷다 보면 부키니스트들을 만나게 됩니다. 이들은 400년 넘게 녹색 상자를 여닫으며 오래된 서적을 판매해 왔습니다. 이는 팝업스토어의 원형 중 하나로 볼 수 있습니다. 16세기 인쇄술의 발달과 함께 고전문학, 예술 서적, 악보 등을 판매하며 지식의 대중화에 큰 이바지를 했죠.

관식 부키니스트들이 팝업스토어의 초기 모습을 잘 담고 있다니 놀랍네요. 단순한 판매자를 넘어 지식을 보급하는 사회적 역할도 했군요.

애순 그렇습니다. 당시 왕실의 서적 검열과 정부의 규제에 저항하며, 귀족과 성직자의 전유물이었던 지식과 문학을 대중에게 전달했습니다. 이동식으로 운영되었던 그들의 팝업스토어는 혁명의 불씨를 지피는 역할도 했습니다.

관식 현대적인 팝업스토어는 언제부터 시작되었나요?

애순 1990년대 말부터 2000년대에 걸쳐 미국을 중심으로 퍼졌습니다. 상업화된 대중문화에 저항하는 언더그라운드 운동과 함께, 자유분방한 클럽 문화와 스트릿 패션이 결합한 '리츄얼 엑스포(the Ritual Expo)'가 대표적입니다. 1997년 LA에서 시작된 이 행사는 팝업스토어의 새로운 가능성을 보여 주었죠.

관식 그 시기에 스트릿 브랜드들이 팝업스토어를 통해 성장한 사례도 있나요?

애순 하이롤러 같은 스트릿 패션 회사는 팝업스토어를 통해 브랜드 인지도를 높였습니다. 지금은 인스타그램 팔로워가 5만 명에 달하는 브랜드로 성장했죠. 영국의 벤 셔먼도 팝업을 통해 로컬 감성을 확장했고, 이제는 명실상부한 글로벌 라이프스타일 기업으로 자리매김했습니다.

도시 관측소

#도시의 풍경을 바꾼 팝업스토어들

관식 팝업스토어가 도시의 발전에 어떤 영향을 끼칠까요?

애순 최근에는 팝업스토어가 도시의 풍경을 바꾸는 '핸드메이드 도시 설계'나 '택티컬 어바니즘(Tactical Urbanism)'에 활용되고 있습니다. 예를 들어, 서울 석촌호수의 러버덕 프로젝트나 광주 1913 송정역 시장의 '누구나 가게' 등이 있습니다. 이러한 팝업은 도시 공간을 유연하게 활용하면서도 공사나 설치 기간을 단축시켜 새로운 활력을 불어넣습니다.

관식 지방 도시의 유휴 공간을 팝업형 공간으로 전환하는 사례도 있나요?

애순 네, 군산 시민문화회관 옥상에 스케이트보드 파크와 야외 상영관 등을 조성한 '거인의 잠' 프로젝트가 있습니다. 8년간 폐쇄되었던 공간을 팝업을 통해 활성화했죠. 공공의 예산 투입 없이 운영자가 자체 수익 활동을 통해 비용을 충당하는 시스템을 시도한 이 모델은 지금도 실험 중이지만, 민관협력과 팝업을 통해 지방 도시의 부활을 꿈꿔 볼 수 있다는 측면에서 의미가 큽니다. 충남대 윤주선 교수와 스튜디오 우당탕탕이 함께 기획한 대전 '숏! 보타운 파킹데이'도 자동차에 빼앗긴 길을 보행자에게 되돌려준 의미 있는 팝업 사례입니다.

관식 팝업과 도시를 연계하는 전략에는 어떤 것들이 있을까요?

애순 첫째로, 매력적인 콘텍스트를 만드는 지역성을 활용하는 것이 중요합니다. 광고 메시지는 보통 구조화된 '나무형'으로 전달되지만, 팝업스토어의 오프라인 콘텍스트는 덜 구조화된 '뿌리줄기형' 맥락으로 소비자를 초대합니다. 열린 분위기 속에서 브랜드의 의미를 체득하게 하는 것이죠. 여기에 세심하게 선택된 입지와 지역성이 결합되면 한층 더 매력적으로 의미를 전달할 수 있습니다.

관식 침대 브랜드 시몬스가 그런 전략을 사용했다고 들었습니다.

애순 시몬스는 공장이 있는 경기도 이천에서 팝업스토어를 열며 지역 농산물을 새롭게 디자인해 판매했습니다. 부산 전포동에서는 로컬 서브컬처 브랜드인 '발란사'와 협업했고, 해운대에서는 수제버거 전문점 '버거샵'과 손을 잡았죠. 이렇게 지역성을 활용한 팝업스토어를 통해 주목받고 있습니다.

관식 다른 전략도 있을까요?

애순 숨겨진 공간의 재발견입니다. 팝업스토어는 사람들이 잘 가지 않던 장소를 새로운 명소로 만들 수 있습니다. 신당역의 유휴 공간에서 열린 '반스 스테이션 신당'이 좋은 예입니다. 지하철 역사의 투박한 공간을 힙한 문화 공간으로 탈바꿈시켰죠.

관식 사람들이 좋아하는 브랜드라면 아무리 외진 곳이라도 찾아가는군요.

애순 팝업스토어는 장소의 한계를 넘어 도시의 다양한 공간을 유동화합니다. 팝업을 찾는 사람들은 약간의 번거로움이나 의외의 장소도 기꺼이 감수합니다. 이들은 단순한 소비자를 넘어 핵심 팬덤이자 입소문의 진원지, 때로는 무보수 크리에이터에 가깝습니다. 이는 도시의 성장지대를 넓히고, 새로운 활력을 불어넣는 데 큰 의미가 있습니다.

관식 또 어떤 부분이 중요할까요?

애순 도시의 새로운 파사드를 연출하는 것입니다. 팝업스토어는 건물의 외관과 내부를 활용하여 감각적인 경험을 제공합니다. 팝업스토어에 갈지 결정할 때부터, 멀리서 건물이 보일 때, 입구에 들어설 때까지 여러 번의 '입장감'을 선사하죠. 지난해 성수동에서 열린 디즈니의 '하우스 오브 위시'가 좋은 예입니다. 건물의 유리 입면에 홀로그램 아트를 적용하여 방문객들의 이목을 사로잡았습니다.

#팝업이 발굴한 새로운 가치

관식 팝업스토어가 도시의 풍경을 바꾸는군요. 부동산 자산의 활용법에도 영향을 주고 있다고 들었습니다.

애순 팝업스토어의 확산으로 공간의 유연한 활용법에 대한 관심이 높아지고 있습니다. 지금까지 도시는 상권 대부분이 고정형 매장이었지만, 팝업의 비중이 커지는 성수동이나 더현대 서울 같은 사례가 주목받고 있습니다. 오프라인 공간의 핵심 가치가 브랜드, 경험, 가치를 유연하게 담을 수 있는 채널로 옮겨 가는 것이죠.

관식 기업들이 팝업스토어를 선호하는 이유는 무엇인가요?

애순 리스크를 줄이고, 변화하는 트렌드에 빠르게 대응할 수 있기 때문입니다. 고정된 대형 매장은 유지 비용이 높고 구조 변경이 어렵지만, 팝업스토어는 탄력적인 운영이 가능합니다. 예를 들어 코사이어티 같은 운영자 입장에서는 디저트, 주류, 커피, 차를 마시려는 사람과 팝업 전시 관람자, 인생샷을 찍으려는 모델과 촬영자, 학습과 몰입을 원하는 사람까지 한 공간에 담을 수 있죠. 이들은 서로를 마주치며 새로운 재미를 느끼고, 우연한 만남과 이어짐도 기대할 수 있습니다.

관식 기업과 팝업 공간을 누가 연결해 주나요?

애순 최근에는 건물주, 기업, 브랜딩 전문가, 디자이너를 연결해 주는 단기 오프라인 공간 전대 기업이나 옥외광고 전문사가 늘고 있습니다. 때로는 부동산에서 이런 역할을 하거나 건물주가 직접 나서기도 하죠. 명품을 매장 안쪽 깊숙이 숨기는 대신, 짧고 매력적으로 세상에 드러내는 쪽으로 분위기가 바뀌고 있습니다. 도시를 닮아 가는 것 같습니다.

관식 팝업이 도시를 닮아 간다는 말이 인상적입니다.

애순 그렇습니다. 팝업스토어는 소비, 체험의 장소이자 연구, 혁신, 나눔이 공존하는 활동 복합체인 도시의 모습을 닮아 가고 있습니다.

관식 그런 관점에서 세탁 세제 브랜드 퍼실(Persil)은 어떤 방식으로 팝업을 운영했나요?

애순 퍼실은 연구소의 일부 활동을 도시의 공공장소에서 선보였습니다. 세탁 과정 중 옷감의 미세한 변화를 현미경으로 관찰하고, 디스크 형태의 세제가 어떻게 오염물질 제거와 향기 지속에 도움이 되는지 탐구한 공정을 공유했죠. 사회적 기업 '굿윌스토어'와 협력하여 방문객들이 기부한 옷을 퍼실 디스크로 세탁한 후 기부하는 사회공헌 프로젝트도 진행했습니다.

관식 성수동이 팝업 천국이라고 들었습니다. 어느 정도로 많이 열리나요?

애순 매년 500여 건 이상이 예상됩니다. 온라인으로 집계된 숫자라 실제로는 더 많을 것으로 보입니다. 성수동 로컬 잡지 《성수교과서》에 따르면 2025년 4월 2주 차에만 서른여덟 곳의 팝업이 운영 중입니다. 과거에는 잡화 위주였다면, 이제는 패션, 식품, 가구, 디자인, 고급 외제차와 교육 및 환경운동까지 아주 다양해졌습니다.

관식 경공업 공장지대에서 세계적인 팝업 성지로 변신한 성수동

도시 관측소

의 모습을 잘 담고 있는 공간 중 하나가 '대림창고' 아닐까요?

애순 맞습니다. 1970년대 초 정미소로 지어진 이곳은 1990년대 창고로 사용되다가 2010년대 초부터 갤러리 카페로 변신했습니다. 최근에는 패션기업 무신사의 새로운 편집숍으로 거듭났죠. 과거와 현재가 공존하는 공간으로, 성수동의 변화와 공간 유동화를 정말 잘 보여 줍니다.

관식 끝으로 팝업을 직접 기획하라는 미션을 받은 도시 관측가들에게 한말씀 해 주세요.

애순 "우리 회사도 성수동 같은 데서 팝업스토어 한번 해야 하는 거 아니야?"라고 묻는 부장님께 이렇게 답해 보세요. "장소가 힙해야 겨우 성공할 팝업은 이미 시작부터 실패입니다." 힙한 동네라서 팝업이 성공하는 게 아니라, 성공적인 팝업이 들어서 오래 잠자고 있던 동네가 깨어나는 것이죠. 그런 입지를 발굴하고 콘텍스트를 읽어 내는 것이 기획의 시작입니다.

위의 내용은 김세훈, 윤소영의 「도시학 관점에서 본 팝업스토어」*와 박영진 연구원의 석사논문. 힐스프링인베스트먼트 최경국 파트너 및 코사이어티(언맷피플) 위태양, 이민수 대표와 나눈 이야기를 바탕으로 재구성했습니다. *「동아비즈니스리뷰(DBR)」, 2024년 2월호 Issue 2, 48-55쪽.

PART 4. 비싼 도시의 대가

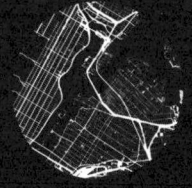

도시도 스타가 됩니다. 어떤 도시는 마치 셀럽처럼 세상의 관심을 사로잡습니다. 뛰어난 경제적 기회, 수준 높은 문화, 탄탄한 인적 네트워크, 최고의 교육환경과 첨단 인프라를 갖춘 극소수의 도시들은 오늘날 '슈퍼스타 도시'라 불립니다. 이들은 마치 블랙홀처럼 인재와 투자, 기업을 빨아들이며 압도적인 속도로 성장합니다. 도시판 '승자독식'인 셈입니다. 하지만 승자독식에는 쉽게 보이지 않는 함정이 있습니다. 슈퍼스타 도시를 성공으로 이끈 과거의 영광이 저절로 다음 단계의 도약을 보장하지는 않습니다. 승자독식이라는 왕좌가 영원할 수 없는 이유가 바로 여기에 있습니다.

dosi
observatory

CHAPTER 13. 승자독식과 필터아웃

슈퍼스타 도시의 저주

기업이 선택하는 도시들

2022년, 애플의 CEO 팀 쿡의 연봉은 9,900만 달러였습니다. 미국 근로자 평균 연봉의 1,400배에 달합니다. 기업의 대표, 스타 연예인, 유명 강사, 일류 운동선수가 일반인의 수백, 수천 배에 이르는 수입을 올리고 있습니다. 극소수가 보상을 독차지하고, 나머지는 상대적 빈곤을 느끼는 이런 상황을 '승자독식'이라고 부릅니다. 이러한 현상이 도시에서도 나타나고 있습니다. 뛰어난 도시는 더 많은 인재와 투자를 끌어들이며 성장을 거듭하고, 다른 도시들과의 격차는 점점 더 벌어지고 있습니다.

> 도시의 승자독식이란
> 경제적 기회, 소득, 문화 수준, 네트워크의 질, 교육과 인프라 등
> 모든 측면에서 뛰어난 '슈퍼스타 도시'가 마치 블랙홀처럼
> 인재와 투자, 기술을 빨아들이며 무서운 속도로 성장하는 현상이다.
> 특정 도시가 다른 도시들을 압도하며
> 전체 파이의 상당 부분을 독차지하는 구조가 형성되고 있다.

●●● 유니콘 기업을 독식하는 도시들. 2023년 7월 기준 전 세계 유니콘 기업의 지리적 집중 현황. 샌프란시스코(171개), 뉴욕(119개), 베이징(62개) 등 소수의 글로벌 주요 도시들이 전 세계 유니콘 기업의 상당수를 차지하고 있으며, 이는 고성장 스타트업과 관련 투자가 특정 지역에 집중되는 현상을 나타낸다. *권혜인 작성, 출처: CB Insights

슈퍼스타 도시의 승자독식 개념은 와튼스쿨의 조셉 규르코(Joseph E. Gyourko)와 크리스토퍼 마이어(Christopher Mayer), 토론토 대학의 리처드 플로리다(Richard Florida) 등의 학자들이 처음 쓰기 시작했습니다. 플로리다는 "과거에는 탈산업화와 교외화가 도시의 위기였다면, 이제는 슈퍼스타 도시와 나머지 간의 격차가 위기의 본질"이라고 말합니다.[23]

이렇게 한 곳으로 자원이 쏠리는 현상을 잘 보여 주는 지표 중 하나가 벤처캐피탈 투자입니다. 벤처캐피탈은 말 그대로 기업의 미래 가치를 믿고 무담보로 투자에 뛰어드는 모험형 자본입니다. 여러 투자자의 자금을 모아 펀드 형식으로 복수의 기업에 투자하며, 단순히 돈만 대는 게 아니라 경영 컨설팅을 하고 추가 투자까지 연결해 줍니다. 당연히 이런 투자가 몰리는 곳에서 혁신과 성장은 더

도시 관측소

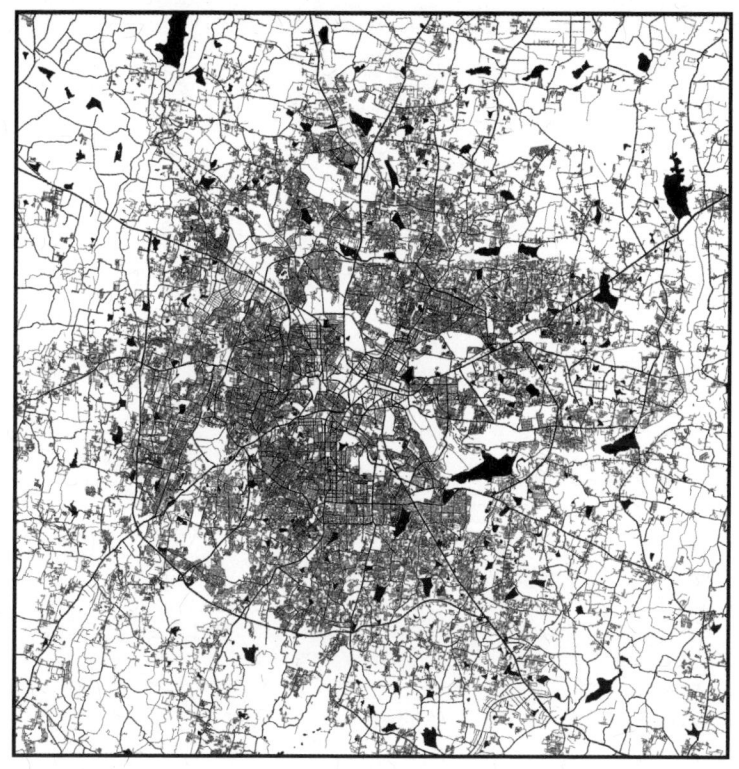

●●● 인도의 실리콘밸리라 불리는 벵갈루루의 도로망. 인도 전체 유니콘 기업의 3분의 1 이상을 보유한 도시답게 도심 중앙부로 갈수록 밀도가 높아지는 전형적인 모습이다.

빠르고 크게 진행됩니다.

　숫자로 살펴보면 더 분명해집니다. 영국의 경우, 지난 10년간 전체 벤처캐피탈 투자에서 런던이 차지하는 비중이 50퍼센트에서 70퍼센트로 치솟았습니다. 맨체스터, 케임브리지, 브리스톨을 모두 합쳐도 런던의 13분의 1에 불과할 정도입니다. 독일의 베를린이나 인도의 벵갈루루도 비슷한 패턴을 보입니다. 베를린은 벤처 투자 집중도가 24퍼센트에서 60퍼센트로, 벵갈루루는 15퍼센트에서

34퍼센트로 급상승했습니다. 특히 벵갈루루는 인도 전체 유니콘 기업의 3분의 1 이상을 보유하며 '인도의 실리콘밸리'라는 명성을 확고히 하고 있습니다.

이런 투자 집중은 해당 도시에서 기업의 폭발적 성장으로 이어집니다. 전 세계 유니콘 기업의 지리적 분포가 이를 잘 보여 줍니다. 전 세계 300여 개 도시에 흩어진 유니콘 중 절반에 가까운 538개가 상위 10개 도시에 몰려 있습니다. 2023년 7월 기준으로 샌프란시스코에 171개, 뉴욕에 119개, 베이징에 62개, 상하이와 런던에 각각 42개가 자리 잡고 있습니다. 극소수 도시들이 고성장 스타트업과 벤처투자를 싹쓸이하고 있는 셈입니다.

최근에는 더 큰 괴물도 나타나고 있습니다. '유니콘'을 넘어 '데카콘'(기업 가치 100억 달러 이상)이나 '헥토콘'(기업 가치 1,000억 달러 이상) 기업입니다. 오픈AI, 디스코드, 스페이스X, 바이트댄스, 쉬인 같은 기업들이 대표적이죠. 이들 역시 아무 도시에나 있지 않습니다. 샌프란시스코, 호손, 베이징, 싱가포르 등 이른바 슈퍼스타 도시에 집중되어 있습니다.

한국의 승자독식 도시

인구로만 보면 전국의 18퍼센트 수준이지만, 서울이라는 도시의 영향력은 비교할 수 없을 만큼 압도적입니다. 전국 대학생(일반대학)의 26퍼센트, 전체 법인의 31퍼센트, 전국 스타벅스의 33퍼센트, 전체 기업 법인세의 43퍼센트, 국내 유입 외국인 직접투자(FDI)의 45퍼센트, 전체 은행 예금의 51퍼센트, 전체 항공·육상 운송업 매출의 54퍼센트, 금융·보험·정보통신·사업

서비스 분야 대기업의 85퍼센트가 서울에 집중되어 있습니다.

대기업만이 아니라 신생 기업 역시 서울의 특정 지역으로 몰립니다. 한 예로, 스타트업 기업이 전국에서 가장 많이 집중된 강남, 서초, 마포, 성동 네 곳에는 수도권 전체 스타트업의 58퍼센트가 밀집해 있습니다.[24] 기업뿐만이 아닙니다. 서울은 다른 곳과의 경험 격차와 건강 격차도 두드러집니다. 오늘날 서울은 전국에서 기대수명이 가장 높은 곳이죠. 2020년 기준 서울에서 태어난 아이의 기대수명은 84.8년으로 전국 최고입니다. 반면 충북과 경북은 82.6년, 같은 조건이라도 서울보다 2.2년이나 짧습니다.[25]

서울 근처에서 비슷한 수준의 승자독식을 누리고 있는 도시가 바로 판교입니다. 판교는 사실상 서울 밖 유일한 슈퍼스타 도시입니다. 특히 정보통신, 생명과학, 게임·콘텐츠 분야에서 독보적인 위치를 차지하고 있죠. 게임산업만 봐도, 국내 10대 게임사 중 6곳인 넥슨코리아, 엔씨소프트, 스마일게이트, NHN, 카카오게임즈, 위메이드가 분당을 포함한 판교 일대에 터를 잡고 있습니다.

판교의 심장, 판교 테크노밸리(PTV)의 힘은 더욱 놀랍습니다. 2023년 기준 근로자 수만 7만 8,700여 명, 입주 기업의 연간 매출액은 168조 원에 달합니다. 우리나라 국가산업단지 평균 생산액의 19배에 해당합니다. 기업과 자본이 선택하는 도시는 크게 성장합니다.

화려한 도시의 불평등

승자독식이 계속되면 도시 간 불평등은 더욱 심해질 수밖에 없습니다. 혜택은 극소수 지역이 가져가고,

나머지 지역에서는 기업과 인재가 떠나고 괜찮은 일자리가 말라 갑니다. 한 나라의 재능과 기회가 특정 지역에만 쏠리고 다른 지역은 사막처럼 변해 가는 현상의 폐해는 사회 전체를 갉아먹게 됩니다.

이를 막기 위해 세계 각국은 지역 균형발전 정책을 펼치고 있습니다. 기업의 지방 이전을 유도하는 것이 대표적입니다. 우리나라도 1999년부터 수도권 공장을 지방으로 옮기는 기업에 법인세 감면 혜택을 주고 있습니다. 2004년부터는 지방투자촉진보조금 제도를 통해 수도권 우량 기업의 지방 이전 시 투자 설비를 지원합니다. 2023년 기준 기업당 평균 40억 원을 지원받았지만, 본사 이전을 끌어내기엔 여전히 역부족입니다. 2024년 2월 지방의 기회발전특구로 이전하는 기업에 취득세와 재산세를 감면해 주는 제도가 생겼지만, 얼마나 효과가 있을지 두고 봐야 합니다.

승자독식의 역기능은 슈퍼스타 도시 '내부'에서도 나타나고 있습니다. 생활비와 집값, 임대료가 치솟으면서 원주민과 골목 상권, 중소기업들이 하나둘 떠나고 있습니다. 비용을 감당할 수 없거나 성장 기회를 박탈당한 이들은 마치 거대한 체에 걸러지듯 도시 밖으로 밀려납니다. 이른바 '필터아웃(filter-out)' 현상입니다. 최근 스타트업의 서울 이탈이 한 예입니다. 지난 4년 동안 서울과 수도권을 떠난 스타트업 기업들은 다른 모든 지역의 유출 기업을 합친 숫자보다 많습니다. 스타트업얼라이언스 조사에 따르면 이 기간 217개 스타트업이 수도권으로 들어왔지만 422개가 빠져나갔습니다. 이 중 충청권으로 이전한 기업이 38.9퍼센트에 이릅니다.[26]

주거 측면에서도 서울의 필터아웃 징후가 뚜렷합니다. 한 예로 서민 주거가 급격히 사라지고 있습니다. 서민 주거의 기준은 집값 6억 원 이하인데, 이는 보금자리론이나 신혼부부 디딤돌대출을 받을 수 있는 주택 가격 기준이기도 합니다. 2006~2008년만 해도 서울 아파트 매매의 90퍼센트 이상이 6억 원 이하였지만, 2024년에는 그 비율이 20퍼센트 수준으로 곤두박질쳤습니다. 300세대 이상 아파트 단지 중 서민 주거에 해당하는 단지는 2025년 기준 서울 전체에 10개 정도밖에 안 됩니다. 이러한 집값 폭등과 최근 전·월세 불안에 시달리며 많은 자영업자, 취업준비생, 청년 직장인과 은퇴를 앞둔 이들이 '서울 탈출'을 강요받고 있습니다.

독이 든 성배

경쟁을 통한 도시의 성장 자체가 문제는 아닙니다. 한 도시의 경쟁력은 '경쟁'에서 비롯됩니다. 기업, 인재, 자본에게 더 매력적인 환경을 만들기 위한 도시 간 경쟁은 무척 자연스럽습니다. 문제는 슈퍼스타 도시의 성장 과정에서 생겨나는 엄청난 높이의 진입장벽입니다. 집값과 함께 물가, 임대료, 교육비, 의료비, 식비와 교통비 등 생활비가 전방위로 비싸지는 국지 인플레이션(localized inflation)이 이런 장벽을 만듭니다. 노동의 대가를 통해 이런 비용을 감당할 수 없는 구성원은 결국 도시 밖으로 밀려날 수밖에 없습니다.

이처럼 한 도시의 진입장벽이 높아지면 기업 투자가 아무리 활발해도 사회·경제적 활력은 떨어집니다. 이와 함께 도시의 매력과 다양성도 사라지죠. FADE 모델의 $y=f(l, k, i) \times ADE$에서, 도시에 쌓인 역량(A, D, E)이 무너지는 순간입니다. 인재, 자본, 인프라의 초집중이라는 강점이 오히려 도시의 발목을 잡는 아이러니가 벌어지는 것입니다.

승자독식은 독이 든 성배나 다름없습니다. 마시는 순간은 달콤

●●● 비용을 감당할 수 없거나 성장 기회를 박탈당한 이들은 마치 거대한 체에 걸러지듯 도시 밖으로 밀려난다. 주거 측면에서도 서울의 필터아웃 징후가 뚜렷하다.

하지만, 곧 그 독에 마비되어 본연의 힘을 잃고 높은 장벽 안에 스스로 갇히고 맙니다. 실제로 한때 '승자'로 불리던 도시들이 영광의 자리를 지키기 힘들어합니다. 화려한 명성을 누렸던 곳일수록 물가, 부동산, 교통난, 부패, 마약, 혐오 범죄 등 온갖 도시병이 한꺼번에 터지고 있기 때문입니다.

도시 관측소

CHAPTER 14. 슈퍼스타 도시의 명암

캘리포니아를 탈출하는 사람들

연봉 1억의 저소득층

전 세계를 휩쓸고 있는 고물가의 실체를 들여다본 후 영국 《이코노미스트》는 이렇게 전했습니다. "도시 물가가 미쳤습니다." 2023년 한 해 세계 주요 도시의 물가 상승률이 7.4퍼센트를 기록했습니다. 2022년의 8.1퍼센트에 이어 두 해 연속 폭등이죠. 과거 2~3퍼센트 수준이던 시절과 비교하면 심각하게 높은 수준입니다.

우리나라 도시도 예외는 아닙니다. 서울의 경우, 세계 주요 도시 중 물가가 14~15위권에 올라 있습니다. 한때 돈이 많이 드는 도시의 대명사로 여겨졌던 런던, 프랑크푸르트, 도쿄보다 높은 수준입니다.

미국의 캘리포니아주는 세계에서 물가가 비싼 도시를 여럿 거느리고 있습니다. 로스앤젤레스, 샌프란시스코, 샌디에이고 등이 그렇습니다. 온화한 날씨, 적당한 생활비, 포용적인 문화로 지상낙원이라 불리던 곳의 형편이 달라졌습니다.

샌프란시스코만 봐도 그렇습니다. 이 도시는 잘 알려진 애플, 구

글, 엔비디아, 어도비, 메타, X, 우버, 리프트, 에어비엔비, 핀터레스트까지 글로벌 빅테크 기업들이 포진한 실리콘밸리의 심장부입니다. 유니콘 기업 배출 세계 1위의 도시이기도 합니다. 하지만 혁신 도시라는 왕관의 무게가 만만치 않습니다. 화려한 명성 뒤에는 천정부지로 치솟은 주거비와 생활비, 미국 최고 수준의 세금, 그리고 범죄 위험이라는 그림자가 드리워져 있습니다.

코로나 이전인 2019년 기준 샌프란시스코의 단독주택 중위가격은 160만 달러(약 22억 원)로, 당시 서울 아파트 가격의 두 배에 달합니다. 2024년 4월에는 185만 달러까지 치솟았죠.[27] 집 월세를 제외한 4인 가족의 한 달 생활비만 5,650달러 수준이니 보통 사람에겐 숨이 턱 막히는 물가입니다.

이렇게 물가와 집값, 세금이 너무 높다 보니, 웬만큼 벌어서는 정상적인 삶을 꾸리기가 어렵습니다. 샌프란시스코 카운티는 연 소득 10만 4,400달러(약 1억 3,800만 원) 이하를 저소득층으로 분류해 주거 지원 대상에 포함하고 있습니다. 4인 가구 기준으로는 연 소득 33만 9,000달러(약 4억 4,900만 원)가 되어야 샌프란시스코에서 '안락한 생활'이 가능하다는 통계도 있습니다.[28]

높은 물가와 세금의 혹독한 대가

상황이 이렇다 보니, 한때는 멕시코 사람들이 '아메리칸 드림'을 좇아 미국으로 넘어왔는데, 요즘은 미국의 재택·원격 근무자들이 물가가 저렴한 멕시코로 발길을 돌리고 있습니다. '멕시코로 이주하기', '멕시코 생활비' 같은 검색어가 미국 포털에서 급상승하고 있죠. 미국인들은 비자 없이 최대 6개월간 멕

●●● 치솟은 주거비와 최고 수준의 세금을 피해 미국의 재택·원격 근무자들이 물가가 저렴한 멕시코로 발길을 돌리고 있다. 덕분에 멕시코시티 후아레즈와 콘데사 지역은 젊고 힙한 동네로 탈바꿈하고 있다.

시코에 체류할 수 있습니다. 잠시 회의 참석이나 코스트코 쇼핑을 위해 국경을 넘었다가 일을 보고 다시 멕시코로 돌아오는 '멕시코 통근족'이 늘어났습니다.

참고로 멕시코는 코로나19 기간에도 국경을 봉쇄하지 않은 몇 안 되는 나라 중 하나였습니다. 이 틈을 타 많은 원격 근무자와 전 세계 관광객, 문화예술가, 건축가 들이 멕시코로 이주했습니다. 덕분에 국경지대 일부와 멕시코시티 후아레즈(Juárez)와 콘데사 (Condesa) 지역은 젊고 힙한 동네로 탈바꿈하고 있습니다.

세금 문제 또한 캘리포니아 생활을 힘들게 만드는 주범입니다. 캘리포니아주의 개인 소득세율은 최고 13.3퍼센트로, 미국에서도 가장 높은 축에 속합니다. 같은 월급이라도 실수령액은 다른 주에 비해 확연히 적습니다. 기업들의 한숨도 깊습니다. 주 법인세가 8.8퍼센트인데, 여기에 연방 법인세 21퍼센트가 더해져 최대 29.8퍼센트까지 치솟습니다. 물론 트럼프 정부 이전(연방 35퍼센트)보다는 낮아졌지만, 주 소득세와 법인세가 아예 없는 텍사스와 비교하면 캘리포니아가 얼마나 '세금 지옥'인지 알 수 있습니다.

전방위로 물가와 세금이 비싸진 캘리포니아는 최근 혹독한 대가를 치르고 있습니다. 기업, 돈, 근로자가 이탈하는 것입니다. 스탠퍼드 후버연구소 자료에 따르면, 2018년부터 2021년까지 4년간 무려 352개의 기업 본사가 캘리포니아를 떠났습니다.[29] 연평균 88개씩 떠났고, 그중에는 포춘 1000대 기업이 11곳이나 됩니다. 언론에 보도된 것만 이 정도니, 작은 기업들까지 합치면 탈출 움직임은 역대급 규모입니다.

실제로 테슬라, X(구 트위터), 오라클은 오스틴으로, 석유 공룡 쉐브론과 휴렛 패커드 엔터프라이즈는 휴스턴으로, 뉴트로지나는 뉴저지로 둥지를 옮겼습니다. 에이콤은 달라스로, 미국 최대 증권사 찰스 슈왑은 웨스트레이크로 이미 옮겼거나 이전을 확정지었죠. 세계적인 기업의 '탈(脫)-캘리포니아' 행렬이 지역 경제를 할퀴고 있습니다.

캘리포니아의 일자리와 경제 생태계가 버틸 리 만무합니다. 관련 통계를 보면, 2022년 1월부터 2024년 6월까지 미국 전체의 민간 부문 일자리는 약 732만 개 늘었습니다. 이 가운데 캘리포니아에서 늘어난 비율은 불과 0.07퍼센트(5,400개)에 그쳤습니다.[30] 미국 인구의 12퍼센트를 차지하는 캘리포니아치고는 처참한 성적표입니다. 그나마 이 기간 새로 생긴 일자리의 96.5퍼센트가 정부 부문입니다. 도시 재정이 흔들리거나 정부가 셧다운 되면 캘리포니아의 번영은 언제든 사라질 수 있습니다.

도시 관측소

샌프란시스코의 폐점 도미노

마치 모래성과도 같은 형국은 혁신의 메카로 불리던 캘리포니아, 그중에서도 샌프란시스코에 직격탄을 날렸습니다. 도심의 오피스 공실률은 50퍼센트를 넘어섰고, 2019년 5퍼센트였던 도시 전체 공실률도 2024년 2분기 기준 34.5퍼센트로 치솟았습니다. 오피스 세 채 중 한 채가 텅 비어 있다는 뜻입니다.

뉴욕과 LA 같은 대도시의 다운타운에서도 공간이 비어 가고 있습니다. 방치된 공간이 늘어날수록 깨진 유리창처럼 지역 쇠퇴가 가속화되고 도시의 경쟁력도 함께 무너질 거란 우려가 커지고 있습니다. 그래서 도시의 용도와 입지 규제를 과감하게 풀자는 목소리도 높아지고 있습니다. 뉴욕의 경우, 미드타운의 낡고 빈 오피스 건물 중 10퍼센트만 주거로 전환해도 1만 4,000가구의 새 주택을 공급할 수 있다는 계산이 나옵니다.

일자리 증발로 인한 인구 충격도 심상치 않습니다. 샌프란시스코 인구는 2019년 약 88만 명에서 2023년 7월 기준 80만 9,000명으로 줄었습니다. 불과 4년 만에 10퍼센트 넘게 빠졌는데, 이는 코로나19 영향만으로 설명하기엔 너무 큰 숫자입니다.

연쇄 반응이 시작됐습니다. 사람과 기업이 떠나니 소비가 줄고, 대형 상점과 호텔까지 문을 닫는 '폐점 도미노'가 벌어지고 있습니다. 샌프란시스코에서 노드스트롬 유니온 스퀘어점과 홀푸드 같은 대표 매장이 사라졌고, 힐튼이나 파크55 같은 유명 호텔도 파산 위기에 놓이거나 매각을 준비하고 있습니다. 그 결과 지역 내 상업용 부동산의 가치는 크게 하락했습니다.

이는 해당 지역만의 이슈가 아닙니다. 전 세계 부동산 금융이 촘

●●● 샌프란시스코의 유니온 스퀘어 쇼핑 지구에 있는 소매점들이 텅 비어 있다. 사람과 기업이 떠나 소비가 줄고, 대형 상점과 호텔까지 문을 닫는 '폐점 도미노'가 벌어지고 있다.

촘하게 연결되면서 우리나라 자산운용사가 투자했던 부동산 펀드도 큰 손실을 보고 있습니다.

> "해외 부동산 펀드 67퍼센트가 손실... 해외 상업용 부동산 수요가 줄면서 부동산 가격이 떨어져 손실이 발생"
> ― 《조선비즈》 2024년 6월 17일
>
> "오피스 텅텅 비더니 1조 물렸다... 해외 부동산 펀드 바닥 모를 추락"
> ― 《머니투데이》 2024년 8월 29일
>
> "네슬레 사옥이라서 믿었는데... OOO 스페인 부동산펀드, 내년도 배당 불투명"
> ― 《조선비즈》 2023년 10월 18일

도시 관측소

최근 몇 년간 해외 상업용 부동산 펀드는 이미 부실이 심각한 수준입니다. 국내 대형 운용사들은 부동산 투자의 매력이 주식보다 안정적이고 채권보다 수익률이 높다는 점을 꼽았지만, 최근 미국과 유럽의 상업용 부동산은 이 두 가지 조건 모두를 충족시키지 못하고 있습니다.

미국의 주식 시장은 최근 강한 상승 흐름을 보여 주었습니다. 채권 수익률도 4퍼센트대를 넘었죠. 이와 견줘 보면 부동산 투자의 매력은 현저히 떨어집니다. 자금 조달 비용도 문제입니다. 국내 운용사가 상업용 부동산에 투자하려면 미국의 보험사나 은행, 상업용 부동산 담보증권(CMBS)을 통해 대출받아야 하는데, 이자율이 6~7퍼센트대에 달합니다. 수익률보다 더 높아진 금리를 감당하며 투자를 지속할 수는 없습니다.

게다가 기업들은 입지 이전 결단을 내리는 데 과거 어느 때보다 더욱 단호해졌습니다. 전통적 혁신의 도시에 남기보다 새로운 기회를 제공하는 지역으로 옮기고 있죠. 코로나19 이후 재택근무 문화가 확산하면서 오피스 점유율은 떨어졌고, 지갑을 열어야 할 근로자와 그 가족들이 사라졌습니다. 도심부 저층 리테일도 경영난에 허덕이고 문을 닫습니다. 결국 건물 전체의 자산 가격이 뚝뚝 내려가면서, 그에 투자한 펀드도 줄줄이 손실을 보게 될 것입니다.

기업이 떠나간 자리를 채우는 것들

"이게 정말 문제일까요?" 이런 의문을 제기하는 분들도 계실 것입니다. 슈퍼스타 도시에서 인구와 기업이 빠져나가는 게 뭐 그리 대수냐고요. 수요가 줄면 자연스럽게 부동산 가격과 물가가 안정되고, 고물가로 고통 받던 서민들의 삶은 더 나아질 것이며, 때가 되면 기업들도 돌아올 것이라고 생각할 수 있죠. 하지만 현실은 그리 단순하지 않습니다. 문제는 도시의 중간계층이 담당하던 일자리의 허리가 사라진다는 점입니다.

<u>슈퍼스타 도시에서 한번 치솟았던 인건비와</u>
<u>첨단기술 중심의 고용시장은</u>
<u>그 지역을 고소득 전문직과 이들을 뒷받침하는</u>
<u>저임금 혹은 비정규직으로 양분시킨다.</u>
<u>중간이 사라지는 것이다.</u>
<u>그에 따라 중산층 일반직이나 저숙련 노동자들이 필요로 하는</u>
<u>안정적인 일자리는 자취를 감춘다.</u>
<u>관련 산업 생태계가 소멸한 상태로 불황이 지속되고,</u>
<u>이렇게 한번 비틀린 노동 구조는 좀처럼 회복되기 어렵다.</u>

더 우려되는 점은 기업과 근로자가 떠난 빈자리에 각종 사회 문제가 뿌리내린다는 것입니다. 지금 샌프란시스코 거리에는 약 1만 명의 노숙자가 있고, 그 수는 매년 가파르게 늘고 있습니다. 2024년 조사를 보면 새로 늘어난 노숙자의 40퍼센트가 다른 지역에서 흘러들어왔다고 합니다. 근로자와 기업은 떠나고 노숙자와 마약 중독자가 몰려드는 악순환이 시작된 것입니다.

시 정부의 대응도 실망스럽습니다. 한때 세계에서 가장 진보적이라 불리던 도시가 이제는 노숙자들을 도심 쉼터로 인도하는 대신, 그들의 '고향'으로 돌려보내는 버스표를 지원하겠다고 합니다. 엄청난 세금을 거두면서도 도시 문제를 해결하지 못하고 다른 지역으로 떠넘기는 꼴입니다.

도시 관측소

요즘 샌프란시스코의 소매점들이 문을 닫는 이유가 또 있습니다. 매출 감소보다 더 심각한 것이 절도나 가게털이 같은 범죄의 급증입니다. 직원과 쇼핑객의 안전을 보장할 수 없다는 것이죠. 캘리포니아 전역에서 강력 범죄와 절도가 늘어나는 추세고, 대마초 합법화 이후 마약 사용도 더 널리 퍼졌습니다. 특히 950달러 미만의 절도는 불기소하는 관용 정책이 오히려 범죄를 부추기는 역효과를 낳고 있습니다.

모두가 패자가 되는 게임

"한국은 다르지 않나요?" 이렇게 반문하는 분도 있습니다. 물론 저도 공감합니다. 우리 사회는 여전히 수준 높은 치안과 준수한 시민의식을 유지하고 있습니다. 밤거리는 아직 안전한 편이고, 카페에 노트북을 두고 나가도 도난당하지 않는 세계 몇 안 되는 나라임에 자부심도 느끼게 됩니다.

하지만 잊지 말아야 할 것이 있습니다. 세계 혁신의 심장부에서 벌어지는 일은 우리에게도 얼마든지 일어날 수 있다는 점입니다. 승자독식 도시에서 집값과 물가가 치솟고, 기업과 근로자가 떠나고, 범죄 문제까지 겹치면서 '악화가 양화를 구축'하는 현상은 순식간에 도시를 망가뜨릴 수 있습니다. 여기에서 '구축(驅逐)'은 쌓는다가 아니라 축출한다는 뜻입니다. 나쁜 일 하나가 긍정적인 일 열 가지를 몰아내는 것이죠.

도시가 지나치게 비싸지고 일자리의 허리가 사라지면 그 부담은 결국 구성원에게 돌아옵니다. 모두가 패자가 되는 게임이죠. 다시 생각해 보면, 도시의 본질은 사람, 자본, 인프라가 모여 활발하게 상호작용하면서 새로운 가치와 경험을 만들어 내는 데 있습니다. 과도한 물가와 외식비, 높은 임대료와 세금, 범죄에 대한 관용은 도시를 도시답게 만드는 모든 기능을 마비시킬 수 있습니다.

물론 샌프란시스코라는 도시의 아성이 하루아침에 무너지지는 않을 것입니다. 하지만 '세계에서 가장 비싼 도시'라는 타이틀을 달고 번영을 지속할 수 있는 도시는 없습니다. 한국의 도시들은 이미 집값과 생활비가 세계적인 수준에 도달했습니다. '탈-캘리포니아'가 주는 교훈을 무겁게 받아들여야 할 때입니다.

도시 관측소

OBSERVATORY TALK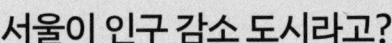

서울이 인구 감소 도시라고?

#승자독식 도시 서울

"어떻게 청춘이 맨날 집에 가기 바쁘냐?" 드라마 〈나의 해방일지〉 속 주인공 미정에게 직장 동료가 보낸 메시지입니다. 미정은 오늘날 경기도에 살면서 서울로 매일 통근·통학하는 125만 명의 국민 중 한 명입니다. 현재 고양시에서 약 16만 3,000명, 성남시에서 12만 9,000명, 부천시와 남양주시에서 각 10만 명, 용인시에서 9만 2,000명이 서울로 통근·통학을 하고 있습니다. 이들은 마치 밀물과 썰물처럼 아침이면 서울로 왔다가 저녁에 다시 빠져나갑니다.

많은 사람들이 서울로 몰려오니 서울이 인구 감소 도시라는 게 잘 실감나지 않습니다. 하지만 서울의 인구는 꾸준히 감소하고 있죠. 1992년 약 1,093만 명으로 정점을 찍은 후, 2024년 1분기에는 960만 명대로 줄었습니다. 서울연구원의 예측에 따르면 2040년에는 916만 명으로 떨어져 서울 인구는 1980년대 초반 수준으로 돌아갈 전망입니다.

#신유목민이 된 관계인구

그런데 왜 우리는 여전히 서울을 사람들이 넘치는 도시로 느끼는 걸까요? 주말 오후 여의도 '더현대 서울'에 가 보면 마치 인파의 바다에 빠진 듯한 기분이 듭니다. 이렇게 많은 사람들이 다 어디에서 왔지, 하는 생각이 절로 들죠. 인구는 줄었는데도 서울이 여전히 북적거리는 이유는 크게 두 가지로 설명할 수 있습니다.

우선 '관계인구'의 존재입니다. 이들은 서울에 살지는 않지만 일, 여가, 문화생활, 교육 등을 위해 서울과 긴밀한 관계를 맺고 있는 사람들입니다. 예를 들어, 일산에 살면서 매일 서울 강남으로 출근하는 직장인, 주말마다 서울의 문화시설을 찾는 인천의 가족들, 학원이 밀집한 대치동으로 매주 학습하러 오는 남양주의 학생들은 모두 서울의 관계인구입니다. 이들은 서울이라는 거대한 자석에 이끌려 주기적으로 방문하고 상당한 시간을 보내는 신유목민입니다.

관계인구의 존재는 서울뿐만 아니라 전 세계 대도시의 활력을 좌우하는 핵심 요소가 되고 있습니다. 과거에는 출생과 사망으로 인한 자연적 인구 증감이 도시의 활력을 결정했다면, 이제는 관계인구의 유입과 그들의 소비 및 활동이 곧 도시의 생동감을 만들어내는 주역입니다.

다음으로 서울로 유입되는 인구의 연령대가 매우 젊다는 점입니다. 2023년 통계를 보면, 연간 인구 순 유입(전입-전출)은 10대가 7,000명, 20대는 무려 4만 6,000명입니다. 즉, 10~20대를 합치면 한 해 동안 5만 3,000명이 서울로 순 유입된 셈입니다. 이는 매년 청소년과 청년으로 구성된 작은 도시 하나가 통째로 서울로 이전하는 효과입니다.

반면에 40대는 1만 4,000명, 50대는 1만 6,000명, 60대는 1만 4,000명이 순 유출되었습니다. 이러한 현상은 서울이 거대한 '인구 펌프' 역할을 하고 있음을 보여 줍니다. 전국에서 10~20대의 젊은 인구를 빨아들이고, 40대 이상의 중장년층을 외부로 내보내는 것이죠.

도시 관측소

우수한 대학과 사교육, 스타트업 및 대기업의 본사, 그리고 다양한 문화·여가·패션 시설의 집중이 젊은 층을 서울로 끌어들이는 강력한 유인이 됩니다. 반면 높은 주거비와 생활비, 소음과 공해, 은퇴 후 조용한 삶에 대한 기대가 중장년층과 고령층 유출의 주된 이유가 되고 있습니다.

이처럼 서울은 인구 감소에도 불구하고 대한민국에서 가장 활력 넘치는 도시로 자리매김하고 있습니다. 관계인구의 유입과 젊은 층의 집중은 서울의 매력을 보여 주는 증거인 동시에, 지역 불균형과 일자리 격차 등 우리나라가 직면하고 있는 도전이기도 합니다.

CHAPTER 15. 네옴 현상

세계 주요 도시의 패권 경쟁과 새로운 패러다임

첨단기술 집약형 도시 프로젝트

사막 한가운데 길이 170킬로미터의 거대한 은빛 도시가 우뚝 서 있는 렌더링 이미지를 본 적 있나요? 얼마 전부터 전 세계의 이목을 집중시키고 있는 사우디아라비아의 '네옴시티' 프로젝트입니다. 단순한 신도시 건설이 아닙니다. 사우디의 미래를 바꾸려는 야심찬 선언이자, 인류 역사상 가장 큰 규모로 펼쳐지는 첨단기술 집약형 도시 프로젝트입니다.

사우디는 오랫동안 '검은 황금'이라 불리는 석유에 의존해 왔습니다. 국가 재정 수입의 70퍼센트 이상을 석유가 차지했죠. 하지만 미국의 셰일오일 생산 증가와 석유수출기구(OPEC) 외 산유국들의 원유 공급 확대, 신재생에너지 사용 및 고효율 에너지 기술 보급으로 중동산 석유의 영향력은 점차 감소했습니다. 여기에 중동 지역의 불안정한 정치 상황과 전쟁, 테러 위협까지 더해지며 변화의 필요성이 커졌습니다.

이러한 배경 속에서 빈 살만 왕세자는 〈사우디 비전 2030〉을 발표했습니다. 이 비전의 핵심은 국가 경제의 석유 의존도를 낮추고,

민간이 주도하는 비석유 부문에서 새로운 성장 동력을 찾는 것입니다. 특히 주목할 만한 점은 2030년까지 전체 전력의 절반을 재생에너지로 전환하겠다는 목표입니다. 우리나라의 재생에너지 비율이 아직 9퍼센트에 불과하다는 점을 고려하면, 이는 상당히 도전적인 목표라 할 수 있습니다.

사우디의 이러한 변화에는 인구 구조라는 또 다른 이유가 있습니다. 현재 사우디의 총인구 3,400만 명 중 2,100만 명이 자국민으로, 중동의 다른 나라들과 비교하면 전체 인구도, 자국민 비율도 높은 편입니다. 참고로 아랍에미리트(UAE)는 전체 인구 1,000만 명 중 자국민이 100만 명에 불과합니다. 더욱이 사우디 인구의 중위연령은 32세로 매우 젊습니다. 따라서 이 젊은 세대가 살아갈 미래를 안정적으로 설계하는 것이 국가의 핵심 과제가 되었습니다.

더 라인, 트로제나, 옥사곤

네옴시티는 이처럼 사우디의 탈석유 경제로의 전환, 청년층을 위한 일자리와 산업 기반 마련, 관광·스포츠 이벤트를 통한 수익 창출이라는 비전을 담고 있습니다.

세부 프로젝트 중 눈길을 끄는 구조물은 '더 라인(The Line)'입니다. 길이 170킬로미터, 높이 500미터에 달하는 수직형 신도시로, 사막을 가로지르는 선형 실루엣이 무척 인상적입니다. 완공 후에는 900만 명이 거주할 예정이며 완전한 탄소중립을 실현할 예정입니다. 기존 도시의 상징이었던 자동차는 사라지고, 초고속 교통수단이 지하를 달리게 됩니다.

더 라인의 가장 혁신적인 특징은 도시의 모든 기능을 거대한 벽

●●● 네옴시티는 사우디의 탈석유 경제로의 전환, 청년층을 위한 일자리와 산업 기반 마련, 관광·스포츠 이벤트를 통한 수익 창출이라는 비전을 담고 있다. 더 라인은 사막을 가로지르는 길이 170킬로미터, 높이 500미터에 달하는 수직형 신도시다.

체 사이에 수직으로 배치했다는 점입니다. 주택, 관공서, 학교, 도서관, 영화관, 쇼핑센터, 공원까지 층층이 쌓인 형태로, 옆으로 확장되는 스프롤 현상을 우려할 필요가 없는 수직형 압축 도시입니다. 최근 사우디가 2034년 FIFA 월드컵 개최지로 지원하면서 더 라인 내 해발 350미터 지점에 축구 경기장을 짓겠다고 밝힌 점도 주목할 만합니다. 만약 실현된다면 세상에서 가장 높은 위치에 자리 잡은 '하늘 위 축구장'이 될 것입니다.

네옴시티에서 또 하나 눈여겨볼 만한 곳은 휴양지로 기획한 '트로제나(Trojena)'입니다. 사우디는 트로제나를 앞세워 2029년 동계 아시안 게임을 유치했습니다. 사막 기후 국가에서 열리는 첫 동계 스포츠 대회입니다. 트로제나는 높은 해발 고도와 서늘한 기후를 활용해, 인공 호수와 다양한 빙상 시설을 갖추고 사계절 내내 스키와 스노보드 같은 겨울 스포츠는 물론 하이킹, 패러글라이딩 등 야외 레저를 즐길 수 있도록 설계되었습니다. 2025년 초 현재 도로와 터널을 위한 지반공사가 진행 중이며, 인공 호수 조성을 위한 댐 건설도 시작되었습니다.

마지막으로 주목할 만한 프로젝트는 '옥사곤(Oxagon)'입니다. 옥사곤은 세계 최대 규모의 해상 기업도시로, 산업·연구·물류의 중심지 역할을 하게 됩니다. 중심부에는 기업인들을 위한 주거와 생활 공간이 조성되고, 외곽에는 선박의 출입이 가능한 항구와 철도 시설이 들어설 예정입니다. 옥사곤은 완공 시 7만 개 이상의 새로운 일자리를 창출할 것으로 기대됩니다.

콘텍스트를 벗어난 도시

도시학자의 눈으로 보면, 네옴시티는 분명 혁신적인 프로젝트입니다. 더 라인은 주거와 생활 기능을, 트로제나는 여가와 문화 기능을, 옥사곤은 경제와 일자리 기능을 맡아 서로 긴밀히 연결된 자족형 신도시처럼 작동하도록 설계되었습니다. 재원 조달 측면에서도 사막지대 택지 개발, 국영 석유회사 아람코의 상장, 국부펀드 투자, 외국인 투자 유치 등 다각화된 전략을 채택했습니다. 물론 해외 투자는 기대만큼 일어나지 않았습니다. 2025년 현재 일부 기초공사만 진행 중이라 이 거대한 계획이 얼마나 현실화될 수 있을지는 아직 불확실합니다. 그럼에도 설계 개념 일부가 성공적으로 구현된다면 도시 역사에 새로운 이정표를 세우게 될 것입니다.

하지만 기대가 큰 만큼, 우려의 목소리도 적지 않습니다. 가장 근본적인 의문은 사막 한가운데 세워지는 이 도시가 과연 '진정한'

도시로 기능할 수 있을지에 관한 것입니다. FADE 모델에서 우리는 도시가 사람, 자본, 인프라의 집적을 통해 매력과 다양성을 높이면서 성장함을 알 수 있었습니다. 이런 상호작용은 이미 도심이 형성되어 있는 지역에서 더 뚜렷합니다. 콘텍스트와 관계 없이 발견의 순간은 일어나지 않죠.

더욱이 태양광 패널로 둘러싸인 초고층 타워인 더 라인은 건설비용은 물론 유지·관리비가 지금까지의 어떤 도시보다 높을 것으로 예상됩니다. 이 부담은 결국 거주자와 입주 기업이 떠안게 될 가능성이 큰데, 그 자체가 거대한 진입장벽입니다. 네옴에서의 생활은 임대료, 물가, 관리비, 교육비 등 측면에서 세계 최고 수준에 이를 수 있습니다. 이러한 상황이 도시 기능을 얼마나 심각하게 제한할지는 이미 '탈-캘리포니아 현상'을 통해 예측할 수 있습니다.

> 도시의 건강한 생태계를 위해서는 다양성이 필수적이다.
> 부유층뿐 아니라 서민층도, 고급 리조트만큼이나
> 저렴한 주택과 여관, 대중식당도 필요하며,
> 전문 기술자 외에도 사무직 근로자, 배관공, 미화원 등
> 다양한 직종의 사람들이 어우러져야 한다.
> 네옴시티가 이러한 도시의 기본 요건을
> 얼마나 충족할 수 있을지가 성공의 관건이 될 것이다.

사막의 혹독한 자연환경도 큰 도전 과제입니다. 바람과 모래, 극심한 일교차는 건물 외벽을 침식시키고, 시간이 흐르면 태양광 패널의 효율도 현저히 저하될 것입니다. 500미터 높이의 더 라인 내부는 상층과 하층 간 온도 차가 극심할 것으로 예상되며, 쾌적한 실내 환경을 유지하기 위해서는 엄청난 냉난방 및 공조 비용이 발생

할 것입니다. 또한 고산지대라 하더라도 트로제나에서 연중 동계 스포츠를 운영하는 것은 막대한 시설 유지비가 소요되며, 안정적인 수요 확보도 쉽지 않을 것입니다. 여기에 재생에너지의 안정성 문제까지 고려하면, 해결해야 할 기술적 과제가 산적해 있습니다.

기술적 문제 외에도 어느 한 시점에 대규모로 조성된 도시는 빠르게 '과거형' 도시로 퇴색되기 쉽습니다. 글로벌 시대의 도시가 성공하려면 변화하는 세계인의 취향과 기업의 요구에 유연하게 대응할 수 있어야 합니다. 오랜 세월에 걸쳐 자연스럽게 발전해 온 도시는 이러한 변화에 더 탄력적으로 적응하는 경향이 있습니다. 네옴시티와 같은 거대한 신도시가 과연 시간의 감수성을 얼마나 유연하게 담아낼지 두고 봐야 할 것입니다.

언론 보도에 따르면, 네옴시티의 규모가 대폭 축소될 가능성이 제기되고 있습니다. 더 라인의 경우 170킬로미터 길이가 2.4킬로미터로 줄어들 수 있습니다. 게다가 지난 6년 동안 네옴 프로젝트를 주도했던 나드미 알 나스르 최고경영자가 최근 사임했습니다. 사업 완성에 대한 낙관적 전망은 어려워 보입니다. 그럼에도 만약 짓는다면 애초 기획했던 공간 콘셉트는 절충되지 않고 실현되기를 바랍니다. 그래야 네옴시티가 지닌 가능성과 한계를 제대로 평가할 수 있을 것입니다.

세계 곳곳의 초대형 도시 건설 프로젝트

네옴시티 건설은 일종의 글로벌 현상입니다. 전 세계 여러 곳에서 동시다발적으로 초대형 도시 건설 프로젝트가 추진되고 있습니다.

1. 스타베이스 (미국 / 일론 머스크, 스페이스X)

2. 뉴맨해튼 확장 (미국 / 뉴욕시)

3. 술탄 하이쌈 씨티, 마디나트 알 이르판 (오만 / 술탄 하이쌈)

4. 오셔닉스 부산 (대한민국 / 부산시, UN-Habitat)

5. 알-아씨마탈 이다리야탈 자디다 (이집트 신행정수도 / 엘시시 대통령)

6. 타투시티 (케냐 / 스티븐 제닝스 외)

7. 캘리포니아 포에버 (미국 / 실리콘밸리 투자자 그룹)

8. 벨몬트 (미국 / 빌 게이츠 외)

9. 텔로사 (미국 / 마크 로어 외)

10. 프락시스 (지중해 가상자산 기반 신도시 / 피터 틸)

11. 누산타라 (인도네시아 신행정수도 / 조코위 대통령)

12. 오르혼·쿠싱밸리 (몽골 신행정수도 / 후렐수흐 대통령)

이러한 메가 프로젝트의 공통점은 과거 도시화에 따른 수요 대응을 넘어선다는 점입니다. 세부적인 동기는 서로 다르지만, 기존 대도시의 실패를 반성하고 대규모 투자 유치와 도시 비전을 새롭게 하는 비전에서 출발합니다. 예를 들어, 인도네시아의 누산타라는 기후변화로 인한 해수면 상승으로 기존 수도 자카르타가 침수될 위험을 피하고자 보르네오섬 동쪽 해안에 추진 중인 신수도 건설 프로젝트입니다. 반면 미국에서 진행되는 포에버나 텔로사는 글로벌 도시 경쟁 속에서 새로운 투자를 유치하면서도, 도시의 가치 순환을 재설계하는 비전 프로젝트입니다.

특히 미국의 억만장자 마크 로어가 주도한다고 알려진 텔로사의 경우, 도시 자산 가치 상승의 혜택이 소수 지주에게 독점되는 현상에 대한 대안을 제시합니다. 신도시의 토지를 공적 기구나 비영리 재단이 소유하고, 토지가치 상승분을 신탁(trust) 주체가 관리하

●●● 억만장자 마크 로어의 유토피아 건설 프로젝트 텔로사 이미지. 아리스토텔레스가 '존재의 목적'이라는 뜻으로 사용한 '텔로스(Telos)'에서 따온 이름이다.

는 방식입니다. 이렇게 축적된 자금은 교육, 의료, 교통 서비스 등 사회적 편익을 확대하는 데 재투자되며, 일정 금액은 도시민에게 배당으로 환원됩니다. 이는 사유재산권을 인정하면서도 자산 가치 상승의 혜택을 사회 전체가 공유하는 혁신적인 하이브리드형 토지 공개념의 실험이라 할 수 있습니다. 다만 현재로서는 구체적인 개발 단계에 이르지 않은 구상 수준에 머물러 있습니다.

앞으로 세계 주요 도시 간의 패권 경쟁은 더욱 치열해질 전망입니다. 이러한 맥락에서 첨단기술을 집약한 메가 프로젝트를 통해 새로운 도시 패러다임을 제시하려는 '네옴 현상'은 상당 기간 지속될 것으로 예상됩니다.

CHAPTER 16. 플랫폼

온라인 플랫폼과 오프라인 도시의 시너지

네트워크이자 미디어

현대 사회에서 플랫폼의 영향력은 날로 커지고 있습니다. 아침에 눈을 뜨면 우리는 스마트폰으로 뉴스를 읽고, 출근길에는 승차 호출 앱으로 택시를 부르며, 점심에는 배달 앱을 통해 식사를 주문합니다. 저녁이 되면 동영상 스트리밍 플랫폼으로 영화를 감상하고, 잠들기 전에는 SNS로 지인들의 소식을 확인하죠. 어느덧 플랫폼은 일상 깊숙이 스며들어 사회의 기본 인프라 역할을 담당하게 되었습니다.

플랫폼은 서로 다른 주체들을 연결해 주는 디지털 시대의 중개 허브입니다. 크리에이터(혹은 판매자)와 이용자(혹은 소비자), 정보 제공자와 구매자처럼 원래 따로 존재하던 이들을 한곳에 모아 거래와 소통을 가능하게 합니다. 이런 플랫폼에서는 참여자가 늘어날수록 유통되는 가치가 커지는 긍정적 네트워크 효과가 발생합니다.

플랫폼은 단순 거래의 장을 넘어 여러 층위의 사회·경제적 기능을 수행합니다. 크리에이터에게는 창작물을 마음껏 펼칠 무대가 되고, 강사에게는 새로운 지식을 나누는 열린 강연장이 되며, 사회적

플랫폼의 구성 요소

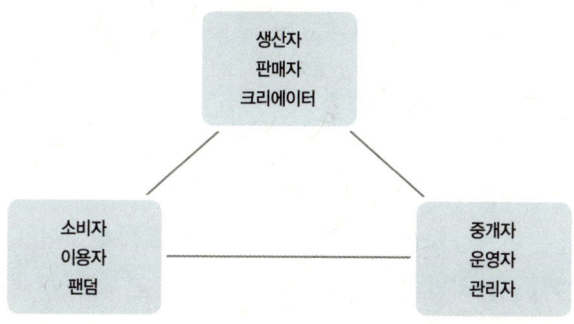

이슈에 대한 여론이 형성되는 공간이자 지구 반대편의 소식을 전하는 미디어로도 활약합니다. 플랫폼에서 시작된 이슈가 사회 전반으로 퍼져 나가면서 우리 사회가 움직이는 방향을 바꾸기도 합니다.

이렇듯 온라인을 기반으로 한 플랫폼의 힘은 오프라인 공간에서 더욱 생생하게 드러납니다. 오프라인은 플랫폼에서 이루어진 선택을 체험하는 촉각의 무대이자, 사회적 의미와 제품의 메시지를 확산하는 증폭기입니다. 에어비앤비(Airbnb)가 대표적 사례입니다.

오르세 미술관 시계탑에서의 하룻밤

에어비앤비는 기본적으로 방을 빌려주는 호스트와 빌리는 게스트를 연결해 주는 숙박 중개 플랫폼입니다. 세상에는 숙소가 많지만, 내가 원하는 분위기와 가격, 시간이라는 세부 조건을 모두 충족하는 숙소를 찾기는 쉽지 않습니다. 에어비앤비는 이런 게스트의 요구와 호스트의 방을 효과적으로 연결하면서 숙박의 가능성을 확장했습니다.

그 역할은 숙박 중개에서 그치지 않습니다. 호스트가 더욱 창의적이고 독특한 공간을 마련할수록, 게스트는 그 특별함에 이끌립니다. 동시에 게스트도 자신의 평판에 신경 써야 합니다. 호스트가 게스트의 평점을 확인하고 예약 수락 여부를 결정하기 때문입니다. 플랫폼은 이처럼 참여자 모두에게 긴장감과 동기를 부여하고, 오프라인에서 이루어지는 여행 패턴이나 체험 경로, 나아가 새로운 도시를 이해하는 방식에도 영향을 미칩니다.

과거 숙박의 장소가 아니었던 곳도 숙박 체험의 대상으로 전환되고 있습니다. 최근 파리 오르세 미술관의 시계탑이 하룻밤 묵을 수 있는 초호화 객실로 변신했습니다. 2024년 파리 올림픽의 성화봉 디자이너인 르아뇌르(Mathieu Lehanneur)가 직접 디자인한 이 특별한 객실은 에어비앤비의 기획 이벤트였습니다. 시곗바늘 너머로 파리의 전경을 내려다보고, 평소 공개되지 않는 미술관 컬렉션을 직접 감상할 수 있는 기회라니 가슴이 쿵쾅거립니다.

더 나아가 페라리 박물관에서의 하룻밤, 슈렉의 늪지대 숙소 체험, 바비의 말리부 드림하우스에서의 하루 등 계속해서 새로운 제안을 선보입니다. 유명 셰프와 함께하는 요리 클래스, 비밀스러운 거실에서 열리는 음악 공연, 전문 가이드의 현지 문화 투어, 장기 체류를 위한 워케이션까지 다양한 옵션을 제공합니다. 여기서 호스트는 방문객의 오프라인 체험 전 과정을 세심하게 디자인하는 숙박과 문화 경험 크리에이터로 진화하고 있습니다.

물론 반대의 목소리도 있습니다. 세계 여러 도시에서 플랫폼 숙박이 시민들의 주거 안정성에 미치는 부작용에 대한 우려가 잇따라 제기되고 있기 때문입니다. 지역 주민들이 필요로 하는 집이 정작

●●● 플랫폼은 참여자 모두에게 긴장감과 동기를 부여하고, 여행 패턴이나 체험 경로, 도시를 이해하는 방식에도 영향을 미친다. 그 결과 최근 파리 오르세 미술관의 시계탑이 하룻밤 묵을 수 있는 초호화 객실로 변신했다.

임대 시장으로 나오지 않고 외부인을 위한 단기 숙박용으로 전환되면서, 집값이 상승하고 세입자의 주거 불안정은 심화됩니다. 한때 조용했던 주택가 골목이 관광객들의 발걸음 소리로 채워지면서, 여러 도시에서 에어비앤비를 규제하려는 움직임도 보이고 있습니다.

그럼에도 플랫폼의 진화는 멈추지 않을 것입니다. 플랫폼은 숨겨진 크리에이터의 재능을 발굴해 메인스트림 시장으로 드러내는 능력이 탁월합니다. 동시에 대중적 소비에 묻혀 지낸 사람들도 능동적 탐색을 통해 자신만의 특별한 경험을 찾아 나섭니다.

운영자들은 더 많은 크리에이터를 플랫폼으로 유치하기 위해 지원을 아끼지 않습니다. 에어비앤비는 신규 호스트를 위해 슈퍼 호스트가 멘토링을 제공하며, 무신사는 입점 브랜드를 위한 상품 기획 리포트를 발행합니다. 네이버 웹툰의 '쿠키'나 카카오페이지의 '기다무' 서비스는 작가들에게 안정적인 수익 모델을 제공합니다. 이러한 노력은 더 많은 이들이 창작의 문을 두드릴 수 있도록 진입장벽을 낮추고, 운영자에게는 더 큰 수익을 가져다줍니다.

베니스 상인의 리알토 지구에서 무신사까지

도시는 이미 오래전부터 오프라인 플랫폼 역할을 했습니다. 셰익스피어의 그 유명한 희곡 『베니스의 상인』 1막 3장에 등장하는 '리알토 지구'도 마찬가지죠. 이곳에서 유대인 고리대금업자 샤일록은 중개무역상 안토니오와 열띤 논쟁을 벌이고, 안토니오의 무역선이 난파되었다는 충격적인 소식을 접합니다. 안토니오는 빌린 돈을 갚지 못하면 심장과 가까운 1파운드의 살을 떼어 준다는 증서를 담보로 샤일록으로부터 대출을 받았습니다. 이처럼 리알토 지구는 유대인 자본가와 베니스 상인들의 금융 거래, 정보 교환, 때로는 치열한 이권 다툼이 몰아치던 오프라인 플랫폼이었습니다.

다만 이렇게 전통적 공간으로서의 플랫폼은 시간과 장소의 물리적 제약이 존재합니다. 공간의 실제 소유자나 거대 상인이 정보와 자원을 독점하고, 그 안에서 일어나는 거래 역시 소수의 재력가에게 한정될 수밖에 없었지요. 그에 반해 오늘날의 디지털 플랫폼은 물리적 한계의 상당 부분을 훌쩍 넘었습니다. 한국의 고등학생이 만든 영상을 브라질의 직장인이 즉시 감상하고 댓글을 남길 수

●●● 이탈리아 베네치아(베니스) 리알토 다리. 윌리엄 셰익스피어의 『베니스의 상인』의 배경이 된 곳이다. 지금도 리알토 시장에 가면 '베니스의 상인들'의 현재를 만날 수 있다.

있습니다. 게임도 굳이 실물 CD 구입이 아니라 '스팀'에서 구독형으로 손쉽게 이용할 수 있습니다. 이처럼 플랫폼은 기존의 가치사슬을 대체하며 소비자와 크리에이터 모두에게 더 많은 가능성을 열어주게 되었죠.

플랫폼은 창의적 열정으로 가득 찬 개인부터 트렌드를 선도하는 초단기 상품 기획자까지, 다양한 꿈을 품은 이들에게 나만의 브랜드를 탄생시킬 수 있는 무대입니다. 디지털 시대를 살아가는 세련된 소비자들은 이제 한 브랜드의 유명세에 기대거나 명품 프리미엄 지출을 감당하기보다, 독창적인 가치의 브랜드를 찾아 나섭니다. 그 결과 플랫폼은 브랜드 수의 폭발적 성장과 치열한 경쟁을 끌

전통적 오프라인 시장과 플랫폼 시장의 비교

특성	전통적 오프라인 시장	오늘날 플랫폼 시장
운영 시간 및 범위	제한적 (특정 장소와 시간)	제약 없음 (24시간, 전 세계)
참여자 수	제한적	무제한
판매자 진입 장벽	높음 (초기 투자 필요)	낮음 (간단한 인증, 가입 절차만으로 참여 가능)
정보의 접근성	제한적 · 고비용	실시간 정보 제공 · 낮은 탐색 비용
거래 구조 및 역할 관계	소수 상인–소비자의 독점적 관계, 고정된 판매자 · 구매자 역할	개방적 · 다양한 상호작용 (소비자가 생산자로, 중개자가 생산자로도 전환 가능)
제품/서비스 다양성	제한적 (소수의 상품만 유통)	매우 다양 (전 세계 공급자 · 판매자 참여)
구매 의사결정	판매자와 직접 흥정 · 협상, 비교 대상 적음	실시간/다중 리뷰 · 알고리즘을 통한 다양한 상품 비교
기능 · 기술 활용도	단순 기능 (거래 위주) + 낮은 기술 활용	복합 기능 (구독, 커뮤니티, 광고 등) + 높은 기술 활용
수익 모델	판매 수익과 수수료 중심	광고, 구독, 중개 수수료, 부가 서비스 등 다양
확장성	거래 가능 범위와 규모가 물리적 제약받음	하이퍼로컬(지역 특화)부터 글로벌 서비스까지 실시간 확장
브랜드 · 감성 체험	아날로그적 경험, 트렌드 파악이 비교적 어려움	디지털 · 실시간 트렌드 반영, 감성적 측면은 아직 부족하거나 별도 전략 필요
정책 및 규제	일정한 제도 · 법규 적용 (영업장 인허가, 세무 · 노동 규제 등)	새로운 형태(공유숙박 · 배달 등)에 대한 법적 공백 또는 규제 신설 움직임

어내는 강력한 촉매제가 되고 있습니다.

 패션 플랫폼 무신사의 예를 떠올려 보면, 2016년 2,000개에 불과했던 입점 브랜드는 2024년에 이르러 8,000개를 훌쩍 넘어서며,

도시 관측소

한국 패션산업의 새로운 지평을 열었습니다. 플랫폼이 활성화되면서 소비자들은 이제 더 많은 브랜드를 탐색하고 비교할 수 있게 되었고, 그 과정에서 특정 브랜드에 대한 맹목적인 추종은 오히려 약화합니다. 새로운 물건이 엄청나게 많아지면 굳이 내가 좋아하는 브랜드의 제품을 프리미엄을 얹어 구매하는 것이 아니라, 신뢰하는 플랫폼이 검증하고 추천하는 상품을 선택하게 됩니다. 새로운 제품을 충분히 써 본 후 천천히 브랜드를 알아가도 늦지 않습니다. 이제 플랫폼 자체가 하나의 메타 브랜드가 되고 있는 것이죠.

이러한 변화 속에서 경쟁은 오프라인의 그것과는 비교할 수 없을 만큼 치열해졌습니다. 브랜드의 본질적 가치를 끊임없이 발전시키지 못하는 기업은, 진입장벽이 낮은 시장에 발이 묶이게 되죠. 처절한 경쟁 속에서 결국 많은 크리에이터들이 자신의 꿈을 접어야 할 것이며, 극소수의 절대 강자와 끊임없이 도전하는 배고픈 도전자들이 남게 됩니다.

온라인 플랫폼이 오프라인의 신뢰와 만났을 때

플랫폼의 영향력은 우리가 발 딛고 살아가는 오프라인 세상, 곧 도시를 매개로 더욱 강력해집니다. 특히 플랫폼의 주요 콘텐츠가 지역 기반이거나 위치 정보가 중요한 경우 더욱 그렇습니다. 이러한 변화의 중심에 '당근'이라는 이름으로 새롭게 태어난 당근마켓이 있습니다.

당근은 원래 중고 거래 앱으로 시작했지만, 지금은 동네의 살아 있는 이야기와 구인·구직, 가게 홍보, 심지어 중고차나 부동산까지 아우르는 지역 커뮤니티로 몸집을 키웠습니다. 2023년 기준 무려

1,900만 명의 이웃들이 이 플랫폼에서 만나고 있습니다.

"명달공원에서 내일 18시에 반려견 산책 같이하실 분?" 낯선 이와의 만남이라면 망설여질 법도 하지만, 당근이라는 울타리 안에서 만나는 동네 이웃이기에 한 번쯤 발걸음을 함께할 용기가 생깁니다. 몇 번의 만남 후 서로가 편해지면 애견 카페에서 수다를 떨거나 서로의 집에 초대해 강아지 수제 간식을 만들기도 합니다.

당근 현상은 이런 근거리 신뢰의 가치를 재발견하는 기회가 되었습니다. 다른 플랫폼들이 신속 배송을 내세우며 원가 절감 노력을 하는 동안, 당근은 '동네'와 '만남'이라는 아날로그적 감성에 집중했습니다.

요즘 세상에서 보기 드문 자원 중 하나가 신뢰입니다. 아무리 디지털 세상이 열려도 모든 거래나 관계에는 최소한의 신뢰가 밑바탕이 되어야 합니다. 온라인상의 익명 리뷰보다 내가 직접 아는 이웃의 생생한 후기가, 택배보다 눈을 맞추며 나누는 직거래와 설명이 더 믿음직스럽죠. 거리를 기반으로 하는 신뢰는 시장을 돌아가게 만드는 힘이 있습니다. 당근이 활성화된 지역의 공통점은 바로 크리티컬 매스, 즉 이용자 밀도가 높습니다. 당근의 양해성 매니저에 따르면, 이용자 밀도가 특정 임계점을 넘어서면 해당 지역의 거래 빈도와 앱 체류 시간, 소식 공유, 중고 물품 등록 건수가 봄날의 꽃처럼 한꺼번에 피어납니다. 이렇게 생긴 네트워크는 더욱 풍성한 정보의 풀을 만들고, 이는 다시 활기찬 오프라인 만남과 거래로 순환이 이루어집니다.

당근 매물 20만 건을 분석한 서울대학교 도시설계연구실 한나현 연구원에 따르면, 당근에서 인구 대비 중고 물품 거래가 특히 활발한 지역들은 대체로 소득 수준이 높고, 상권이 잘 발달해 있으며, 40대 여성의 인구와 지역 내 출생아 수가 많다는 특징을 보입니다.[31] 서울의 강남, 서초, 중구, 마포, 송파, 그리고 분당, 대구 중구, 세종시 같은 지역들이 이러한 특성을 잘 보여 줍니다.

이러한 지역들을 자세히 들여다보면, 경제적 활력과 함께 또 다른 면모가 보입니다. 바로 육아나 집안일, 혹은 재택근무로 인해 동네에서 많은 시간을 보내는 디지털 리터러시에 능숙한 구성원들이 많다는 점입니다. 이들은 온라인과 오프라인 동네를 자연스럽게 엮어 내며, 지역 공동체의 온기를 높이는 역할을 담당하는 사람들입니다.

특히 주목하고 있는 변화 중 하나는 플랫폼을 통한 주택 거래입니다. 앞으로 대부분의 주택 거래가 플랫폼을 통해 이루어질 것으로 예상됩니다. 매물 검색부터 가격 비교, 공간의 장단점 분석, 그리고 계약, 대출, 세금 납부 및 잔금 처리까지 온라인에서 완결되면 편리성은 엄청날 것입니다. 부동산 중개사무소를 통해 집을 하나하나 방문하는 대신, 주택 전문 쇼핑 호스트의 안내로 수백 채의 집을 둘러보고, 마음에 드는 소수의 집만 실제 방문하게 될 것입니다. 계약도 전자서명으로 10분 안에 마무리되어, 더 이상 두꺼운 종이 계약서와 도장은 필요 없게 됩니다. 나아가 플랫폼은 이사, 집수리, 반려동물 케어, 청소, 가구 대여까지 원스톱 서비스를 제공하게 됩니다.

오프라인에서 온라인으로, STAXX Project

플랫폼과 이용자의 만남이 반드시 디지털에서 시작해 오프라인으로 넘어올 필요는 없습니다. 반대로, 오프라인에서 먼저 관계를 쌓고 여기서 운영자가 얻은 노하우를 플랫폼으로 확장할 수도 있습니다. 경상북도 영주에서 시작한

●●● 2024년 10월 영주시 공유 플랫폼 앞마당에서 'STAXX'가 주최하는 로컬 브랜드 마켓 '차곡차곡'이 열렸다. 이 행사는 지난 봄에 이은 두 번째 플리마켓 행사로, 경상북도 지역의 약 20개 로컬 브랜드가 참여하여 식음료, 잡화, 책 등을 판매하고 다양한 경험을 제공하였다. 출처: staxx 홈페이지.

'STAXX Project'가 그런 예입니다.

영주시는 얼마 전 인구 10만 명 선이 무너진 소멸 위험 지역입니다. 그럼에도 스타트업 기업을 발굴하고 지원하는 기업인 임팩트스퀘어의 눈엔 여전히 매력적인 무대입니다. 도현명 대표는 젊은 스타트업의 열정이 도시의 심장을 다시 뛰게 할 수 있다고 믿었습니다. 미국의 포틀랜드나 볼더처럼 말입니다. 방치된 건물을 하나둘 매입하고, 지역과 시너지를 낼 수 있는 스타트업을 유치했습니다. 비네스트, 피노젠, 블랭크, 리쿼스퀘어 같은 기업입니다.

몇몇 회사는 이미 지역의 풍경을 새롭게 그려 나가고 있습니다. 블랭크는 빈집과 노후주택을 아늑한 단기 체류 공간으로 탈바꿈시키며 "소백산 자락 농촌마을의 마당집"과 같은 특별한 이야기를 만

도시 관측소

들어 냈습니다. 리쿼스퀘어는 SK스페셜티의 지원을 받아 양조 시설을 구축하고 지역 사과로 만든 브랜디를 준비 중이며, 비네스트는 시장성이 떨어지는 사과들을 모아 건강한 콤부차로 재탄생시키고 있습니다. 이들의 공통점은 영주의 숨은 보물들을 찾아 새로운 가치로 되살리는 로컬 업사이클링의 정신입니다.

도현명 대표의 꿈은 1,000명의 청년 인재를 영주에 정착시키는 것입니다. 처음부터 온라인 플랫폼을 생각했던 건 아니지만, 오프라인에서 쌓은 경험과 노하우가 커다란 자산이 되어 결국 '임팩트서클'이라는 디지털 공간을 열게 되었죠. 2023년 9월에 출범한 임팩트서클은 비즈니스 실무 강의, 크라우드 펀딩 노하우, 선배 창업가들의 멘토링 등 다양한 콘텐츠로 빠르게 성장했고, 1년 만에 3,700여 명의 이용자를 모았습니다.

앞으로 온라인 플랫폼과 오프라인 도시는 더욱 깊이 결합할 것입니다. 플랫폼이 도시에 새로운 활력을 불어넣고, 도시의 고유한 자산과 아날로그 감성이 플랫폼의 매력을 더욱 풍성하게 만들 것입니다.

PART 5. 나를 위한 몰입의 도시

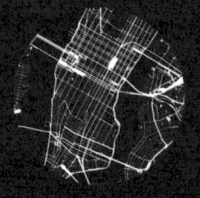

현대 사회는 끊임없는 기대와 비교에 따른 부담을 안겨 줍니다. 하지만 과도한 외부 시선이나 관계의 압박에서 벗어나 자기 내면에 귀 기울이는 새로운 흐름을 만드는 이들도 있습니다. 그 중심에 '제4의 공간'이 있는데요. 이는 집, 직장, 공동체를 넘어선 새로운 영역으로, 개인이 온전히 자신에게 집중할 수 있는 곳입니다. 이곳에서는 나만의 루틴을 통해 하루하루를 의미 있게 채우고, 나의 가치를 높이는 데 집중합니다. 자기 돌봄과 성장의 시간을 통해 축적된 에너지는 우리가 다시 세상을 향해 당당히 나아갈 수 있는 원동력이 됩니다.

dosi
observatory

CHAPTER 17. 제4의 공간

뉴욕의 플랫아이언 지구에서
제주의 탑동까지

자아를 위한 사적 공간

미국의 저명한 도시 사회학자 레이 올덴버그(Ray Oldenburg)는 1989년 출간한 『제3의 장소(The Great Good Place)』에서 특별한 공간을 소개했습니다. 이는 집(제1의 공간)과 직장(제2의 공간) 사이에 존재하는 소중한 영역으로, 일상의 굴레에서 벗어나 주변 사람들과 소소한 즐거움을 찾는 장소입니다. 동네 카페에서 기분 좋은 수다를 떨고, 단골 술집에서 하루의 피로를 녹여 냅니다. 올덴버그는 제3의 공간이 단절된 사회에서 인간성을 회복하고, 건강한 시민 사회를 형성하는 데 중요한 역할을 한다고 강조합니다.[32]

최근에는 이와는 다른 성격의 '제4의 공간'이 주목받고 있습니다. 이곳은 타인과의 교류보다는 자아에 집중하는 특별한 영역입니다. 비록 물리적 공간 자체는 다른 사람들과 공유하지만, 그 본질적 목적은 온전히 자기 몸과 마음에 생기를 불어넣는 데 있습니다. 과도한 사회적 기대와 관계의 압박에서 벗어나, 내면의 진정한 욕구에 귀 기울이며 육체적, 정신적 단단함을 다지는 장소입니다.

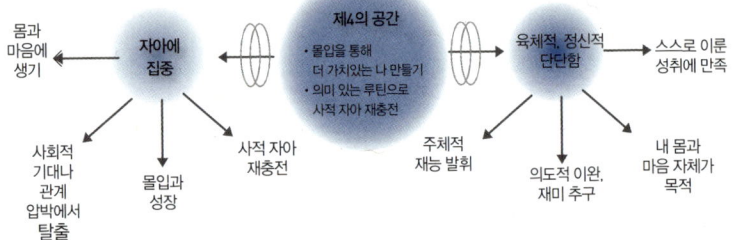

●●● 외부 세계의 요구로부터 벗어나 자기 자신에게 오롯이 주의를 기울이며 성장을 도모하려는 사람들이 늘어나고 있다. 그에 따라 다양한 모습의 제4의 공간이 나타난다. 자기 성찰과 개인 활동에 전념하는 이 영역은, 사회적 작용이 주가 되는 제3의 공간과 달리 개인의 정신적·신체적 회복과 역량 강화를 위한 장소로 기능한다.

제1의 공간: 집

제2의 공간: 직장

제3의 공간: 카페, 서점, 동네 술집

제4의 공간: '나'에게 집중하는 공간

제4의 공간은 이미 주변에 많습니다. 요가 스튜디오와 차담 공간에서 깊은 호흡에 집중하고, 체육관이나 러닝 트랙에서 크루들과 땀을 흘리며 몸의 변화를 느낍니다. 스터디 카페에서 자신의 목표를 향해 몰두하거나, 식물 가꿈 공간에서 생명과 교감합니다. 책을 읽으며 지성과 감성을 일깨우는 '북스테이'나, 일과 휴가를 동시에 즐기는 '워케이션'도 새로운 형태의 제4의 공간이라 할 수 있습니다.

제4의 공간의 진정한 효용은
몰입을 통해 더 가치 있는 나를 만드는 것이다.

도시 관측소

이는 단순한 외부와의 관계 단절이 아니다.
끊임없는 비교와 평가에 지친 '공적 자아'를 잠시 내려놓고,
의미 있는 루틴으로 '사적 자아'를 재충전함으로써
더 건강하고 안정된 모습으로 사회와 만나는 길을 열어 준다.

제3의 공간이 '교류'와 '소속감'을 중요하게 여긴다면, 제4의 공간에서는 '몰입(self-engagement)'과 '성장'에 좀 더 무게가 실립니다. 스스로 설정한 목표를 향해 주체적으로 재능을 발휘하고, 때로는 의도적 이완이나 순수한 재미를 추구하면서 지친 일상에 활력을 불어넣죠. 시카고 대학의 심리학자 미하이 칙센트미하이(Mihaly Csikszentmihalyi)가 말한 '플로우(flow)'처럼, 시간의 흐름을 잊을 만큼 무언가에 흠뻑 빠져듭니다. 이 과정에서 우리의 몸과 마음은 다른 무언가를 위한 수단이 아닌, 그 자체로 목적이 됩니다.

이와 반대되는 태도로 '타율적 관망'이 있습니다. 수동적으로 시간을 보내거나 주어진 일을 대충 해치우고 주변을 남 일 보듯 바라보는 태도입니다. 처음에는 그저 편안해 보이겠지만, 공허한 시간이 쌓이면서 성장하지 못한 내적 자아는 오히려 불안을 느끼게 됩니다.

제4의 공간에서는 변화를 기록하고 확인하는 과정 자체가 큰 기쁨입니다. '퀀티파이드 셀프(Quantified Self: 자가 건강 측정)'라는 말이 보여 주듯, 헬스장에서 운동 강도, 체중, 근육량, 체지방률을 꾸준히 기록하거나 명상 스튜디오에서 스트레스 수준과 수면 질을 추적합니다. 이렇게 몸과 마음에서 나타나는 변화를 지켜보면서 스스로 이뤄 낸 성취에 만족감을 느끼죠.

'쉼' 이상의 것

　　　　　　　　　　최근 지어진 건축물들을 둘러보면, '제4의 공간' 개념이 곳곳에 실현되고 있음을 발견할 수 있습니다. SK디앤디가 선보인 코리빙 하우스 에피소드나 언맷피플이 운영하는 코사이어티 서울숲점이 그런 예입니다.

　에피소드 강남의 공유 오피스 층을 살펴보면, 투명한 유리 큐비클로 구획된 '포커스룸'이 눈에 띕니다. 외부와 최소한의 시야 교류를 유지하면서도 안쪽에는 허먼밀러 의자, 전자칠판, 32인치 모니터 등 최고의 업무 환경이 갖춰져 있습니다. 이는 단순한 개인 오피스를 넘어, 창의력과 생산성의 극대화를 위한 '나만의 연구실'로 기능합니다.

　에피소드 용산의 15층에 자리 잡은 '낙(N-AK)'은 프라이빗 음악·영상 감상실입니다. 고급스러운 LP 턴테이블과 섬세한 오디오 장비, 부드러운 조명과 푹신한 소파가 어우러져 마치 작은 콘서트홀을 연상시킵니다. 무선 이어폰으로는 결코 경험할 수 없는 공간의 울림이 이곳의 매력입니다. 그래서인지 입주자들 사이에서 예약 경쟁이 뜨겁습니다.

　코사이어티 서울숲점은 운영자의 섬세한 미학과 취향이 배어 있는 공간입니다. 성수동의 활기찬 거리에서 한 걸음 들어서면 디저트 카페 '포틀러', 다채로운 대화와 몰입이 공존하는 '라운지', 그리고 전시·행사가 펼쳐지는 '홀'이 어우러져 있습니다. 바깥의 분주한 발걸음 소리와 달리, 이곳에 들어서는 순간 시간은 천천히 흐르며, 그 속에서 고유한 감성과 매력적인 사람들의 모습, 계절의 변화를 느낄 수 있습니다.

도시 관측소

●●● 도심에 자리하지만 사색을 즐기고 편하게 쉬어 가며 일할 수 있도록 만들어진 코사이어티. 포틀러는 포틀랜드 스타일의 스모어 디저트 카페이다. 출처: 코사이어티 홈페이지

사람과 공간이 서로를 부르다

흥미로운 점은 제4의 공간들이 서로를 끌어당기며 군집을 이룬다는 사실입니다. 단순히 휴식이나 업무 능률을 위해서라면 굳이 가까이 모일 필요가 없습니다. 하지만 제4의 공간을 찾는 사람들은 조금 다릅니다. 자신만의 세계에 깊이 빠져들면서도, 비슷한 감성을 가진 사람들과 은은한 분위기로 연결되고 싶어 합니다. 그러다 보니 사람과 공간이 서로를 부르는 '스페이스 바이럴' 효과가 나타나고, 어느 임계점을 넘어서면 새로운 지역성을 만들어 내기도 합니다.

대표적인 사례가 뉴욕의 플랫아이언 지구(Flatiron District)입니다. 이곳은 건강한 삶을 추구하고 자기 관리를 중시하는 사람들이 모여들면서 미국 웰니스 산업의 허브로 부상했습니다.

월 이용료가 300달러에 달하는 최고급 헬스장인 에퀴녹스(Equinox)의 플래그십 지점을 비롯해, 고강도 실내 사이클링으로 유명한 소울사이클(SoulCycle), 전 세계 1억 다운로드를 기록한 명상 앱 헤드스페이스(Headspace)의 오프라인 명상 공간, 뉴요커들의 사랑을 받는 유기농 슈퍼푸드 마켓 이로원(Erewhon), 홈 트레이닝의 혁신을 이끈 페로톤(Peloton)의 체험 공간, 요가복 브랜드 알로 요가(Alo Yoga)의 스튜디오 등이 플랫아이언 지구에 밀집해 있습니다. 한 인터뷰에 따르면 이들 매장은 다른 지점보다 평균 30퍼센트 높은 매출을 기록하며, 팬데믹 시기에도 안정적인 운영을 이어 갔습니다.

국내에서도 이러한 움직임이 나타나고 있습니다. 제주 탑동이 대표적입니다. 제주공항에서 동쪽으로 약 1킬로미터 떨어진 이곳은, 한때 젊은이들로 북적였지만 1980년대 후반 방파제 건설 이후 해안선이 훼손되고 어촌의 정취가 사라지면서 오랫동안 침체되어 있었습니다.

전환점은 2014년에 찾아왔습니다. 문화 공간 기업 아라리오의 김창일 회장과 김지완 대표가 "예술이라는 꿈에 베팅하자", "상처 입은 동네를 예술로 치유하자"는 비전을 가지고 탑동 시네마를 포함한 세 채의 건물을 매입했습니다. 이후 건물들을 하나씩 리모델링하여 '아라리오 뮤지엄'으로 재탄생시켰고, 이는 지역 재생의 신호탄이 되었습니다.

이를 기점으로 다양한 제4의 공간들이 탑동로를 따라 들어서기 시작했습니다. 롱라이프 디자인과 지속 가능한 라이프스타일을 전하는 디앤디파트먼트, 제주 맥주와 치킨으로 여유를 선사하는 맥파

도시 관측소

●●● 제주공항에서 동쪽으로 약 1킬로미터 떨어진 탑동. 1980년대 후반 방파제 건설 후 해안선이 훼손되고 어촌의 정취가 사라지면서 침체되었던 이곳이 지역 재생 움직임으로 꿈틀거리고 있다. 출처: 코오롱FnC

이, 독특한 업사이클링 제품을 선보이는 프라이탁, 재활용 소재로 만든 의류 브랜드 솟솟리버스, 매일 아침 갓 구운 빵과 커피를 내놓는 ABC 베이커리, 폐업한 목욕탕을 문화 공간으로 재해석한 프로젝트 목욕탕, 스타트업 육성기업 크립톤의 워케이션 공간 리플로우 등이 문을 열었습니다.

    이들은 쇠락한 원도심에 예술의 씨앗을 심고, 제주다운 감성이 깃든 공간들을 만들어 가는 공통된 비전을 갖고 있습니다. 다양한 제4의 공간들이 밀집하면서 일반 관광지나 먹자촌과는 다른 분위기를 내는 상권에 주목할 필요가 있습니다.

헬스장의 진화

좀 더 사적인 시각에서 제4의 공간 이야기를 나누고 싶습니다. 저 역시 즐겨 찾는 공간이 있는데, 바로 헬스장입니다. 누군가에게는 그저 땀 흘리는 곳일 뿐이지만, 저에게는 가장 온전하게 나에게 집중하는 장소입니다.

헬스장을 찾는 사람들의 연령대는 과거보다 더 다양해지고 있습니다. 여전히 20~30대가 주축이지만, 저 같은 40~50대 중장년은 물론이고 70~80대 어르신들도 심심찮게 볼 수 있습니다. 제가 가는 헬스장에서도 60대 회원의 벌크업 도전, 40대 직장인의 보디 프로필 촬영, 수능을 앞둔 10대 학생의 인바디 챌린지 등이 이루어집니다. 저 역시 이 공간에서 작은 도전을 이어 가고 있습니다. 타고난 체격이 남들보다 크지 않아 근육이 잘 붙지 않지만, 골격근을 30킬로그램 이상으로 유지하는 것이 목표입니다.

헬스장은 공간 비즈니스와 대면 서비스업의 성격을 동시에 지닙니다. 매장이 너무 많이 생겨서 경쟁이 심한 만큼, 애매한 규모나 어중간한 서비스로는 살아남기 어렵습니다. 앞으로 헬스장의 변화는 크게 두 갈래로 흘러갈 듯합니다.

하나는 초대형 프리미엄화입니다. 런던의 '써드 스페이스(Third Space)'는 한 지점 면적이 약 2,800평(9,300제곱미터)에 달합니다. 국내 헬스장의 평균 면적이 150평 정도인 것을 감안하면 그 규모가 실감 납니다. 이곳은 수영장, 실내 암벽, 스파 시설, 저온 치료실(cryotherapy), 저산소 트레이닝실까지 갖추고 있습니다. 이용자들이 생각할 수 있는 거의 모든 유형의 운동과 웰니스 활동을 한자리에서 해결하도록 설계된 셈이죠.

미국의 유명 체인 에퀴녹스(Equinox)는 최근 4만 달러에 달하는 연간 회원권을 선보였습니다. 여기에는 주당 16시간에 이르는 건강 관리 프로그램과 식단·수면 코칭, 맞춤형 마사지가 포함됩니다. 이런 현상은 럭셔리에 대한 사회적 감수성이 조금씩 변해 감을 의미합니다. 비싼 해외여행이나 스포츠카를 사는 대신, 나의 몸과 마음에 전폭적으로 투자하는 게 더 멋지다고 생각하는 사람이 늘고 있습니다. 영국의 경제지 《이코노미스트》가 "이제 새로운 샤넬백 대신, 젊고 건강한 삶이 최고의 럭셔리"라고 쓴 것도 같은 맥락입니다.

다른 갈래는 마이크로 짐의 확산입니다. 15평 미만의 1인 PT숍이나 아파트 단지 내 2인용 헬스장, 이동식 트레이닝 센터처럼 작은 규모지만 개인이나 소수 그룹에 특화된 서비스를 제공하는 곳이 늘어나고 있습니다. 이들은 합리적인 가격으로 이용자들에게 맞춤화된 경험을 선사합니다.

제4의 공간으로서 헬스장의 진화는 여기서 그치지 않을 것입니다. 운동뿐 아니라 건강식품이나 약품 판매, 맞춤형 식단과 수면 검사 제공, 심지어 비만 치료제나 근육 강화제 같은 의약품 활용까지 결합한 웰에이징 토탈 서비스로 확장될 가능성이 큽니다.

물론 헬스장을 비롯한 '제4의 공간'도 경제 상황의 부침에서 자유롭지 못합니다. 아무리 몸 관리가 트렌드라 해도, 이용자들이 끊기면 금세 문을 닫게 됩니다. 하지만 제4의 공간을 통해 나의 가치를 높이고, 비슷한 감수성의 사람들과 연결되고자 하는 의지는 메가트렌드입니다.

제4의 공간을 성공적으로 운영하려면, 두 가지 역량이 필요합니다. 바로 '안목'과 '노련함'입니다. 안목은 공간이 전달하고자 하는 경험의 본질을 정확히 파악하고, 불필요한 요소를 과감히 걷어 내는 능력입니다. 노련함은 시대 감성과 고객 니즈에 발맞춰 프로그램을 유연하게 운영해 내는 능력입니다. 둘 중 하나라도 부족하면, 그 공간은 이내 평범한 영업장으로 전락하고 맙니다. 앞으로 다채로운 모습의 제4의 공간이 도시를 채워 갈 것입니다.

도시 관측소

CHAPTER 18. 로컬리티

'동네'라는 '실존'의 브랜드

거대한 콜로세움 속 개인과 도시의 부상

오늘날 세계는 입장하는 문이 서로 연결된 거대한 콜로세움으로 진화했습니다. 여러 지역이 한정된 자본, 기업, 인재를 두고 치열한 경쟁을 벌이고 있습니다. 과거 대륙이나 제국 단위의 경쟁과는 본질적으로 다른 양상을 보입니다.

20세기까지 국제 경쟁은 주로 국가 간 군사력, 항로 개척, 영토 확장을 중심으로 이루어졌습니다. 예를 들어, 19세기 영국과 프랑스의 식민지 경쟁이나 20세기 초 독일의 '생존 공간(Lebensraum)' 개념을 바탕으로 한 민족주의적 영토 확장이 국가 중심주의 경쟁의 사례입니다.

하지만 보다 미시적인 차원으로 파고들면 이런 양상이 달라지고 있습니다. 물론 국가 경쟁력이나 이데올로기도 여전히 중요하지만, 각 개인이 세계와 직접 소통하는 시대에 국가가 우리의 삶에 미치는 영향력은 예전만 못합니다. 내가 어디에서 누구와 교류하는지가 나의 경쟁력인 시대입니다. 개인과 도시가 마침내 경쟁의 핵심 당사자로 부상한 것입니다.

"어느 나라에서 살 것인가",
"어느 나라의 제품이 더 우수한가" 하는 문제는
과거처럼 절대적인 영향력을 갖고 있지 않다.
대신 사람들은 "어디에서 내 재능을 최대치로 펼칠까",
"마음이 통하는 사람들과 어느 동네에서 만날까",
"어떤 브랜드의 가치에 더 끌리는가"를 고민한다.
관심의 초점이 국가에서 도시로,
그리고 동네와 개인에게까지 옮겨 가고 있다.

개인의 행복도 더 이상 국가 단위의 거시경제 지표와 강한 상관관계를 보이지 않습니다. 《2024 세계 행복 보고서》에 따르면, 같은 국가 내에서도 도시와 지역, 연령대에 따라 행복도에 상당한 편차가 있는 것으로 나타났습니다. 전반적으로 '행복의 불평등'이 크게 증가하는 상황에서, 일상적 삶의 질과 동네 커뮤니티의 중요성을 시사합니다.

이러한 맥락에서 '로컬리티(locality)'의 가치가 그 어느 때보다 중요하게 부상하고 있습니다. 글로벌 프랜차이즈보다 지역 고유의 특색을 가진 독립 상점들이 더욱 주목받고 있는 것입니다. 많은 동네들은 제각각의 매력을 뽐내고 있고, 그중에서도 쉽게 흉내 낼 수 없는 지역성과 동네다움이 핵심 가치가 되었습니다.

실존의 자취를 담은 새로운 동네 정의법

이쯤에서 궁금해집니다. '동네'의 실체는 무엇일까요? 많은 분이 동네라고 하면 집 근처를 먼저 떠올리겠지만, 그렇지 않을 때도 많습니다. 어떤 사람은 집에서 잠만 자고 일하는 공간에서 시간의 대부분을 보냅니다. 또 누군가는 집에 오래 머물러도 지역 사회와 전혀 교류하지 않습니다. 이런 경우엔 집 주변을 동네라 부를 수 없죠.

철학자 사르트르는 "실존이 본질에 앞선다"라는 말을 남겼습니다. 동네야말로 관념의 산물이 아닌 '실존'이 앞서는 공간입니다. 처음부터 지역에서 맡은 소임이나 기능, 혹은 동네다움이라는 규범에 따라 만들어진 공간이 아니라, 그곳을 오가는 사람들의 활동과 인식이 쌓이면서 로컬만의 실존적 특징이 형성됩니다. 동네에 대한 개념이 공동체의 실존과 나의 감각을 함부로 재단할 수는 없습니다.

그래서 동네는 아무리 작아도 동질성으로 구분할 수 없습니다. 동질성을 가정한 관념적 기준, 예컨대 '예술인 마을'이나 '아이가 행복한 동네' 같은 관념으로 동네를 단정 짓기엔 부족합니다. 동네의 영역에 대해서도 마찬가지입니다. ○○역 주변 20분 거리라는 동네의 범위도 사실 지하철을 이용하지 않는 사람에겐 적절하지 못한 동네의 경계 설정입니다. 실존적 공간으로서의 동네에 관한 정의가 필요합니다.

새로운 동네 정의법을 제안합니다. '사람'과 '시간'을 중심으로 주관적으로 동네의 영역을 확인하는 것입니다. 먼저 여러분의 일상을 깊이 공유하는 10명 정도의 지인을 떠올려 보세요. 반려동물 이름이나 현재 맡은 프로젝트, 또는 최근에 다녀온 여행지를 알 만한 가족, 친구, 연인부터 학원 선생님, 운동 모임 친구, 직장 동료도 좋습니다. 그다음, 이들과 지난 1년 동안 의미 있는 시간을 보낸 장소들을 지도에 표시합니다. 한 사람당 대여섯 군데면 충분합니다. 만나는 사람들이 다소 적다면, 나 혼자 두세 번 이상 이용한 특별한 공간이나 나만의 '제4의 공간'을 추가해도 좋습니다.

여기서 포인트는, 장소에서 보낸 시간의 양이나 만남의 횟수가 아니라 '시간과 경험의 질'입니다. 겉치레가 아닌, 마음을 터놓고 이야기하거나 의미 있는 활동을 한 곳이 중요합니다. 이렇게 지도에 표시하면, 일부 지점에 점들이 몰려 있을 것입니다. 그것이 바로 실질적인 '동네 지도'입니다. 집 근처일 수도 있고 아닐 수도 있습니다. 중요한 건 집으로부터의 거리나 동네를 구성하는 관념이 아닙니다. 나의 시간, 관계, 의미가 만든 실존의 자취입니다.

동네의 매력을 만드는 세 가지 요소

동네의 본질이 이렇게 개인적이라면, 동네라는 브랜드를 한눈에 식별할 수 있는 특징으로 포장하기 어렵다는 것도 쉽게 알 수 있습니다. 어떤 단일 주체도 동네의 정체성을 독점할 수 없습니다. 모든 사람이 납득할 수 있도록 동네의 의미를 전달하기도 어렵죠. 마치 가위의 기능(관념)을 설명하긴 쉽지만 나라는 사람이 누구인지(실존)를 설명하는 게 아주 어려운 것처럼 말입니다. 비록 일반화하긴 어렵지만 여기서는 동네의 매력에 대해 생각해 보도록 하겠습니다. 동네의 매력은 세 가지 핵심 요소로 구성됩니다.

우선 희소성 있는 특질입니다. 그 지역만의 독특한 정취, 토착적 맛과 향, 고유한 문화나 기술, 그리고 독특한 서사와 사람을 포함합니다. 이런 로컬의 무언가는 다른 데에서 찾을 수 없는 특별함을 지니죠. 전 세계적으로 "치즈의 왕"으로 불리는 파르미지아노 레지아노는 이탈리아 파르마 지역에서 생산된 목초를 먹인 소의 우유로

●●● 도쿄의 진보초(神保町) 간다(神田) 거리는 헌책방이 모여 있는 곳으로 유명하다. 동네 전체가 하나의 거대한 서점과도 같다.

만들어집니다. 희소성이 높습니다.

하지만 흔치 않은 특질에 더해져야 할 또 하나의 요소가 바로 '깊이'입니다. 희소하지만 깊이가 없는 경험에 대해 사람들은 별 매력을 느끼지 못합니다. 한번 호기심이 충족된 후 다시 찾을 이유가 없습니다. 진짜 매력이 되려면 희소성과 함께 크리에이터, 장인, 사업가, 판매자가 지속적으로 협력하여 깊이를 만들어야 합니다. 그래야 시장에서 최소한의 경쟁력을 갖출 수 있습니다.

여기에 더해, '세계적 수준'으로 확장될 때 비로소 로컬의 매력은 완성됩니다. 지역성과 깊이를 유지하면서도 보편적 감동을 전달할 수 있어야 합니다. 로컬 감성을 지키기 위해 사람들의 희생과 비합리적 비용 지불만 요구한다면 결국 오래가지 못합니다. 스페인 바르셀로나의 가우디 건축물들은 카탈루냐 지역의 독특한 문화적 정체성을 표현하면서도, 전 세계 관광객들에게 깊은 감동을 전달합니다. 이러한 틀은 다음과 같은 식으로 표현할 수 있습니다.

동네(로컬)의 가치=흔하지 않은 특질×깊이×세계적 수준

하동의 섬세함과 굳건함

이러한 매력을 가진 동네들은 한 가지 공통점이 있습니다. 시대 변화에 예민하게 반응하면서 유행에 휩쓸리지 않는다는 것이죠. 섬세한데 동시에 굳건합니다.

하동은 제주, 보성과 함께 우리나라의 대표적인 녹차 산지입니다. 그중에서도 하동 녹차가 특별한 이유는 채엽과 제조 과정에서 드러납니다. 지리산 자락의 야생 차나무에서 일일이 손으로 따낸 찻잎을 전통 그대로 무쇠솥에서 덖어 내는 방식이 이어져 옵니다. 워낙 언덕도 가파르고 차밭 면적도 크지 않아서, 채엽 시즌에는 몸이 불편한 노인과 아이들을 제외한 많은 이들이 달라붙습니다. 기계로 대량 생산하는 다른 지역들과 달리, 온몸으로 만들어 낸 차이기에 한 잔을 마셔도 맛이 남다릅니다. 성분이 농축돼서 깊은 풍미와 감칠맛이 제대로 살아납니다.

하동이 가진 또 다른 매력은 이른바 '다담 문화'입니다. 손님에게 차를 직접 우려서 대접하며 차와 함께 이야기를 나누는 전통인데, 티백으로 간편하게 마시는 녹차와는 다릅니다. 지리산 푸른 자락이 펼쳐진 다실에서, 유독 혹독한 겨울을 이겨 낸 첫 순으로 만든 우전차 한 잔은 참으로 매력적이죠. 그와 함께 오가는 말들은 오래도록 기억에 남습니다. 이런 '생경험'이 동네가 빚어내는 매력의 힘

●●● 하동 녹차연구소는 다양한 차 원료와 새로운 품종을 개발해 농가에 보급하고, 각 찻잎의 품질과 영양 성분을 꼼꼼히 관리했다. 2022년부터 스타벅스 본사에 고품질 말차를 'K-Matcha'라는 이름으로 공급하고 있다.

입니다.

만약 여기서 멈춰 있었다면, 하동 녹차는 지역 특산품으로 남았을지 모릅니다. 하지만 하동의 녹차를 세계적인 수준으로 끌어올리기 위해 특별한 노력이 이루어졌습니다. 그 선두에 바로 '하동 녹차연구소'가 있습니다. 2006년 산업통상자원부 지원으로 문을 연 이 재단법인은 군의 지원을 받아 하동 차의 미래를 열고 있습니다.

이종현 소장에 따르면, 하동의 차 농가들은 규모가 작고 각자의 방식대로 경영하고 있으며, 차밭도 곳곳에 흩어져 있습니다. 이렇게 작고 분산된 모습이 하동의 개성이긴 하지만, 글로벌 시장에서 경쟁하기엔 제약이 많았겠죠. 그래서 녹차연구소는 다양한 차 원료와 새로운 품종을 개발해 농가에 보급하고, 각 찻잎의 품질과 영양

성분을 꼼꼼히 관리했습니다. 또 직접 녹차가공 공장까지 운영하면서, 그들의 기술과 전통이 더 높은 수준에 오를 수 있도록 이끌었습니다. 그렇게 쌓인 노력이 결실을 맺게 되었습니다. 2022년부터 미국 스타벅스 본사에 고품질 말차를 'K-Matcha'라는 이름으로 공급하게 된 것입니다. 하동군은 미국을 비롯한 10개국에 연간 100톤 이상의 차 제품을 수출하고 있습니다. 우리나라 전체 녹차 수출량의 절반이 넘습니다. 하동의 사례를 세 가지 매력 요소로 나눠 보았습니다.

- 희소성: 지리산 자락의 야생 차나무에서 수작업으로 채취하는 전통적 방식
- 깊이와 지속성: 무쇠솥 덖음 등 전통의 계승과 다담 문화의 보존
- 세계화: 하동 녹차연구소를 통한 품질 관리와 미국 스타벅스 본사에 'K-Matcha' 수출

'망원시장 난리 났네'

매력적인 동네는 '소망공간'이 많습니다. 소망공간은 처음 찾은 사람이든 오랫동안 살아온 주민이든 누구나 편안하게 즐길 수 있는 로컬 문화의 거점입니다. 대개는 부담스럽지 않은 가격으로 다양한 지역 제품이나 문화 콘텐츠를 선보이는 소박한 공간이죠.

- 청년 창업자들이 꿈을 펼칠 수 있는 활기찬 골목 상권
- 근처 바닷가나 강에서 갓 잡은 해산물을 맛볼 수 있는 숨은 가게

도시 관측소

- 30분 이상 걸어다니며 계절의 변화를 느낄 수 있는 녹지
- 활기찬 분위기에서 신선한 식재료를 구매할 수 있는 전통시장
- 유모차를 끌고 와 책을 읽거나 전시회를 즐길 수 있는 지역
- 신간 북토크나 독서모임이 열리는 독립서점
- 학생들이 모여 숙제를 하거나 진로 상담을 받는 공부방
- 은퇴자들이 기술을 배우며 제2의 인생을 설계하는 배움터

저마다의 특색이 담긴 소망공간이 있는 동네에서는 스마트폰만 들여다보는 대신, 큰돈을 들이지 않아도 밖에서 품격 있는 하루를 보낼 수 있습니다. "개인은 소박하게, 사회는 풍요롭게" 만드는 데 큰 역할을 하죠. 이런 공간을 운영하는 사람들의 면면도 무척 다양합니다. 전통적인 경영인부터 은퇴 공무원, 문화재단 관계자, 예술가, 학자, 사회활동가, 청년 상인까지, 각자의 전문성과 취향을 바탕으로 동네의 문화적 다양성을 확장합니다.

제가 애정을 갖고 지켜보는 소망공간이 있습니다. 바로 서울 망원동의 망원시장입니다. 이곳은 접근성이 탁월합니다. 6호선 망원역과 가깝고, 2호선 합정역에서도 걸어서 15분이면 도착합니다. 한강도 가까워 산책 후 들르기 좋고, 힙한 망리단길과 홍대, 상암동과도 이웃해 있습니다. 망원시장을 오가는 사람들의 면면을 보면 한층 흥미롭습니다. 자전거를 타고 와 양파 한 망을 사 가는 중년 남성부터 손주의 손을 잡고 먹을거리를 고르는 할아버지까지 세대와 계층을 아우릅니다. 보행자, 이동약자, 자전거 이용자에게도 친화적인 시장입니다. 주변에 집밥을 해 먹는 가정과 식재료를 직접 마련하는 식당도 많고, 오래된 다세대 주택이 밀집해 있어 젊은 시절부터 시장을 이용하던 분들이 나이 들어서도 꾸준히 찾아옵니다.

망원시장의 또 다른 특징은 상품 구성의 포괄성입니다. 최근 시

●●● 도시 조직과 유기적으로 이어진 망원시장. 하루 평균 3,000명 내외의 방문객을 유지하고 있으며, 망원동 전체 상권의 프랜차이즈 비율이 4.8퍼센트에 불과해 더욱 주목할 만하다.

장들이 인스타그래머블('인스타에 올릴 만한') 품목에 집중하는 추세와 달리, 망원시장은 일상생활에 필요한 모든 품목을 아우르는 종합 상권입니다. 김이 모락모락 나는 분식, 쫄깃한 떡과 집반찬, 제철 과일이나 싱싱한 야채, 정육과 건어물, 생선은 물론이고, 다양한 기름과 건강식품, 주방용품, 심지어 빈티지 의류까지 합리적인 가

도시 관측소

격대로 만날 수 있습니다.

　80여 개 점포의 비교적 작은 규모임에도 불구하고, 일평균 3,000명 내외의 방문객을 유지하는 점도 주목할 만합니다. 특히 상인 구성에서 20~30대가 50퍼센트를 차지하며, 망원1동 전체 상권의 프랜차이즈 비율이 4.8퍼센트에 불과한 점은 독립 소상인들의 창의적 경영이 가능한 환경임을 보여 줍니다.

　망원시장이 이렇게 작지만 강한 상권으로 자리 잡은 데는 상인들의 자발적인 노력이 컸습니다. 2006년 법적 지위를 갖춘 시장이 되기 전까지, 상인들은 구역별로 나뉘어 단순한 친목 교류만 이어 왔습니다. 그러나 합정역에 대형마트 입점 소식이 들려오자 변화가 시작됐습니다. 마트 입점 저지 운동을 계기로 상인들 간 결속력이 강해졌죠. 이를 계기로 상인들은 전통시장이 현대인들의 마음을 사로잡기 위해 어떻게 변해야 할지 깊이 고민하기 시작했습니다. 다양한 실험과 시도가 이어졌습니다.

　'망원시장 난리 났네' 캠페인, 골목형 시장 지원사업과 고객센터 운영, '걱정마요 김대리' 서비스 등이 그 예입니다. 마포 공동체 경제가 발행하는 지역화폐 '모아'는 구매 비용의 5퍼센트를 더해 주는 방식으로 운영되면서 여러 가게가 참여했고, 최근 60여 곳의 시장 내 공동체 가게에서 활용되면서 '모아페이'로 확장되었습니다. 연간 2억 원 수준의 거래액을 기록하고 있죠. 또한 공동체가 함께 만든 '카페M'에서는 구매한 망원시장 음식을 자유롭게 먹을 수 있고, 에코백 장바구니 대여를 통해 친환경 운동에도 앞장서고 있습니다.

　2020년 7월 시작된 '용기 내! 망원시장' 캠페인은 전통시장 최초의 제로웨이스트 운동입니다. 손님들이 집에서 가져온 용기에 물건을 담아 가도록 독려하면서 일회용 포장재 사용 감소에 기여했습니다다. 또한 무게당 정찰제와 통합 결제 시스템 도입은 전통시장의 고질적 문제였던 가격 투명성 이슈를 해결했습니다.

코로나19 기간 중 망원시장의 실적은 특히 주목할 만합니다. 다른 대부분의 상권과는 달리, 망원시장의 매출은 계속 증가하여 2020년 1분기부터 서울시 상권 평균을 상회했습니다. 한강과 성산근린공원, 연남동 숲길 등 주변에 누릴 만한 녹지가 많아 식음료 테이크아웃 수요가 꾸준했고, 집밥을 선호하는 배후 가구가 많으며, 배달 서비스의 신속한 도입 등이 그 이유라 할 수 있겠습니다.

이처럼 20년 넘게 이어져 온 시장의 변화는 이제 주변 지역과도 좋은 시너지를 일으키고 있습니다. 배후지인 서교동과 망원동 일대는 손꼽히는 소망공간들이 풍성하게 자리 잡은 곳입니다. 다양한 일자리, 아이들을 위한 공부방이나 학원, 옷 수선집, 동네서점까지, 살면서 필요한 모든 게 있습니다. 망원시장은 이들 공간을 이어 주며 동네 재래시장이 가진 가능성을 증명해 내고 있습니다.

빅터 프랭클은 『죽음의 수용소에서』에서 이렇게 말했습니다. "당신을 있는 그대로 인정해 주는 것은 당신을 금방 타락시킨다. 될 수 있는 최고의 모습을 알아봐 주는 사람이 주변에 있어야 한다." 동네도 마찬가지입니다. 하동의 녹차부터 망원시장까지 동네가 가진 매력을 더욱 섬세하게 돌보고 더 높은 가능성을 추구해야 합니다.

골목 상권의 회복탄력성

#코로나19의 타격은 어디가 더 심했을까?

한 동네가 매력적이면 외부 충격이나 불확실한 상황에도 덜 흔들립니다. 바로 지역의 회복탄력성입니다. 코로나19처럼 예측하기 어려운 위기가 닥쳐도 쉽게 무너지지 않는 힘이 있느냐는 것입니다. 이와 관련해서 서울대학교 도시설계연구실 제지현, 이제승 연구원과 저는 코로나19 기간 서울 상권의 매출액 변화를 연구하여 국제 저널 《시티스(Cities)》에 발표했습니다.[33]

코로나19가 확산될 당시, 각국 정부와 지자체는 집단 감염을 막기 위해 사회적 거리두기나 임시 봉쇄 같은 과감한 정책을 시행했습니다. 외부 활동에 대한 공포가 커지면서 사람들은 대면 소비를 자제하고, 비대면 주문으로 눈길을 돌리기 시작했죠. 그 여파로 상권 전반의 매출은 급격히 줄어들었습니다. 연구는 이러한 상황에서 상권별 매출 감소 폭이 어떻게 달랐고, 어떤 상권이 탄력적으로 버텨 냈는지에 주목했습니다. 매출액 같은 오프라인 지표가 상권의 전반적인 활력 수준을 가늠하는 좋은 잣대가 되기 때문입니다.

우리나라 상권은 홍대나 이태원처럼 업종이 많고 금융·교육·관광 같은 서비스가 복합된 '발달 상권'과, 상대적으로 영세하고 독립 브랜드 중심으로 소수 업종이 모여 있는 '골목 상권'으로 나뉩니다. 코로나19는 모두에게 위협이었지만, 정작 매출 감소 폭을 들여다

보면 이 두 상권 사이에 제법 큰 격차가 있었습니다.

이를 확인하기 위해 연구진은 '회복탄력성 상실 지수(LRR: Loss of retail resilience)'를 만들었습니다. 데이터는 상권별 신한카드 식음료(F&B) 매출 데이터를 사용했습니다. LRR은 두 가지를 비교합니다.

(1) 코로나19 같은 충격이 없다고 가정할 때 과거 상권 매출의 추세가 연속되는 상황
(2) 실제로 코로나19 이후 줄어든 상권 매출의 정도

두 시점 사이에 (1)과 (2)의 차이를 계산한 것이 해당 상권의 LRR 값입니다. 이 값이 클수록 한 상권이 코로나19 충격을 심하게 받았다는 의미입니다.

연구 결과, 코로나 1차, 2차 대유행 기간에 발달 상권에 비해 골목 상권의 회복탄력성이 훨씬 좋게 나타났습니다. 발달 상권에 비해 코로나19에 따른 매출 감소 피해가 훨씬 덜했습니다. 예를 들어 코로나19 1차 대유행 때 LRR이 발달 상권은 0.247인 데 비해 골목 상권은 0.134에 그쳤고, 2차 대유행 땐 그 차이가 더 벌어졌습니다.

#위기에 빛을 발하는 매력

골목 상권의 회복력에 대해 연구진은 네 가지 이유로 설명했습니다. 우선 골목 상권은 주거지와 가깝고, 밀집도가 비교적 낮아 소품종 구매를 위한 잦은 방문이 용이합니다. 코로나19로 이동이 제한되고 재택근무·원격수업이 늘어나면서, 일상적인 소비를 동네에서 해결하려는 수요가 확대되었습니다. 이에 반해 발달 상권은 대형

코로나19 기간 서울시 발달 상권과 골목 상권의 단위 면적당 매출액 변화

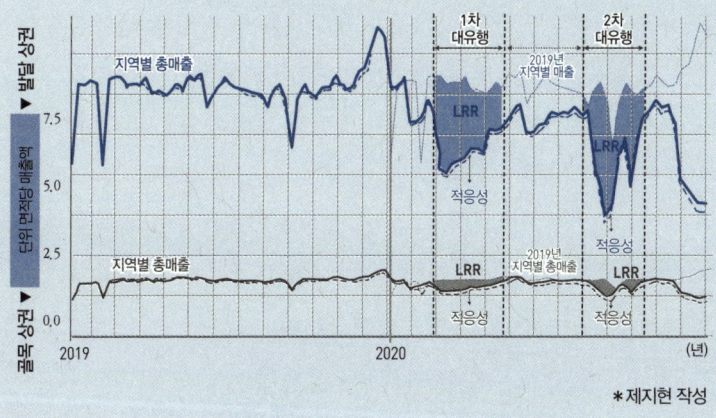

*제지현 작성

쇼핑몰, 백화점 등 밀집도가 높고 차량 이동에 의존하는 경향이 커서, 이동 제한에 따라 방문객이 급격히 줄어들었습니다.

두 번째로는 임대료와 고정비 문제입니다. 골목 상권에 입점한 소규모 가게들은 발달 상권의 중대형 점포에 비해 임대료와 고정비가 낮습니다. 일시적인 매출 급감에도 상대적으로 더 견뎌 낼 수 있었습니다. 정부 역시 소상공인 대상 임대료 지원, 소비 쿠폰 정책 등을 우선적으로 적용해, 대형 점포나 백화점보다 동네 상권의 회복을 유도했습니다.

온라인·배달 서비스로의 신속한 전환도 한 이유입니다. 원격·비대면 소비가 확산되면서, 골목 상권의 소규모 가게들은 배달 메뉴 개발이나 영업시간 조정 등으로 비교적 빠르게 대응했습니다. 이에 반해 발달 상권에 포함된 대형 유통 매장들은 온라인 전환에 따른 대체 효과가 크고, 고객층 역시 방문형 소비가 주를 이루므로 매장 판매가 감소했을 때 회복까지 시간이 길었습니다.

끝으로 소비 트렌드 변화와 로컬 가치의 재발견입니다. 코로나 19 시기에 해외 관광객과 외부 유동인구를 주 타깃으로 하던 발달 상권은 매출 타격을 받았습니다. 반면 골목 상권은 생활권 중심의 '근거리 쇼핑'과 SNS를 통한 지역 상권 홍보 효과를 누리면서, 소비자들이 멀리 이동하지 않고도 경험할 수 있는 차별화된 '동네 맛집·가게'로 자리 잡았습니다. 이처럼 소규모 사업자들이 지역 주민과 밀착된 형태로 운영되며, 새로운 경험과 공감대를 제공한 점이 회복탄력성을 높이는 데 크게 기여했습니다.

한 동네가 가진 독특한 매력과 자생력은 위기 상황에서 더 빛을 발합니다. 비록 총 매출은 상대적으로 작지만 여전히 살아남은 골목 상권의 회복탄력성을 보면, 지역성과 공간의 촘촘한 연결이 얼마나 중요한지 새삼 깨닫게 됩니다.

도시 관측소

CHAPTER 19. 덕질이 확장하는 세계

도시는 개인의 문화적 몰입과 탐구를 장려해야 한다

비주류의 주류화

도시를 가만히 들여다보면, 사람들이 저마다의 열정을 품고 모여드는 장면을 마주하게 됩니다. 예술가의 작품 세계부터 한정판 상품 출시와 미식 경험까지, 사람들은 자신만의 관심사를 좇아 도시 곳곳을 누빕니다. 이러한 '덕질'의 궤적이 도시 곳곳에 스며들어 있습니다.

한 예로, 후기 인상주의 화가 빈센트 반 고흐를 좋아하는 사람들의 팬심은 대단합니다. 암스테르담의 반 고흐 미술관과 오테를로의 크뢸러 뮐러 미술관 방문은 '반 고흐 덕후'라면 기본입니다. 더 나아가 화가의 마지막 거처였던 프랑스 오베르 쉬르 우아즈까지 아트 순례를 다녀옵니다. 2023년 파리 오르세 미술관의 특별전 《오베르와 반 고흐, 그의 마지막 순간》은 4개월간 약 79만 명의 관람객을 기록하며 전 세계 고흐 팬덤의 규모를 입증했습니다.

이렇게 어떤 대상을 진심으로 좋아하고, 그 맥락과 서사를 깊이 파고들어 관심을 적극적으로 표현하는 일을 '덕질'이라 부릅니다. 덕질은 더 이상 소수의 마니아적 행위가 아닌, 보편적 문화 경험으로 자리 잡았습니다.

덕질에도 단계가 있다고 합니다. 처음 관심을 갖기 시작(입덕)하는 단계에서 팬으로서의 생활(덕질 활동), 팬임을 공개(덕밍 아웃), 현장 경험(직관)과 우상과의 조우(영접)를 거쳐, 궁극적으로는 인정과 성취(성덕)에 이르는 진화 과정을 보입니다. 이러한 단계적 몰입은 일상에 의미와 활력을 부여합니다.

덕질은 비주류 문화를 주류 시장으로 올려놓기도 한다. 20세기 중반까지만 해도 애니메이션은 어린이들만의 콘텐츠였지만, 열성 팬들의 지지로 전 연령층 남녀노소가 즐기는 문화산업으로 거듭났습니다. 게임 역시 일부 사람들의 취미에서 시작해 2025년 기준 48억 달러(약 6조 5,000억 원) 시장 규모의 e-스포츠 산업으로 발전했습니다. 프로 게이머는 새로운 유망 직업이 되었습니다.

로테르담의 보이만스 판 뵈닝언 수장고

저는 예술 덕후라고 하기엔 부족하지만, 해외에 갈 때마다 그 도시를 대표하는 근현대 미술관에는 꼭 들릅니다. 파리의 오르세 미술관, 암스테르담의 반 고흐 미술관, LA의 더 브로드 미술관 등은 해당 도시가 지닌 문화적 정체성과 예술적 품격을 엿볼 수 있는 창구이기 때문이죠.

그중 인상 깊었던 곳은 2021년 개관한 로테르담의 보이만스 판 뵈닝언 수장고(Depot Boijmans Van Beuningen)입니다. 건축설계사무소 MVRDV가 설계한 거대한 냄비 같은 외관으로 유명한 이 건축은 미술품 보관소를 넘어 '열린 수장고'라는 개념을 선보입니다.

일반적으로 대형 미술관들이 소장품의 5~10퍼센트만 전시하는

●●● 로테르담의 보이만스 판 뵈닝언 수장고의 계단과 아트리움 콤플렉스. 건축설계사무소 MVRDV가 설계한 거대한 냄비 같은 외관으로도 유명하다.

것과 달리, 이곳은 15만 점의 소장품을 순차적으로 공개하고 작품의 보존·복원 과정까지 투명하게 보여 줍니다. 관람객들은 미술관의 비밀스러운 공간에 초대받은 듯한 특별한 기분에 젖어들죠. 성인 기준 25유로라는 제법 비싼 입장료에도 불구하고 이곳을 찾는 이들이 많은 이유입니다.

특히 이 수장고에서 눈길을 사로잡았던 공간이 있습니다. 피에트 몬드리안의 1917년 작품 〈색상 계획을 포함한 구성(Composition avec plans de couleurs)〉이 전시된 방입니다. 이곳의 작품들은 벽에 걸려 있지 않고, 방 한가운데 설치된 투명한 유리벽에 세워져 있습니다. 이를 '유리 이젤'이라고 부릅니다.

이 독특한 전시 방식은 작품의 다면적 이해를 가능케 합니다. 관람객은 작품의 표면뿐 아니라 캔버스의 물성(린넨, 면사 직조, 나무 판넬 보강 등)을 직접 관찰할 수 있습니다. 더욱 흥미로운 것은 작품 뒷면에 남겨진 각종 기록입니다. 낙서, 일련번호, 레이블, 왁스 실링 등은 작품의 역사적 여정을 증언하는 귀중한 자료가 됩니다.

제가 본 몬드리안의 작품 뒷면에는 1982년 미국-네덜란드 수교 200주년 기념전 '데 스틸 1917-1931'에 관한 기록이 남아 있었습니다. 해당 작품이 미국 미네아폴리스와 워싱턴 D.C.를 거쳐 갔다는 사실을 알게 되었고, 전시의 부제가 "유토피아의 비전(Visions of Utopia)"인 점도 짚어 볼 수 있었죠. 왜 이 작품이 두 나라의 수교를 기념하는 자리에 초대되었을까요? 이는 데 스틸 운동의 미학적 혁신과 유토피아적 비전이 양국이 공유하는 자유, 진보, 혁신의 가치와 공명했음을 시사합니다.[34]

도시 관측소

덕후들의 열정과 현대 도시의 중요한 과제

수장고 옆에는 원래의 보이만스 박물관 건물이 자리하고 있습니다. 문을 연 지 175주년이 되는 2024년을 기념하여 박물관 측은 특별한 행사를 마련했습니다. 복원 공사가 한창인 '반 데르 스튀르 및 보돈 윙(Van Der Steur and Bodon wings)'에 대한 가이드 투어인데, 작품이 빠져나간 박물관 공간이 품고 있는 이야기가 핵심입니다. 텅 빈 벽, 외관에 남은 흠집, 복원을 기다리는 자재들, 그 모든 것이 미술작품의 맥락을 더 깊이 파고드는 데 의미 있는 서사를 제공합니다.

수장고의 문화적 영향력은 소셜 미디어 통계에서도 확인됩니다. 개관 후 2년간 인스타그램에는 수장고 관련 8,228건의 게시물, 1만 8,570장의 사진, 74만 7,000개의 좋아요, 3만 2,500건의 댓글이 축적되었습니다.[35] 주목할 만한 점은 이 중 90퍼센트가 작품 자체가 아닌, 건축물의 외관, 보존과학자들의 작업 현장, 복원 도구, 학술 행사, 관람객들의 반응 등을 담고 있다는 사실입니다.

무언가를 진정으로 좋아한다는 건 어떤 일일까?
문화적 몰입의 본질은 대상의 표면적 감상을 넘어,
그 이면의 서사, 관련 종사자들의 전문성,
그리고 광범위한 맥락적 이해로 확장된다.
이는 마치 향수 애호가가 단순한 향수 수집을 넘어
조향사와 함께 탐험용 부츠를 신고 새로운 원료를 탐구하는
여정을 즐기는 것과 같은 창조적 과정이다.

덕후들의 뜨거운 열정이 세상을 조금씩 변화시키고 있습니다.

어떤 대상을 향한 깊은 애정은 우리가 미처 알지 못했던 세계에 대한 감각을 일깨워 문화적 지평을 확장합니다.

덕질은 이제 우리 시대의 중요한 문화 현상입니다. 도시는 이러한 문화적 몰입과 개인의 탐구를 제도적으로 지원하고 장려할 필요가 있습니다. 공공질서의 테두리 안에서, 이러한 열정이 자유롭게 발현될 수 있는 환경을 조성하는 것이 현대 도시의 중요한 과제입니다.

도시 관측소

CHAPTER 20. 관계와 공간

우리를 고립에서 건져 내는 이곳의 힘

공간이 빚어낸 유레카

과학적 발견이라고 하면, 많은 이들이 천재 과학자가 연구실에 홀로 틀어박혀 '유레카!'를 외치는 장면을 상상할지도 모릅니다. 하지만 하버드 의과대학 연구진의 최근 연구는 이와는 상반된 결과를 제시합니다.

연구진은 1993년부터 2003년까지 출판된 3만 5,000여 편의 논문과 20만 명에 달하는 공저자 정보를 들여다보며 가장 영향력 있는 의·과학 논문들의 특징을 분석했습니다.[36] 분석 결과, 두 가지 주목할 만한 패턴이 발견되었습니다.

첫 번째 눈에 띈 결과는 연구팀의 규모가 논문의 영향력과 매우 깊은 관련이 있다는 점입니다. 더 많은 사람이 함께 연구할수록 연구는 더 큰 반향을 일으켰습니다. 특히 5명에서 15명 정도까지 공동 연구자가 늘어날수록 더 좋은 성과를 냈죠. 과학적 발견은 함께 일할수록 빛이 납니다. 다만 15명이 넘어가면 추가적인 피인용 효과는 점차 감소했습니다. 이와 유사한 결과는 다른 연구에서도 보고된 바 있습니다.[37]

두 번째 발견은 더욱 흥미롭습니다. 연구자들 간 물리적 근접성이 논문의 영향력을 결정짓는 중요한 요소였습니다. 여기서는 공저자들 사이의 물리적 거리를 측정했는데, 수평은 물론 건물 안 서로 다른 층 사이의 수직 거리까지 꼼꼼히 따졌습니다. 그 결과, 물리적으로 서로 가까운 거리에서 연구하는 팀일수록 더 영향력 있는 논문을 쓴다는 사실이 드러났습니다. 특히 논문 작성을 주도한 제1저자와 연구의 방향을 이끈 교신저자의 거리가 가장 중요합니다. 구성원 간 협업과 근접성은 학문적 성과를 높이는 중요한 양대 축입니다. 연구의 핵심적인 의사결정 과정에서 대면 소통의 빈도와 깊이는 매우 중요합니다. 결국 과학적 발견은 개인의 천재성보다는 여러 사람이 부딪히고 함께 고민하는 관계 속에서 차곡차곡 빚어지는 결과물임을 보여 줍니다.

> 발견은 '관계'를 기반으로 한 사회적 과정이다.
> 세상을 바꾸는 위대한 생각은
> 서로 다른 생각을 가진 사람들이 자주 만나 이야기를 나누는
> 창의적 중간지대에서 꽃을 피운다.
> 발견은 관계와 공간을 매개로 축적된다.

실제로 2000년대 이후 노벨상 과학 분야 수상자의 90퍼센트 이상이 팀 연구의 산물입니다. 나홀로 연구는 빛을 보기 힘들죠. 최근 다른 연구에서는 물리학, 화학, 의학, 경제학 분야에서 노벨상을 탄 수상자 대부분이 특정 '학문적 가계도'를 통해 이어져 있음을 밝혔습니다.[38] 그들은 대개 서로 지도교수와 학생, 멘토와 멘티, 혹은 같은 연구팀을 거쳐 간 사이입니다. 발견의 가능성은 결국 사회적 관계망, 기술과 암묵지(tacit knowledge: 언어 등의 형식을 갖추어 표

현될 수 없는, 경험과 학습에 의해 몸에 쌓인 지식)의 공유, 공간적 근접성 속에서 커집니다.

한번 발견의 과정을 나눈 사람들은 이후에도 뛰어난 성과를 같이 만들어 내곤 합니다. 서로에게 쌓인 신뢰감, 반짝였던 순간의 창의성, 함께 이뤄 낸 탐구의 지속성과 학술적 성취에서 오는 감동은 오래도록 마음에 남죠. 이들은 다른 연구실로 옮겨 가더라도, 새로운 기회가 찾아오면 만나서 별다른 준비 없이도 본질에 다가설 수 있습니다. 그러니 누구든 인생에서 한 번쯤은 발견의 클러스터에 깊이 몸담아 볼 필요가 있습니다.

이런 이야기는 학교나 연구소에 국한되지 않습니다. 직장에서든, 은퇴 이후든, 성장과 발견은 사회적 관계와 주변 사람들의 지지를 필요로 합니다. 여러분이 새로운 무언가를 시도하려 할 때, 문제의식에 공감하고 발 벗고 나서 줄 동료가 있다면 그만큼 든든한 일도 없을 것입니다.

그렇다고 해서 무작정 많은 사람을 한자리에 모을 필요는 없습니다. 소수의 사람들 간 사소한 계기로 협력이 시작될 수 있죠. 예를 들어 복도에서 우연히 마주쳐 나누는 한두 마디, 커피 한 잔을 함께 마시는 잠깐의 시간, 혹은 엘리베이터에서 스쳐 가는 짧은 대화도 중요합니다. 하지만 목표가 불분명하고 교류가 피상적이라면 진짜 성장은 이루어지기 어렵습니다.

고립과 단절을 넘어서

안타깝게도 오늘날 우리는 점차 고립되고 있습니다. 집단은 해체되고, 관계는 얕아지며, 관심은 희귀함니다. 코로나19 팬데믹은 이런 경향을 더욱 가속화했습니다. 전 세계가 극심한 단절의 후폭풍을 겪었지만, 그 파급력이 워낙 광범위하다 보니 우리는 그 심각성을 오롯이 생각해 보기도 전에 일상으로 돌아갔습니다. 그래서 코로나19는 "외로움의 전염병(loneliness epidemic)"이라고도 불립니다. 바이러스의 확산은 끝났지만, 관계 단절의 관성은 남았습니다.

고립이 남긴 가장 큰 상처는 10대와 20대 젊은 세대에게서 두드러집니다. 이 시기는 주어진 가족 공동체를 떠나, 스스로 친구나 동료, 동거인 등 새로운 관계를 맺으며 조금씩 어른이 되어 가는 때입니다. 입시, 진학, 취업, 집 마련, 결혼(비혼) 등 인생의 큰 결정을 처음 내리는 시점에 사회적 연결이 끊기면, 단순한 외로움을 넘어 생존에 대한 불안감으로 이어지기 쉽습니다.

고립은 우리 사회 전반을 갈라놓고 있습니다. 서로 의지하며 살아가야 할 평범한 사람들이 점점 더 멀어지면서, 나와 다른 방식으로 생각하거나 정치적 성향이나 경제적 수준이 다른 사람에 대한 막연한 적대감이 커지고 있습니다. 근거 없는 혐오와 패거리 문화가 만연하는 사회에서 연결을 통한 진화를 기대하기는 무척 어렵습니다.

미국에서 재택근무를 5년째 하는 친구가 있습니다. 처음에는 집에서 일하는 게 꽤 편했지만, 이제 즐겁지만은 않다고 합니다. 일과 가사, 육아의 경계가 흐릿해지고 업무 고민을 나눌 동료가 없어 답답합니다. 게다가 회사나 팀을 옮길 때마다, 그동안 쌓아 온 '보이지 않는 자산'이 한순간에 끊길 수 있다는 생각에 늘 불안을 안고 삽니다.

저도 대학 교수라는 직업을 갖고 있지만, 매 순간 고립과 싸우고 있다는 점에서 크게 다르지 않습니다. 교수는 많은 결정을 혼자 내려야 합니다. 물론 자유가 주는 장점도 있지만, 정작 나만의 틀에서 벗어나 중요한 생각을 발전시키기 위해서는 꼭 '함께'라는 문을 두드려야 합니다.

마침 두 명의 동료 교수, 그리고 훌륭한 연구원들과 도시설계연구실을 꾸릴 수 있게 되었습니다. 최근에는 연구실 밖의 분들과도 교류할 기회를 만들고자 노력하고 있습니다. 이런 관계의 힘은 우리를 고립에서 건져 내고, 한 걸음 더 나아가게 합니다.

다니엘 핑크(Daniel Pink)가 사람들을 움직이는 동기부여의 힘에 대해 이야기한 『드라이브』에서 말했듯이, 프로가 된다는 것은 내가 좋아하는 일을 하기 싫은 날에도 열심히 해내는 것입니다. 나와 연결되어 있는 사람들과 함께 말입니다.

결국 세상의 모든 '새로운 가능성'은 관계가 만들어 내는 공간 속에 축적되고 도시는 스케일링을 통해 그 가능성을 증폭시키고 꽃피웁니다. 우리는 그 안에서 서로에게 기대어 살아가는 소중한 인연들이고요. 우리의 도시가 소박하지만 더 근사한 공간이 되어 가기를 기대합니다.

EPILOGUE

시야는 넓게, 경험은 깊게

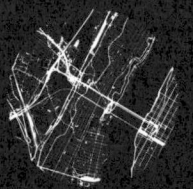

dosi observatory

• • •

도시를 덕질한 지 어느덧 25년, 도시설계 강의와 연구를 진행한 지도 13년이 되었습니다. 그동안 곰곰이 품어 온 생각과 통찰을 이 책에 담았습니다.

세상의 기준이 하루가 다르게 변하는 지금, '도시는 무엇으로 움직이는가?'라는 질문을 던져 봅니다. 주택 공급 물량이나 집값 변동만으로는 설명하기 어려운 도시 현상을 독자 여러분과 대화하듯 풀어 보고 싶었습니다.

책의 제목을 '도시 관측소'라고 붙였습니다. 그와 함께 무분별한 미래 예측이나 단편적 해답 제시를 지양하고, '더 멀리 바라보고, 한 번 더 생각하자'는 원칙을 견지했습니다. 8년 전 출간한 『도시에서 도시를 찾다』가 좋은 도시를 위한 규범적 내용을 다뤘다면, 『도시 관측소』는 뉴노멀 시대를 살아가는 '나'와 '우리', 그리고 '이곳'의 모습을 더욱 깊이 있게 조명하고자 했습니다.

이 책의 부제는 "유동하는 도시에서 '나'의 가치를 높이는 방법"입니다. 세상은 각자 다른 속도로 흘러가더라도, 여러분만은 절대 흔들리며 부유하지 않기를 바라는 마음을 담았습니다. 단기적 사냥감을 쫓는 '헌터'가 아닌, 자신만의 세계를 깊이 파 들어가는 '광부'가 되길 제안합니다. 타인의 기준이 아닌, 자신의 관측력을 통해서라면 가능합니다.

이 책을 마무리하며, 꼭 전하고 싶은 이야기가 있습니다. "내 앞에 놓인 중요한 일에 온 힘을 다하자"라는 메시지입니다. 제 자신을 향한 다짐이기도 합니다. 어떤 일이든 온 힘을 다하지 않으면 주변 사람은 물론 하늘도 금방 알아챕니다. "아, 이 사람은 최선을 다하지 않는구나."

그 순간, 아무리 중요해 보이던 일일지라도 금세 사소해지고 맙니다. 형식적인 조언, 시간만 잡아먹는 루틴, 남에게 미루고 싶은 과제, 작은 충격에도 와르르 무너지는 영혼 없는 프로젝트로 전락합니다. 학생 지도든, 연구 과제든, 생각을 나누는 일이든, 아들과의 짧은 대화든 마찬가지입니다. 두 눈을 크게 뜨고 집중과 헌신으로 대상을 마주해야 합니다. 온 힘으로 몰두했을 때 내가 관심을 기울이고 있는 일이 조금이라도 더 나은 방향으로 나아갑니다.

나이가 들수록 바빠지고, 마음의 에너지가 예전만 못해지는 건 명백한 사실입니다. 신경 써야 할 일도 점점 늘어 가죠. 그러다 보면 머릿속에서 '폴더'를 계속 만들게 됩니다. 그래서 하나의 일을 재빨리 처리하고 폴더에 넣어 두죠. 그러고는 좀처럼 꺼내 보지 않습니다.

분류와 처리를 반복하다 보면 어느새 온 힘을 쏟지 않는 일이 늘어 갑니다. 최선을 다하지 않는 게 습관으로 굳어 버립니다. 그런 시간이 지속되면 결국 '관리자형 어른'이 되거나 다른 이의 세계관을 받아들이지 못하는 편협한 인간이 됩니다. 사람이 퇴색해 버리는 것이죠.

소중한 사람들과 어울리며 가치 있는 일을 하는 것, 그로 인해 몸과 마음이 생기로 차오르는 게 행복입니다. 이를 위해서는 쉽게 닿지 않는 '단단한 영혼의 줄기'를 기르는 일

도시 관측소

이 중요합니다. 그래야 지치지 않고, 소중한 사람들에게 나의 100퍼센트를 전할 용기가 납니다. 시야는 넓게, 경험은 깊게, 그리고 실천은 작은 것부터, 존재는 묵직한 견실함으로 채우는 것이야말로 도시 관측가가 갖추어야 할 덕목이자 자질이라 믿습니다.

    이제, 도시 관측소의 문을 닫으려 합니다. 끝까지 읽어주신 모든 독자분께 진심으로 감사드립니다.

감사의 글

한 권의 책을 완성하기까지의 여정은 길고 고단했지만, 결코 외롭지 않았습니다. 도시에 관한 생각의 온기를 기꺼이 나눠 주신 분들 덕분입니다. 진심으로 감사드립니다. 존칭은 생략하겠습니다.

서울대학교 환경대학원 교수진과 구성원들, 그중에서도 USDL 연구실의 이제승, 임저스틴에게 감사드립니다. 분주한 일상에서도 신뢰하는 동료에게 내 등을 맡길 수 있다는 게 얼마나 큰 힘이 되는지 깨달았습니다. 연구원 권혜인, 김정혜, 문지훈, 박수원, 서여령, 우광준, 윤소영, 제지현 등은 그림 작성과 내용 검토에 힘을 보태 주었습니다. 이들의 헌신에 보답하고자 더욱 정진하겠습니다.

유진그룹 (주)동양의 정진학, 유정민, 김선기가 들려준 기업 현장 이야기는 새로운 자극이 되었습니다. 동양의 사외이사 역할을 수행하며 전문성 향상에 더욱 매진해야겠다는 결심을 하게 됩니다. 재무학 권위자 황이석은 FADE 모델

관련 귀중한 자문을 제공했습니다. 코사이어티 이민수, 위태양은 〈도시관측 챌린지 100 Days〉 공동 주관을 허락해 주었습니다. 진심으로 감사합니다.

한아도시연구소 기효성·황가연·민세홍, 서울시립대 홍나미·김정빈·유석연, 가천대 정상훈, 시안쟈통 리버풀대 조형래, 서울대 장국화, 서울국제개발협력단 원세형, 고양시정연구원 전영미, 인천대 유영수, 홍익대 김형규·김영은, KOICA 원종준, 서울연구원 임희지·변미리, 진도시디자인그룹 진린, 성남시정연구원 정수진, 국가건축정책위원회 권영걸 및 위원들, 미래에셋자산운용 신동철, 어반이슈(요즘도시) 이가영·황희정·권오은, 즐거운도시연구소 정수경은 도시를 바라보는 새로운 시각과 열정의 의미를 깨닫게 해 주었습니다.

연구 과제와 언론 및 학술 행사를 통해 만난 LG 공간연구소 안지용·손상희, LG CNS 방승환, KBS 구경하, 코오롱 MOD 장재혁·문명한 및 임직원, 태재연구재단 조창걸·김동건, 리마크프레스 이재준, GH 경기주택도시공사 이선미, 서울시 구로구청 및 LH공사 도심 공공주택 복합사업팀, 이지스자산운용 임상훈, 에딧시티 남윤주, 플랫그라운드 선주현, 아라리오 김지완, 임팩트스퀘어 도현명, 크립톤 양경준·전정환, 동아일보DBR 김현진·김윤진에게도 감사드립니다.

서울대 환경대학원 도시·환경 미래전략과정은 새로운 배움의 장이 되었습니다. 바쁜 일정에도 강연을 흔쾌히 수락해 주신 전문가들, 39기와 40기의 정용철, 권수연, 류제진, 안길전, 연귀랑, 이종선, 조영상, 김승진, 최정아, 황선미 등 펠로우들의 식견과 배려로 사고의 지평을 넓힐 수 있었습니다.

현대자동차그룹, 청와대(문체부), 네이버, 삼성증권, 이지스자산운용, 세아그룹, 서울도시건축센터, 하동군청 등 강연을 통해 떠오른 생각들이 이 책의 집필 동력이 되었습니다. 한국연구재단의 저술출판지원사업(2022-25)과 공학분야 중견연구(2024-28) 지원은 이 책의 완성에 결정적인 도움이 되었습니다.

마지막으로, 사랑하는 가족에게 이 책을 바칩니다.

도시 관측소

미주

1. 이 내용이 궁금하신 분들은 유럽연합위원회(European Commission)에서 발간한 보고서 《유럽 경쟁력의 미래(The future of European competitiveness)》를 찾아보시길 바랍니다.
2. 수메르 지역에만 해도 우르(Ur), 우루크(Uruk), 에리두(Eridu), 키시(Kish), 라가쉬(Lagash), 움마(Umma), 기르수(Girsu), 니푸르(Nippur), 아다브(Adab), 시파르(Sippar), 슈루팍(Shuruppak), 라르사(Larsa), 에슈눈나(Eshnunna) 등의 도시국가가 확인된다.
3. Ferguson, Niall., *Civilization: The west and the rest*, New York: Penguin Publishing Group, 2011.
4. 콥-더글라스 생산함수는 콥과 더글러스가 1928년에 발표한 생산함수로, 생산요소의 투입량과 산출량 간의 관계를 나타냅니다. 함수는 다음과 같은 수식으로 표현합니다.

$$P = b \times L^a \times K^{(1-a)}$$

P: 산출량(생산량), L: 노동투입량, K: 고정 자본량, b: 상수항

콥-더글라스 생산함수의 주요 특징은 노동량과 자본량에 대한 지수의 합이 1이라는 점입니다. 따라서 노동량과 자본량을 동시에 k배 증가시키면, 생산량도 동일하게 k배 증가합니다. 이를 1차동차의 관계라고 합니다.

5. 영광, 강진, 의성, 인제, 청송, 진안, 임실, 양구 등은 조사 당시 2023년 출산율이 아직 발표되지 않았습니다. 따라서 2022년을 기준으로 연평균 출생아 수를 산정했습니다.
6. Adam, David., "How far will global population rise? Researchers can't agree."

Nature, 597, 2021, pp.462-465.

7　Almeida, Adam., "Portugal is rapidly losing its young people. Will this new scheme convince them to stay?," *The Guardian*, Nov 20 2024.

8　Boston Planning & Development Agency, "Boston's Economy 2024: Recovery, Resilience, and Growth," Boston, MA. 2024.

9　Lincoln Market Report: Boston, Cambridge, Suburbs, Q1 2024.

10　https://bostonrealestatetimes.com/

11　Florida, Richard, Tim Gulden, and Charlotta Mellander, "The rise of the mega-region," *Cambridge Journal of Regions*, Economy and Society 1, 2008, pp.459-476.

12　2024년 한국은행 발표에 따르면, 최근 수도권으로의 국가 경제력 집중이 더욱 심화되고 있습니다. 수도권이 우리나라 경제성장에 기여한 비율은 2001-14년 51.6퍼센트 수준에서 2015~22년 70.1퍼센트로 크게 늘어났습니다. 특히 지식기반 제조업과 테크 산업의 집중으로 국가 경제의 수도권 의존도가 더욱 커졌습니다. 서울권 중심의 일극화가 임계점을 넘어섰습니다.

13　Hartt, Maxwell., *Quietly Shrinking Cities: Canadian Urban Population Loss in an Age of Growth*. Vancouver, Canada: University of British Columbia Press, 2021.

14　안동 한국정신문화재단 김은정 팀장 인터뷰(2023년 8월 5일).

15　이 문장은 사회학자 지그문트 바우만의 책 『Liquid Modernity(액상화된 근대)』 1장에 인용되었다.

16　Moretti, Enrico, *The New Geography of Jobs*. Boston, MA: Houghton Mifflin Harcourt, 2012.

17　이에 대해서는 다음 연구를 참조. Farinha, T., Balland, P. A., Morrison, A., & Boschma, R., "What drives the geography of jobs in the US? Unpacking relatedness," *Industry and Innovation* 26(9), 2019. pp.988-1022.

18　김진하·황민영, 『고용구조와 일자리 변동 분석 통한 서울시 일자리 지원정책 방향』, 서울연구원, 2024.

19　Kim, Dahyun, Kim, Saehoon and Lee, Jae Seung., "The role of cultural amenities in cities for employment growth of industrial clusters: evidence from a panel VAR model," *International Journal of Urban Sciences*, 2024. https://doi.org/10.1080/12265934.2024.2382708.

20　E-9 비자는 비전문취업을 위한 체류 자격입니다. 「외국인근로자의 고용 등에 관한 법률」에 따라, 사업주가 외국인 근로자를 합법적으로 채용할 수 있도록 국가에서 고용을 허가하고, 외국인 근로자에게는 해당 사업주에게 고용되는

조건으로 취업이 허용됩니다. 주로 제조업, 건설업, 농업, 축산업 등의 비전문 직종에 취업하는 외국인을 위해 발급됩니다.

21　고소피아 음성외국인도움센터 센터장 인터뷰(인터뷰 진행: 한지현).
22　'단카이 세대'는 제2차 세계대전 직후인 1947년부터 1949년 사이에 태어난 일본의 베이비붐 세대를 가리키는 말입니다. '단카이'는 일본어로 '덩어리'라는 뜻인데, 이 세대의 인구 규모가 워낙 커서 인구분포도를 그리면 특정 연령대가 불룩하게 튀어나온 것처럼 보인다는 점에서 유래한 이름입니다.
23　Florida, Richard., "Winner-take-all urbanism: Geographic divisions in the modern era," *Brown Journal of World Affairs* 23(2), 2017, pp.103-118.
24　권재연 · 남진, 「서울대도시권 스타트업 집적지의 유형별 입지 특성」, 『국토계획』 57(4), 2022, 63-81쪽.
25　통계청 시도별 간이 생명표 기준.
26　이지영, 『지역 간 스타트업 이동 현황과 과제』, 스타트업얼라이언스 이슈페이퍼, 2024.
27　https://kinokorealestate.com/blog/san-francisco-housing-market-report-may-2024.
28　개인 금융 웹사이트 스마트에셋(SmartAsset) 2024년 발표 자료.
29　https://www.hoover.org/research/why-company-headquarters-are-leaving-california-unprecedented-numbers.
30　https://www.hoover.org/research/californias-businesses-stop-hiring.
31　2024년 10월 말부터 6일간 전국에서 올라온 당근 매물 20만 건을 분석한 결과이다.
32　통계청의 2019년 생활시간 조사에 따르면, 우리나라 사람들은 하루 평균 11시간 33분을 수면, 식사, 개인위생 등 주로 집과 관련된 활동에 사용하고, 7시간 39분을 일이나 학습을 위해 직장과 학교에서 보내고 있습니다. 하루 대부분을 두 공간 사이에서 오가는 셈입니다.
33　Che, Jihyun, Lee, Jae Seung and Kim, Saehoon., "How has COVID-19 impacted the economic resilience of retail clusters?: Examining the difference between neighborhood-level and district-level retail clusters." *Cities*, 140: 104457, 2023.
34　데 스틸(De Stijl) 운동은 1917년경 네덜란드에서 시작된 근대 예술·디자인 운동으로, 피트 몬드리안과 테오 반 되스버그 등이 주도했습니다. 가로·세로 선과 기본 원색을 통해 단순성과 보편적 미적 질서를 강조하고, 건축·가구 디자인 등 실생활 전반에 접목하여 예술과 생활을 통합하고자 했습니다. 복잡한 장식을 배제하고 조화로운 미래 사회를 표현한 이들의 유토피아적 비전은 자유·

혁신 등 당시 보편적 가치와 공명하며, 여러 국제 전시에도 초청되는 계기가 되었습니다.

35 Alaily-Mattar, Nadia, et al., "The performance of exceptional public buildings on social media: The case of Depot Boijmans," *PLoS ONE* 18(2), 2023, e0282299.

36 Lee, Kyungjoon, et al., "Does collocation inform the impact of collaboration?" *PLoS ONE* 5(12), 2010, e14279.

37 Larivière, Vincent, et al. "Team size matters: Collaboration and scientific impact since 1900." *Journal of the Association for Information Science and Technology* 66(7), 2015, pp.1323-1332.

38 Tol, Richard S.J., "The Nobel family," *Scientometrics* 129(3), 2024, pp.1329-1346.

도시 관측소

김세훈 지음

초판 1쇄 발행 2025년 7월 11일
초판 2쇄 발행 2025년 9월 5일

발행 책사람집
디자인 오하라
제작 세걸음

ⓒ 2025, 김세훈

ISBN 979-11-94140-08-5 (03530)

이 저서는 2022년 대한민국 교육부와 한국연구재단의 지원을 받아 수행된 연구임(NRF-2022S1A6A4046692).

책사람집

출판등록 2018년 2월 7일
(제 2018-000269호)
주소 서울시 마포구 토정로 53-13 3층
전화 070-5001-0881
이메일
bookpeoplehouse@naver.com
인스타그램
instagram.com/book.people.house/

이 책은 저작권법에 따라 보호받는 저작물이므로 무단 전재와 무단 복제를 금합니다.
책 내용의 전부 또는 일부를 이용하려면 반드시 저작권자와 책사람집의 서면 동의를 받아야 합니다.

파본은 구입처에서 바꿔 드립니다.